대학글쓰기

대학글쓰기편찬위원(가나다순)

김유미, 김정녀, 김주언, 박정규, 배개화, 안숙현, 유혜원,

윤승준, 이태숙, 장유정, 정윤자, 조상우, 허재영

대학글쓰기

2020년 2월 10일 초판 인쇄
2023년 2월 15일 4쇄 발행

펴낸이 _ 김수복
기　획 _ 남재걸
제　작 _ 성두현
마케팅 _ 박보혜
펴낸곳 _ 노스보스
등　록 _ 1968.2.27 : No. 제03-00095호
주　소 _ 경기도 용인시 수지구 죽전로 152
전　화 _ 031-8005-2405
팩　스 _ 031-8021-7154

값 18,000원

ISBN 978-89-7092-737-4 03800

대학글쓰기

대학글쓰기편찬위원회 편

nosvos

머리말

2020년 단국대학교 교양교육과정 개편에 맞춰서 『대학글쓰기』 교재가 새로 출판되었다. 이 교재를 만들기 위해서 죽전캠퍼스 및 천안캠퍼스 교양교육대학 소속 교수 12명이 대학글쓰기편찬위원회를 구성해서 노력을 많이 하였다.

이번 『대학글쓰기』 교재는 대학생들이 대학에서 쓰게 될 글인 논증을 중심으로 구성되었다. 대학생들은 대학에서 여러 유형의 글을 쓰게 되지만 그중 논증하는 글을 가장 많이 쓴다. 그 이유는 논증이 전체 학문 분야에서 공통되게 작성되는 글이기 때문이다. 대학생들이 수업 시간에 과제로 제출하는 리포트나 소논문 그리고 학위논문 등은 모두 논증하는 글이다.

『대학글쓰기』는 대학생들이 자기 생각이 있는 글을 쓸 수 있는 능력을 키우는 것을 목표로 한다. 자기 생각이 있는 글이란 자기의 주장이 있는 글을 말한다. 논증은 자신의 주장이 옳다는 것을 증거를 제시하면서 증명하는 것이기 때문에, 자신의 주장 혹은 주제를 만들 수 있는 사고 능력과 그것을 글로 표현할 수 있는 능력이 중요하다. 이를 위해서 『대학글쓰기』 교재는 대학생들이 다양한 자료를 읽고 평가하여 그것을 바탕으로 자신의 주장을 만드는 방법을 제시하고 이것을 다양하게 연습할 수 있도록 구성하였다.

또한 『대학글쓰기』는 대학생들이 다른 사람들과의 의사소통을 통해서 좀 더 나은 결론을 찾아가는 과정을 경험하게 하는 것이 목표이다. 『대학글쓰기』는 모든 주장이 100% 옳지는 않다는 생각을 전제로, 대학생들에게 자기주장에 관한 논거를 제시할 수 있는 능력뿐만 아니라 반대 의견을 가진 사람들의 반박을 수용하고, 토론을 통해 자기 주장의 오류를 수정할 수 있는 태도를 교육하고자 한다. 이에 따라 『대학글쓰기』 교재도 대학생들이 자기 주장을 논증할 책임, 반증 가능성에 대한 수용적 태도, 그리고 논증과 반증을 통해서 보다 나은 결론을 찾으려는 의사소통 능력 등을 배울 수 있게 구성하였다.

대학생들이 『대학글쓰기』를 통해서 자기의 생각을 글로 쓸 수 있는 능력을 키운다면, 이것은 우리 편찬위원들에게 큰 기쁨이 될 것이다.

2020년 2월

대학글쓰기편찬위원회

목차

대학글쓰기를 시작하며

대학 신입생들이 대학에 들어와서 하는 새로운 경험 중의 하나가 '리포트', 혹은 소논문 쓰기이다. 학생들은 고등학교 때까지 감상문이나 짧은 논술문을 한두 번 써본 것이 글쓰기 경험의 대부분이기 때문에 '리포트'는 새롭지만 매우 부담 가는 과제 중의 하나이다. 그래서 학생들은 글쓰기 과제와 관련해서 여러 가지 혼란과 어려움을 겪게 된다.

신입생이 느끼는 어려움 중에서 가장 큰 것은 '자기 생각'을 글로 쓰는 것이다. 학생들은 다양한 정보들을 접할 수 있지만 그러한 정보들로부터 자기 생각/주장을 끌어내는 것에 익숙하지 않다. 요즘과 같은 정보화 시대에는 글쓰기의 자료를 수집할 수 있는 경로는 다양하다. 학생들은 인터넷 포털 사이트나 각종 블로그에 게시된 글 혹은 위키피디아와 같은 오픈 백과사전 등의 내용을 검색해서 무료로 볼 수 있다. 또한 학생들은 대학 도서관이나 국가 도서관에서 제공하는 전자 논문이나 전자 자료들을 검색해서 자신이 원하는 정보를 찾을 수 있다. 하지만 학생들은 찾은 정보들을 나열하는 수준의 글에서 멈출 뿐, 그것을 이용하여 자기의 생각, 즉 주장을 만들어내는 것에는 익숙하지 않다.

대학글쓰기에서는 주장의 독창성이 중요하기 때문에 자료 조사를 통해서 자기 나름의 주장을 끌어내는 것이 중요하다. 만약 어떤 학생이 자신의 리포트에 관해 내용이 없다는 평가를 받았다면 이것은 글에 분명한 주장이 없다는 의미이다. 분명한 주장이 없으면, 아무리 많은 분량의 글을 써내더라도 '내용이 부실한 글'이 될 수밖에 없다. 따라서 학생들은 '대학글쓰기'의 방법을 훈련하고 익혀서 글쓰기에 적용할 필요가 있다.

그렇다면 〈대학글쓰기〉란 무엇일까? 그것은 논증이다. 논증은 자신의 주장이 옳다는 것을 근거를 제시하면서 증명하는 것이다. 〈대학글쓰기〉는 대학의 모든 학문 영역에서 공통으로 쓰는 글쓰기인 논증을 학생들에게 가르치는 것을 목적으로 한다. 학생들이 내는 리포트, 소논문, 그리고 학위 논문은 모두 논증하는 글-물론 학생들이 대학에서 쓰는 모든 글이 논증은 아니다-이기 때문이다.

널리 알려진 편견 중 하나는 논증이 인문, 사회과학에서만 필요한 능력이라는 것이다. 하지만 논증은 과학적 사고/지식의 핵심이라고 할 수 있다. 과학사에서는 17세기를 근대 과학의 시작 시점으로 본다. 그 이유는, 갈릴레이가 이중 망원경을 발명해 직접 하늘의 움직임을 관찰함으로써 별들의 움직임을 알아내는 "직접 증명의 방법"으로 지동설을 명쾌하게 증명했기 때문이다. 16세기에 코페르니쿠스가 처음 지동설을 주장하였고 이후 17세기에 들어와서 여러 과학자가 지동설을 증명하고 논리를 보강하였지만 지동설이 옳은 주장임이 확정된 것은 갈릴레이의 「두 우주 체계에 대한 대화」라는 논문 덕분이다. 이 논문에서 그는 지동설이 옳음을 논증했다.

과학의 역사는 과학적 주장명제이 실험과 관찰 등을 통해서 증명되었거나 반대 증명을 통해서 폐기되었음을 보여준다. 1993년 6월, 엔드루 와일즈는 '페르마의 마지막 정리Fermat's Last Theorem'를 증명하여 큰 주목을 받았다. 페르마의 마지막 정리는 "$X^n+Y^n \neq Z^n$, $n>2$"로서, 이것은 n이 3 이상의 정수일 때, $X^n+Y^n \neq Z^n$을 만족하는 정수해, X, Y, Z는 존재하지 않는다는 뜻이다. 이 정리는 1670년 처음 세상에 알려졌지만 300여 년 동안 증명되지 못하였다. 하지만 1994년 10월 엔드루 와일즈는 1993년의 증명을 보강해서 리처드 테일러와 함께 「헤게 대수학의 고리이론적 성질」이라는 제목의 논문 두 개를 발표하고 이를 증명했다. 이후 많은 수학자가 엔드루 와일즈의 증명을 검토했지만, 여기에서 모순을 발견할 수 없었다. 반면에 진화론처럼 논증이 완료되지 않은 과학적 명제들은 참, 거짓의 여부가 여전히 확정되지 않은 과학적 '가설'

에 머무르게 된다.

논증은 과학과 가짜 과학을 구분할 수 있는 중요한 근거이다. 칼 포퍼는 어떤 주장이 논증될 수 있으면 과학적 지식이며, 그렇지 않으면 예언이라고 주장하였다. 그는 과학적 지식에는 절대적이며 최종적인 지식은 없으며 오직 실험에 의해 확증된 가설과 이론이 있을 뿐이고, 이것은 새로운 경험적 사실에 의해서 수정되거나 제거될 수 있는 잠정성을 지니고 있다고 주장하였다. 과학의 역사는 포퍼의 이러한 주장을 잘 뒷받침하고 있다. 예를 들어 빛의 성격에 대한 과학자들의 주장이, 18세기의 입자설에서 19세기의 파동설 그리고 20세기 초의 입자인 동시에 파동이라는 가설로 변화해 온 과정들은 과학적 지식이란 절대적인 것이 아니며 논증–명백한 증거를 통해서 증명해야 한다–을 통해서 참인 명제라는 것이 증명되어야 함을 보여주었다.

인문학과 사회과학에서 논증이 더 강조되는 이유는 이 분야의 학문이 인간의 마음과 행위를 다루기 때문이다. 이 학문에서의 주장은 자연과학과 같은 객관적인 논증이 쉽지 않다. 그런데 인간의 역사를 보면 인간과 사회에 대한 주장이 정치적으로 이용되어 종종 인류 전체에 큰 폐해를 끼치는 경우가 있었다. 예를 들어 인종주의는 가장 악명 높고, 인류에게 많은 폐해를 미친 주장 중의 하나이다. 19세기 중반 조제프 아르튀르 고비노는 『인종 불평등론*Essay on the Inequality of Human Races*』에서 백인종은 다른 모든 인종보다 우수하며, 백인종 가운데서도 최고의 문명을 이룩한 아리아 인종이 가장 우수하다고 주장하였다. 이러한 주장은 이후 나치의 인종 청소의 근거가 되었다. 또한 영국 시인 키플링은 자신의 시에서 '백인의 의무'–백인은 무지몽매한 다른 '인종들'을 문명화할 의무가 있다–를 찬양했고, 이것은 제국주의를 합리화하는 대표적인 논리로 사용되었다. 하지만 현재 인종주의는 시대착오적일 뿐 아니라, 이것이 행동으로 표현되었을 경우 법적인 처벌을 받을 수 있는 주장이 되었다. 이러한 변화는 인종주의가 잘못된 주장이라는 반증들이 축적되었기 때문에 가능할 수 있었다.

따라서 인문학도나 사회과학도들은 자신의 분야에서 주장의 옳고 그름을 명백히 단정할 수 없다는 점 때문에 생기는 폐해를 막기 위해서 더욱 철저한 논증을 해야 한다. 학생들은 믿을 만한 객관적인 논거를 최대한 제시함으로써 자신의 주장이 옳음을 증명하여야 한다. 동시에 학생들은 자신의 주장이 틀릴 수 있다는 점도 인정하고 타인의 비판에 귀를 기울이며 주장의 검증에 충실해야 한다. 한마디로 학생들은 자신과 다른 의견을 가진 사람들과의 토론, 즉 내 주장의 논증과 상대 주장의 검증이 교차하는 과정을 통해서 더 좋은 결론을 찾으려는 자세를 가져야 한다.

학생들이 대학에서 쓰는 글들, 즉 논술, 서평, 리포트, 소논문, 학위논문 등의 공통점은 '논증'이다. 이 글들 사이의 차이점은 주제의 전문성이나 길이가 된다. 어떤 문제에 대해서 '자신의 주장'을 제시할 수 없다면, 학생들은 대학 생활 내내 글쓰기에서 어려움을 느낄 것이다. 〈대학글쓰기〉는 자기의 주장을 명확하게 제시하고 그것에 대해 논거를 제시할 수 있는 능력을 키우는 것을 목표로 한다.

이러한 과정을 통해서 학생들은 자기의 생각 · 주장을 명확하게 제시하고 나와 생각이 다른 사람들과 대등하게 소통하는 민주적 주체, 그리고 인간과 사회 그리고 과학 영역에서의 가짜 지식이나 맹목적 믿음들에 속지 않고 논증과 비판을 통해서 올바른 지식을 찾아 나가는 지적 주체로서 성장하게 될 것이다.

제 1 부

대학글쓰기란 무엇인가?

제1장

대학글쓰기의 전제들

1. 글쓰기의 주체는 나다

글쓰기의 기술을 의미하는 영어 'Rhetoric'에서 'Rheto'는 '나는 말을 한다 I Speak'는 뜻이다. 이는 글쓰기가 "나"를 표현하는 행위임을 잘 보여준다. 사람들이 자신의 생각이나 감정을 글로 표현하는 이유는 무엇일까? 그것은 타인과의 소통, 즉 자신의 생각이나 감정을 타인에게 전달하고 공감을 얻기 위해서이다. 따라서 내 생각이 분명하지 않으면 나는 타인과 원활한 의사소통을 할 수가 없다.

하지만 내가 쓴 글이라고 해서 모두 내 글인 것은 아니다. 만약 글 속에 내 생각이나 내 감정이 표현되지 않았다면 그것은 내 글이라고 할 수 없다. 글을 쓰기 위해서는 타인의 글을 참조하는 것이 필수적이다. 하지만 내 생각과 타인의 생각을 구분하지 않고, 내 글의 내용을 다른 사람의 생각으로 채운다면, 이런 글은 내 글이 아니다.

내가 쓴 글이 진정 내 글이 되기 위해서는 '독창성originality'이 있어야 한다. 글 속에 새로운 '사실의 발견', '새로운 주장' 혹은 '새로운 방법' 있다면 그 글은 내 글이다. 하지만 이런 것이 없다면 그것은 내 글이 아니다.

새로운 것의 발견이나 발명은 그것이 아무리 사소한 것이라도 가치가 있다. 최근 저명한 과학학술지 『사이언스』는 2019년 10대 과학 연구 성과에

M87 블랙홀(EHT 2019)

국제연구진의 블랙홀 'M87' 촬영을 뽑았다(고재원 2019). 선정 이유는, 1915년 아인슈타인이 일반상대성이론에서 블랙홀의 가능성을 제시한 이후 100년 만에 블랙홀의 모습이 실제로 관측되었기 때문이다. 블랙홀은 사물을 끌어당기는 힘인 중력이 매우 강해, 모든 물질을 빨아들이는 천체다. 블랙홀은 빛도 빨아들이기 때문에 인간의 눈에는 보이지 않는다. 하지만 한국천문연구원 등 전 세계 연구 기관 20여 곳이 참여한 국제 공동 연구팀 '사건 지평선 망원경EHT'은 지난 4월 국제학술지 『천체물리학 저널 레터스』에 "2017년 4월 남극, 안데스산맥 등 전 세계 8곳에 있는 전파망원경이 처녀자리 은하단의 한가운데에 있는 M87 블랙홀을 동시에 관측해 그 모습을 처음으로 확인했다"고 발표했다(EHT 2019). EHT를 활용해서 촬영된 블랙홀은 붉은 고리 모양이다. 이것은 실제 블랙홀이 아니라 블랙홀의 그림자이다. 블랙홀은 중력이 강해 시공간을 휘고, 블랙홀 뒤 천체에서 나오는 빛도 휘어져서 보이게 한다. 이를 전제로 연구팀은 블랙홀 앞뒤로 휘어진 빛을 통해 블랙홀 윤곽을 관측했다. 연구팀이 관측한 블랙홀의 그림자는 지름이 약 1,000억km, 실제 블랙홀 지름은 400억km이다. 이 관측 덕분에 아인슈타인의 일반상대성이론도 다시 한번 옳은 가설임이 증명되었고, 인류도 블랙홀을 상상도가 아니라 실제 모습으로 볼 수 있게 되었다.

기존의 주장과 다른 새로운 주장이 있는 글도 독창적인 글이다. 최근 과학자들은 '투탕카멘왕의 마스크'로 유명한 고대 이집트 제18왕조의 12대 파라오 투탕카멘*의 사망 원인에 대한 새로운 주장을 제기하였다. 이 연구팀은 투탕카멘이 이집트 왕가의 잦은 근친결혼으로 인한 유전병으로 사망하였다고 주장하였다. 1922년 발굴 이후, 투탕카멘왕의 사망 원인에 관한 여러 가지 주장이 있었지만, 그의 사망 원인에 대한 본격적인 논쟁은 2000년대 이후부터 있었다. 1968년 이집트 정부가 투탕카멘의 미라를 X선 촬영하여, 두개골 뒤

* 1922년 11월 4일 영국인 고고학자 하워드 카터와 인부들이 이집트의 왕들의 계곡에서 발굴한 무덤의 주인이다. 투탕카멘은 9살에 즉위하여 18살에 사망한 것으로 알려졌으나, 지금은 DNA 분석을 통해서 그가 19살에 사망하였다는 점이 밝혀졌다.

쪽이 손상됐음을 확인한 적이 있었다. 이를 근거로 2002년 7월에 미국의 베테랑 수사관 2명이 투탕카멘 타살설을 강력하게 제기했다. 그들은 총리와 왕비가 결혼하기 위해서 투탕카멘의 두개골을 가격하여 살해했다고 주장했다. 2005년 이집트 정부가 무덤 현장에서 미라에 대한 컴퓨터단층촬영CT을 실시하자, 이 자료를 토대로 전문가들은 투탕카멘왕이 무릎 골절 이후 말라리아 감염 합병증으로 사망했다고 추정했다. 2007년에는 일군의 과학자들이 투탕카멘이 달리는 전차에서 굴러 떨어져 그 후유증으로 사망했다는 의견을 내놓았다. 2010년 이집트 연구진은 컴퓨터단층촬영을 하고 DNA 분석을 하여, 다양한 유전병인 내반족 기형, 겸상적혈구 질환, 여성의 골반, 유전적 언청이 증상을 발견하였다. 이들은 또한 다른 미라들과의 DNA 분석을 통해서 투탕카멘은 아크나톤이집트 제18왕조 10대 파라오과 그의 다섯 누이 중 한 명 사이에서 태어난 것을 밝혀냈다. 이를 근거로 이집트 연구진들은 투탕카멘왕이 다양한 유전병을 앓고 있었으며, 이러한 질환들은 모두 근친혼에서 비롯된 것이라고 결론을 내렸다(이광표 2019, 586~593).

마지막으로 새로운 방법 혹은 시각의 제시도 독창적이며 가치가 있는 것이다. 과학사가들은 16~17세기 인류의 사상사에서 가장 획기적인 전환이 이뤄졌으며, 그것은 과학혁명을 통한 자연관의 변화라고 말한다. 과학사가의 말에 따르면 이 자연관의 변화가 새로운 근대 과학을 성립시켰고, 이것을 통해서 현재 우리의 자연관이 생겼다. 이 변화를 이끈 가장 핵심 내용 중 하나는 운동에 대한 관념의 변화이다. 즉 고대에서부터 16세기까지 계속 받아들여져 오던 아리스토텔레스의 운동 이론이 오늘날 우리가 받아들이고 있는 뉴턴의 운동 이론으로 바뀐 것이다. 아리스토텔레스는 물체의 운동을 '한 상태에서 다른 상태로의 변화'로 보았지만, 뉴턴은 '운동 자체를 그 물체의 상태'로 보았고, 외부에서 아무런 작용이 없으면 물체는 그 상태를 유지하려고 하며 같은 속도로 움직이려고 한다고 주장하였다.

Aristoteles,
B.C.384~B.C.322

아리스토텔레스는 우주의 모든 사물과 현상이 본질essence 또는 form로 이루어져 있다고 믿었고, 따라서 이런 것들의 본질을 알아내는 것을 [연구의] 주목적으로 하였다. 운동은 이러한 한 본질이 다른 본질로 변화하는 과정이었고, 따라서 운동의 이해에 있어 중요한 것은 변화 과정 자체의 이해보다도 이처럼 한 본질이 다른 본질로 변화하게 되는 목적의 이해였으며, 대부분의 경우 변화의 결과로 가지게 되는 본질 자체를 목적으로 생각해서 이러한 본질의 이해에 주력하였다.

이에 반해 뉴턴의 자연관은 우주의 모든 사물과 현상이 운동하고 있는 물질 입자로만 이루어져 있다고 보았고, 모든 현상을 물질과 그것의 운동으로만 설명할 수 있다고 보았다. 따라서 아리스토텔레스가 색깔, 맛, 냄새, 소리 등의 성질을 그것들 자체로서 본질이라고 생각하고, 더 분석하지 않고 그대로 받아들인 데 반해, 뉴턴의 자연관은 이런 모든 성질들이 사실은 물질 입자의 운동의 여러 형태인데 사람의 감각기관이 색깔, 맛, 냄새, 소리 등으로 느끼는 것에 불과하다고 생각하였다. 이런 이유에서 물질 입자의 상태로서 운동의 이해가 중요시된 것은 쉽게 이해할 수 있다.

–김영식, 『역사와 사회 속의 과학』, 서울대학교출판부, 1994, 68~69쪽.

아리스토텔레스와 뉴턴이 운동에 대해 다른 관점을 갖게 된 것은 두 사람의 자연관의 차이에서 나온 것이다. 아리스토텔레스는 사물의 성질을 불변하는 것본질으로 보았으며, 성질의 변화를 외부의 힘에 의한 것으로 생각했다. 따라서 그는 정지하는 물체가 움직이는 것은 사물의 본질이 변화한 것이며, 이러한 변화는 외부 힘의 작용에 의한 것이라고 주장하였다. 반면에 뉴턴은 사물의 속성은 그 물질 입자의 운동의 여러 형태이며 그것이 감각기관에 반영된 것에 지나지 않는다고 보았다. 뉴턴은 운동과 정지를 둘 다 물체의 상태로 보고 무엇이 이 상태를 변화시키는가에 관심을 두어서 운동의 변화를 일으키는 외부의 작용력과 그 결과로 일어나는 운동 속도의 변화에 주목하였다. 그 결과 속도의 변화를 나타내는 가속도와 힘의 관계를 표시하는 뉴턴의 운동 제2법칙*이 나왔다.

이상의 사례에서처럼 우리가 글을 쓸 때 대상의 종류나 유형에 상관없이 새로운 발견, 새로운 주장 혹은 새로운 관점이나 방법을 제시해야 한다. 이럴 때 그 글은 "내가 있는 글"이 된다. 반면에 독창성이 없는 글, 새로운 발견도, 새로운 방법도 제시하지 못하는 글은 내가 없는 글이다.

2. 다르게 말해야 다르게 생각할 수 있다

앞에서 글에는 '독창성'이 있어야 한다고 말했다. 글의 독창성은 다른 말로는 창의성이라고도 할 수 있다. 그렇다면 어떻게 해야 창의적으로 생각하고 표현할 수 있는 것일까? 사람들이 많이 말하는 창의적 사고의 방법은 생각하는 방법을 바꾸는 것이다. 즉 남들이 생각하는 것과 반대로 생각하기, 선입관을 깨트리기 등이 그것이다. 그러나 요즘에는 창의적으로 사고하려면 새로운 언어 표현을 사용해야 한다는 주장도 나오고 있다. 이런 주장이 가능한 이유는 인간의 사고는 언어적 표현과 밀접한 연관이 있기 때문이다.

조지 레이코프는 언어적 '프레임frame'의 중요성을 말하면서 "다르게 생각하려면 다르게 말해야 한다."고 주장하였다. 그는 프레임을 '특정한 언어와 연결되어 연상되는 사고의 체계'라고 정의한다. 그에 따르면, 프레임은 우리가 사용하는 모든 언어에 연결되어 존재하는 것으로, 우리가 듣고 말하고 생각할 때 우리 머릿속에는 늘 프레임이 작동한다. 프레임은 종종 '마음의 창'에 비유되곤 하는데, 이는 어떤 대상 또는 개념을 접했을 때 어떤 프레임을 갖고 있느냐에 따라서 그 해석이 바뀌기 때문이다. 인간이 어떤 조건에 대해서 거의 무조건적으로 반응-긍정/부정, 환호/혐오-하는 경향이 있는 것은 이미 그 조건에 대한 프레임이 있기 때문이다.

레이코프에 따르면 사람들의 마음속에 있는 공통된 프레임 중의 하는 영웅과 악당의 이분법적 프레임이다. 우리는 어린 시절부터 각 나라의 신화나 성

* 뉴턴의 제2법칙은 가속도의 법칙이라고도 불린다. 이것을 수학적으로 표현하면 F=ma이다. 여기서 F는 물체에 작용하는 힘, m은 물체의 질량, a는 물체의 힘의 방향의 가속도이다. 이 법칙에 따르면 1. 물체의 가속도는 작용하는 힘이 클수록 크다.($a \propto F$). 2. 같은 크기의 힘이 작용하는 경우 물체의 질량이 클수록 가속도는 작아진다. 이 공식은 축구 선수가 무게가 다른 공을 같은 힘을 가해서 찼을 때 가벼운 공이 더 멀리 날아가는 이유를 수학적으로 증명한 것이다.

George Lakoff, 1941~

** 프레임frame
우리가 세상을 바라보는 방식을 형성하는 정신적 구조물이다.

경에 나오는 이야기, 그리고 동화나 대중 영화를 통해서 영웅과 악당이라는 이분법적 프레임에 익숙해진다. 이들 이야기 속에서 영웅은 항상 악당과 싸워 이겨서 악당에게 위협받고 있는 세상과 사람들을 구한다. 동시에 이러한 영웅과 악당의 이분법에는 항상 영웅은 선 그리고 악당은 악이라는 도덕적 판단이 작용한다. 조지 레이코프는 미국의 선거를 분석하고 영웅과 악당이라는 이분법적인 프레임을 효과적으로 사용한 후보일수록 선거에 이길 가능성이 높다고 주장하였다.

'새로운 개념', 그리고 새로운 방법의 도입은 우리가 세상과 사물을 새롭게 해석할 수 있도록 돕는다. 다르게 생각하려면, 우리는 다른 개념, 즉 프레임을 가져야 한다. 결국 발상의 전환이란 사물을 해석하고 설명할 수 있는 용어를 새롭게 만들어내는 것이다. 왜냐면 언어 표현은 사고 작용에 영향을 미치고, 사물을 이해하고 해석하는 데 영향을 주기 때문이다.

우리나라도 정치권을 중심으로 동일한 정책에 대해서 서로 다른 용어가 사용되고 있다. 예를 들어 김대중 정부에서 실시했던 대북정책을 지지자들은 "햇볕정책"이라고 부르고 반대자들은 "대북 퍼주기 정책"이라고 부른다. 또한 4대강 개발에 대해서도 지지자들은 "4대강 살리기"라고 부르지만, 반대자들은 "4대강 죽이기" 정책이라고 부른다. 또한 초·중·고등학교 학생들의 점심 값을 지자체가 부담하는 것에 대해서 지지자는 "무상 급식"이라고 부르지만, 반대자들은 "부자 급식"이라고 부른다.

이처럼 어떤 '프레임'으로 보느냐에 따라 사물과 현상을 부르는 용어도 달라지고, 그에 대한 해석도 달라진다. 특히 논쟁 상황에서 나의 주장을 돋보이게 하고, 타인의 주장의 타당성을 약화시키기 위해서는 토론의 흐름을 내가 설정한 프레임 쪽으로 이끌어나가는 것이 필요하다. 예를 들어 대북 지원을 반대하는 경우, 많은 사람들이 햇볕정책이 아니라 퍼주기라고 생각하게 만드는 것이 매우 중요하다.

과학적 사고 역시 언어적 표현과 밀접한 관련이 있다. 대부분의 사람들은 과학적 사고의 핵심은 수학적인 것이라고 생각하는 경향이 있기에, 과학적 사고와 언어 표현과의 연관성을 생각하지 못한다. 하지만 유명한 과학사가인 토마스 쿤은 과학 혁명의 역사는 패러다임 변화의 역사라고 주장하였는데, 쿤이 말하는 패러다임paradigm 역시 언어적 표현과 매우 밀접한 연관이 있다. 패러다임은 패턴, 예시, 표본 등을 의미하는 그리스어 파라데이그마παράδειγμα를 활용하여 만들어낸 신조어이다. 토머스 쿤이 『과학혁명의 구조』에서 처음으로 제안한 패러다임은 "한 시대의 사회 전체가 공유하는 이론이나 방법, 문제의식 등의 체계"를 뜻한다. 즉 패러다임은 특정한 기간 사람들이 사물이나 자연 현상을 해석하는, "지배적이고 집단적인 사고의 패턴"이다. 쿤은 이 용어로 과학혁명의 역사를 일관되고 체계적으로 설명하였다.

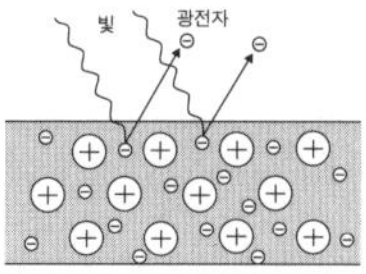

빛의 입자설

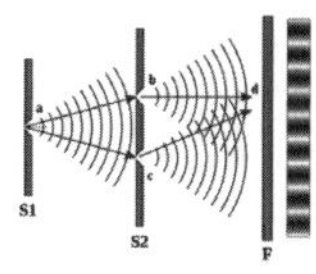

빛의 파동설

Thomas S. Kuhn, 1922~1996

> 오늘날의 물리학 교과서는 학생들에게 빛은 광자photon, 즉 파동과 입자의 특성을 아울러 나타내는 양자역학적 실체라고 가르친다. 연구는 그에 따라서 진행되거나, 아니면 이런 통상적인 언어 표현이 유도하는 더 정교하고 수학적인 특성화에 따라서 진행된다. 그러나 빛의 그러한 특성을 규정한지는 반세기 정도밖에 안 된다. 20세기 초에 플랑크, 아인슈타인 그리고 그 밖의 다른 학자들이 진전시키기 전까지는, 물리학 교재에서 빛은 횡파橫波: 진행 방향에 수직으로 진동하는 파동 운동이라고 가르쳤는데, 이 관념은 19세기 초 광학에 대한 영과 프레넬의 저술들로부터 유도되었던 패러다임에 기초한 것이다. 그런데 파동 이론은 광학의 거의 모든 과학자들에 의해서 수용되기에 이른 첫 번째 학설이었던 것도 아니다. 18세기 내내 이 분야의 패러다임은 뉴턴의 「광학」에 의해서 제공되었는데, 그것은 빛을 물질의 입자들이라고 가르쳤다. 당시 물리학자들은 고체에 부딪치는 빛의 입자에 의해서 나타나는 압력에 대한 증거–초기 파동 이론의 학자들은 찾지 않았던–를 찾으려고 애썼다.
>
> – 토마스 쿤, 『과학혁명의 구조』, 김명자 옮김, 까치글방, 1992, 35~36쪽.

예시문은 시대에 따라 과학자들의 '빛'에 대한 인식에 변화가 있었음을 보여준다. 즉 과학자들은 18세기에는 빛을 입자라고 생각했고, 19세기에는 빛을 파동이라고 생각하였으며, 20세기에 와서는 빛을 파동과 입자가 합쳐진 것이라고 보았다. 200년 이상의 시간이 지나면서 빛에 대한 인식의 패턴들이 '입자 → 파동 → 파동+입자'로 바뀐 것이다. 토마스 쿤은 이것을 패러다임의 전환이라고 했다.

쿤은 '패러다임'이라는 용어를 과학의 다양한 하위 영역을 지배하는 인식 패턴의 변화를 설명하는 데에 활용함으로써 과학 혁명의 역사를 일관되게 설명하였다. 그리고 독자들도 이 개념을 통해서 과학의 발전을 이해할 수 있었다. 이처럼 학자들은 새로운 용어를 만들어서 주어진 현상이나 자료를 새롭게 해석할 수 있다.

3. 소통하기 위해서는 글쓰기의 규칙을 지켜야 한다

모든 글은 독자를 전제로 하고 있다. 글쓰기는 혼자 보고 즐기기 위해서가 아니라, 나의 생각과 감정을 타인과 공유하면 좋겠다는 욕망, 더 나아가 그것들을 인정받고 싶다는 욕망에서 출발한다. 또한 글은 목표 지향적인 것이기도 하다. 자신이 원하는 것을 타인에게서 얻기 위해서 쓰는 것이다. 내가 원하는 것을 얻기 위해서는 내 생각과 감정을 독자에게 정확하게 전달해야 한다. 그러기 위해서는 나와 독자가 공유하고 있는 글쓰기의 규칙을 지켜야 한다.

'통섭'이라는 단어를 유행시킨 최재천이 미국 유학 중에 겪은 경험은 독자의 기대와 글쓰기 규칙의 연관성에 대해서 잘 보여주는 예이다.

> 제가 글을 잘 쓰는 사람인지 저는 잘 모르겠는데, 제가 사실 어렸을 때에는 문학 소년이었습니다. 시인이 되고 싶어서, 그래서 중고등학교 내내 저는 시인이 될 줄로 굳게 알고 세월을 보냈는데, 어떻게 잘못해

서 과학을 하게 됐거든요. 그런데 미국에 처음 유학을 가서 참으로 힘든 경험을 했습니다. 문학 소년이랍시고 제 나름대로 닦아온 문학적 글쓰기하고 미국에서 새롭게 배우던 영어로 하는 과학적 글쓰기가 너무나 다른 데서 오는 어려움을 처음에는 정말 어떻게 극복해야 할지 막막해서 고민을 많이 했습니다. 문학적 글쓰기에서는 결론부터 이야기하면 안 되잖아요. 감칠맛 나게 잘 끌고 가서 마지막에 클라이맥스로 데려갔다가 내려놓고 뭐 이런 걸 해야 되는데 과학은 결론부터 얘기해야 하잖아요. 그것도 영어로 써야 하는데, 이 영어가 가지는 언어의 독특함이 있어요. 제가 영어로 글을 쓰면 그 글을 미국에서 처음 사귄 제 친구가 늘 읽어줬어요. 한 칠팔 개월을 그렇게 하다가 어느 날 그 친구가 끊임없이 저한테 고치라고 지적했던 부분이 안 고쳐지니까 일종의 퍼포먼스를 했는데 그게 저한테는 아주 충격적이었어요. 제가 준 글을 뒷장부터 거꾸로 정렬해서 저한테 그냥 돌려주는 거예요. '결론부터 앞에 써라' 이거죠. 저는 계속 결론을 제일 뒤에……

–최재천, 「정확성과 경제성과 우아함, 그리고 치열성」, 『글쓰기의 최소 원칙』, 룩스문디, 2008, 110~111쪽.

최재천은 하버드 대학교 대학원에서 생물학을 연구하였다. 이 유학 기간 동안 그는 미국 대학의 글쓰기 방식에 빨리 적응하지 못해서 고생을 했다. 미국의 대학 리포트는 결론주장을 글의 앞부분에 미리 제시하는 '두괄식 구성'을 권장한다. 하지만 그가 한국에서 오랫동안 익힌 글쓰기 방식은 결론주장을 뒤에 쓰는 것이었다.

글을 쓸 때 주장을 앞에 쓰는 것을 역피라미드형 글쓰기라고 하고, 주장을 뒤에 쓰는 것을 피라미드형 글쓰기라고 부른다. 최재천이 과학적 글쓰기라고 하는 논증문은 주로 주장을 앞에 쓰는 역피라미드형 구조인 데 비해서, 문학적 글쓰기는 시간의 순서대로 내용을 전개하고 클라이맥스를 거쳐서 마지막에 결론을 적는 피라미드형 구조를 갖는다.

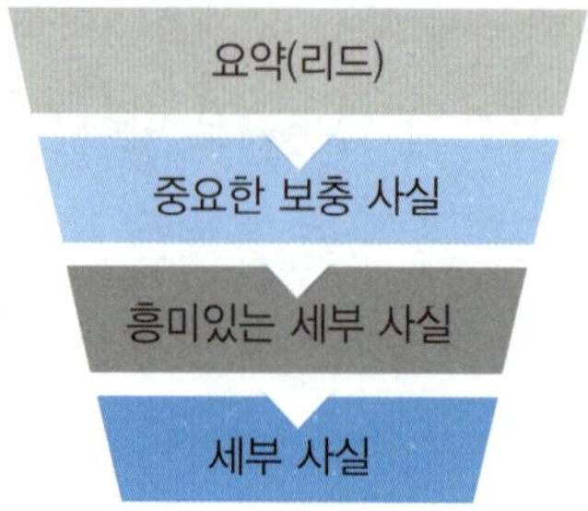

역피라미드 구조

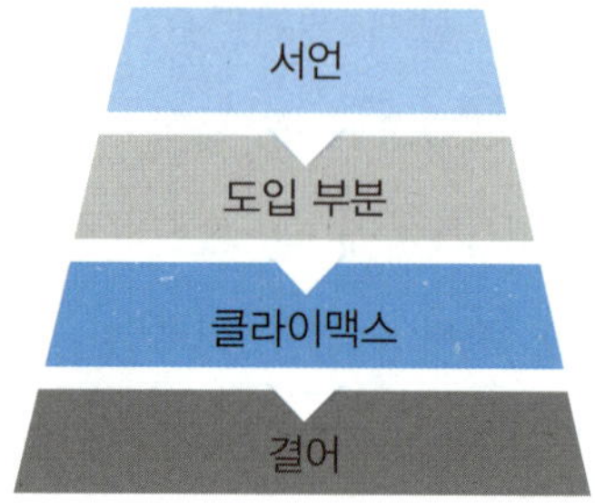

피라미드 구조

시간의 순서에 따라서 쓰는 피라미드형 구조는 우리의 경험을 모방하고 있다. 우리의 삶은 시간의 순서대로 진행되며 원인에 해당하는 사건은 결과에 해당하는 사건에 선행한다. 문학적 글쓰기 혹은 서사적 글쓰기는 경험이나 지식을 시간의 순서대로 배열하면 되기 때문에 저자는 특별한 교육을 받지 않아도 쓸 수 있다. 반면에 과학적 글쓰기 혹은 논증적 글쓰기는 결론[주장]을 앞에 적고 그런 결론을 내린 이유[논거]를 뒤에다가 적는다. 이것은 우리 경험과 반대되는 것으로 저자는 특별한 교육을 받아야 쓸 수 있다. 이런 이유로 논증문을 쓸 때 학생들은 주장[결론]이 끝에 오는 피라미드형 글쓰기를 하는 경우가 많으며, 최재천의 경우처럼 이러한 습관은 잘 고쳐지지 않는다. 따라서 학생들은 논증을 처음 배울 때부터 주장을 앞에 적는 것을 습관으로 만들어야 한다.

문단을 쓸 때도 마찬가지다. 문단은 주요 논점, 즉 문단의 주제를 중심으로 통일되어야 한다. 논점은 독자들에게 분명해야 하며, 문단에 있는 모든 문장들은 논점과 연관성을 가지고 있어야 한다.

> 현재 남한은 세계에서도 손꼽히는 공업 강국이 되었지만, 북한은 가난에 시달리고 있다. 남한은 외부 세계와 공격적인 교역에 나서고 외국 기술을 적극적으로 흡수했지만, 북한은 자급자족의 방침을 따랐기 때문이다. 남한은 무역을 통해 선진 기술에 대해서 배우고 선진 기술을 사들이는 데 필요한 외화를 벌어들였다. 북한도 나름대로 몇 가지

> 기술적인 업적을 이루어 냈다. 비날론의 대량생산 방법을 개발한 것이 그 한 가지 사례이다. 비날론은 1939년 한국의 과학자가 석회석을 주원료로 하여 개발한 것으로, 나일론 이후 두 번째로 개발된 인조섬유였다. 이 섬유는 쾌적한 직물을 만드는 데 적합하지 않아 다른 곳에서는 전혀 인기를 얻지 못했지만, 북한 사람들은 비날론 덕분에 의류 분야에서 자급자족을 할 수 있었다. 그러나 개발도상국이 선진 기술을 지속적으로 수입하지 않고 혼자 자체적으로 물건을 개발하는 데에는 한계가 있다. 결국 북한은 기술적인 면에서 볼 때 과거-1940년대 일본의 기술과 1950년대 소련의 기술-에 묶여 있고, 남한은 세계에서 손꼽히는 역동적인 기술국이 되었다. 무역이 경제 발전에 도움이 된다는 것을 입증하는 데 이보다 더 좋은 근거가 있을까?
>
> – 장하준, 『나쁜 사마리아인들』, 이순희 옮김, 부·키, 2009, 129~130쪽.

이 문단의 논점은, 국가는 외국과의 공격적인 무역에 나서고 외국 기술을 적극적으로 흡수하지 않으면 경제적으로 낙후한다는 것이다. 필자인 장하준은 이러한 논점을 문단의 앞에 적고, 그것을 뒷받침하는 근거들을 뒤에다 적었다. 이처럼 문단을 적을 때도 될 수 있으면 문단의 앞부분에 문단의 논점을 적는 것이 필요하다.

또한 위의 인용문의 다른 문장들은 모두 첫 번째 문장과 연관성을 갖고 있다. 필자는 "경제적으로 선진국이 되기 위해서는 외국과의 교역과 기술 교류를 활발하게 해야 한다"는 주장을 뒷받침하기 위해서 북한과 남한의 섬유산업을 비교하고 있다. 북한이 선택한 비날론은 석탄과 석회석에서 뽑은 합성섬유인데, 북한은 석유에서 뽑은 나일론에 비해서 전기와 생산비가 더 많이 듦에도 불구하고 비날론의 생산을 고집하였다. 반면에 우리나라는 세계 표준이 된, 석유를 원료로 하는 나일론을 생산하고 기술을 발전시켜 나일론 수출로 한때 세계섬유 시장을 석권하였다.

만약 필자가 비날론이나 나일론의 비교 사례뿐만 아니라 남북한이나 세계

여타 나라들의 더 많은 사례를 비교한다면 위 문단의 주제는 소논문이나 학위 논문의 주제가 될 수 있다. 윗문단의 주제는 국가 간의 교역과 한 나라의 경제 발전 사이의 연관성을 일반화한 문장이기 때문이다.

'대학글쓰기'의 규칙은 내가 마음대로 정하는 것이 아니라, 적응하고 따라야 하는 것이다. 독자가 기대하는 글을 쓰기 위해서는, 학생들은 요구되는 글쓰기의 규칙을 정확하게 익히고 그것에 맞게 글을 쓰는 것을 연습하는 것이 필요하다.

4. 대학글쓰기, 특히 논증에서 주장은 확률적으로 옳은 것이다

대학글쓰기는 논증하기를 중심으로 하고 있다. 논증은 나의 주장이 옳다는 것을 증거를 제시하면서 증명하는 것이다. 논증의 정점에는 수학적, 과학적 논증이 있다. 일반 독자들은 수학에서의 논증이나 과학에서의 논증에서 명제주장는 100% 옳은 것이라고 단정하는 경우가 있다. 그러나 수학이나 과학의 명제가 항상 100% 옳은 것은 아니다. 과학자들 집단에서 100% 옳은 명제라고 합의해서 더는 논쟁을 하지 않는 것은 많지 않다.

증명이 끝나서 논란의 대상이 되지 않는 과학적 명제에는 보통 '정리theorem' 혹은 '법칙law'과 같은 호칭이 붙는다. 이런 예로는 '피타고라스의 정리Pythagorean theorem', '만유인력의 법칙law of universal gravitation' 등이 있다. 피타고라스의 정리Pythagorean theorem는 직각삼각형에서 그 직각에 대항하는 빗변의 제곱은 직각을 만드는 두 변의 제곱의 합과 같다는 것이다. 만유인력의 법칙*은 우주의 모든 물체 사이에 작용하는 힘으로서, 우주의 모든 물체 사이에는 서로의 질량을 곱한 것에 비례하고, 거리의 제곱에 반비례하는 인력이 작용한다는 것이다.

하지만 대부분의 과학적 명제들의 경우, 과학자들이 그것이 참인지에 대해서 여전히 논쟁 중이다. 이러한 과학적 명제들에는 보통 '이론theory'이라는 호

* 만유인력의 법칙은 아이작 뉴턴의 1687년 발표 논문 「자연철학의 수학적 원리」를 통해 처음 소개된 법칙이다. 이 법칙의 공식은 다음과 같다.

F : 두 점질량 간의 중력의 크기
G : 중력 상수
m1 : 첫 번째 점질량의 질량
m2 : 두 번째 점질량의 질량
r : 두 점질량 간의 거리이다.

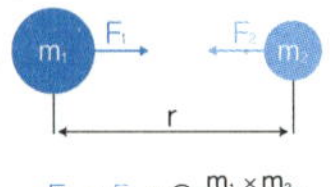

$$F_1 = F_2 = G\frac{m_1 \times m_2}{r^2}$$

칭이 붙는다. 이처럼 논란의 여지가 있는 이론들 중에 대표적인 것으로는 다윈의 '진화론theory of evolution'이 있다. 1859년 찰스 다윈은 『종의 기원』을 출판하고 많은 증거를 제시하며 동물들의 여러 변종이 수백만 년에 걸친 진화의 결과라고 믿을 만한 설명을 내놓았다.

> 만일 어떤 개체들에게 유용한 변이들이 실제로 발생한다면, 그로 인해 그 개체들은 생존 투쟁에서 살아남을 좋은 기회를 가질 것이 분명하다. 또한 대물림의 강력한 원리를 통해 그것들은 유사한 특징을 가진 자손들을 생산할 것이다. 나는 이런 보존의 원리를 간략히 자연 선택이라고 불렀다.
>
> – 찰스 다윈, 『종의 기원』, 장대익 옮김, 사이언스북스, 2019, 198~199쪽.

이러한 주장은 당시 서양 사회를 지배하고 있던 기독교적 믿음, 즉 하나님이 천지를 창조하였다는 믿음을 정면으로 반박하는 것이었다. 이후 진화론은 많은 논란을 불러일으켰고, 당시 인간과 자연에 대한 사람들의 관점을 바꾸었다. 하지만 이러한 의의에도 불구하고 진화론은 진화의 법칙law of evolution이라는 호칭을 얻지 못했다. 지구상의 모든 생물 종들이 진화의 과정을 거쳐 현재에 이르렀다는 것이 완전히 증명되지 않았고, 창조론자들이 진화론자들의 진화 모델을 반박하는 증거들을 제시하면서 이 명제를 계속 논쟁거리로 만들고 있기 때문이다.

이런 점들 때문에, 과학적 이론들은 잘 설계된 수많은 실험을 통해 이론에 부합하지 않는 결과들이 없다는 것을 증명하는 방향으로 그 논리가 점증적으로 보강되었다. 이것을 칼 포퍼는 역설적으로 '반증 가능성falsifiability'이라는 말로 표현하기도 하였다. 반증 가능성은 제안된 과학적 명제나 가설이 실험, 또는 관찰로 반증이 될 가능성이 있다는 것을 의미한다. 즉 과학 이론은 이것이 나중에 반대 증거에 의해서 부정될 수 있느냐 없느냐를 조건으로 갖고 있다는 것이다.

Karl R. Popper, 1902~1994

과학의 방법은 차라리 그 이론을 논박할 수 있는 사실들을 탐색한다고 볼 수 있다. 이것을 우리는 이론을 시험하는 것-그 이론 속에서 우리가 어떤 결함을 발견할 수 없는가를 조사하는 것-이라고 말한다. 이론을 눈여겨보며 사실들이 수집되며 그 이론이 이러한 시험에 견디어 내어야만 사실들은 이론을 확증하지만, 사실은 이미 상정된 이론의 공허한 반복이 아니다. 이론의 예측을 전복하려는 수 없는 시도가 성공하지 못한 결과로 나타난 것이 사실일 때만, 그리하여 그 이론을 지지하는 뚜렷한 증거가 있을 때만, 사실은 이론을 확증한다. 이론의 시험 가능성, 즉 이론의 과학성을 구성하는 것은, 그 이론을 전복할 수 있는 가능성, 혹은 그 이론의 반증 가능성falsifiability이라고 나는 주장한다.

– 칼 포퍼, 『열린 사회와 그 적들』 2, 이한구 · 이명현 옮김, 민음사, 1997, 359쪽.

위의 주장에 따르면, 과학이론은 이것을 뒷받침하는 논거가 얼마나 많으냐를 통해서 참임이 증명되는 것이 아니라, 반증이 실패하는 사례가 많을수록, 즉 반대 증거가 적다는 것이 밝혀질수록 좋은 이론일 가능성이 크다.

Alber Einstein, 1879~1955

아인슈타인의 일반상대성이론theory of general relativity도 진화론과 마찬가지로 여전히 반증 가능성을 갖고 있다. 1915년 아인슈타인은 '물질의 존재는 시공간을 휘게 만들며, 물질적 대상또는 빛조차도들이 휜 시공간을 따라가는 방식이 우리에게는 중력으로 나타난다.'라고 주장했다. 그러나 이 이론은 사고실험의 결과이기 때문에, 이것이 참인 명제임을 증명할 증거들이 있어야 했다. 아인슈타인은 1936년에는 계산을 통해 거리가 다른 두 별이 천구상에서 같은 위치에 나타나는 경우 멀리 있는 별의 상이 앞의 별의 중력에 의해 둥근 고리 모양으로 보일 수 있음을 계산했다. 그리고 이러한 '중력렌즈gravitational lens' 효과의 사례를 1979년에 영국의 월시, 카스웰, 와이만이 처음으로 발견했다. 가장 유명한 중력렌즈는 페가수스자리에서 관측된 '아인슈타인 십자가' 혹은 '후크라의 렌즈'이며, 지금까지 100개 이상의 '중력렌즈'의 사례가 발견되었다. 하지만 '일반상대성이론'은 여전히 반증 가능성이 있는 '이론'이다.

또한 칼 포퍼는 반증할 수 없는 명제주장는 과학이 아니라고 주장했다. 그러면서 그는 프로이트가 주장한 '모든 욕구의 근원에는 성적 리비도가 있다'는 명제는 반증할 수 없기에 과학이 아니라고 주장했다. 이처럼 반증이 불가능한 명제 중의 하나는 '신은 존재한다'는 명제이다. 현재 우리의 경험과 과학적 방법으로는 신이 있다는 것도, 없다는 것도 증명할 수 없다. 이처럼 증명하거나 반박할 수 없는 명제를 우리는 믿음이라고 말한다. 한마디로 반증 가능성은 과학science과 믿음belief을 구분하는 중요한 기준이다.

2016년 스페인 라구나 대학 등 공동 연구팀은 지구에서 약 100억 광년 떨어진 곳에서 아인슈타인 고리(Einstein ring)를 관측했다. 가운데 있는 은하가 중력렌즈의 역할을 한 것이며, 이것은 지구로부터 60광년 떨어져 있다.
(Instituto of Astrofísica 2016)

칼 포퍼의 '반증 가능성'은 과학과 가짜 과학을 구분할 필요성을 우리들에게 환기한다. 종종 사람들은 과학의 이름으로 근거가 없는 주장을 퍼트리고 다른 사람들에게 자신의 주장에 대한 맹목적인 믿음을 강요하는 경우가 있다. 이렇게 반론과 토론을 원천 봉쇄하는 주장들은 가짜 과학일 가능성이 높다. 성실한 과학자는 단 한 개의 반대 증거도 가능하다는 열린 자세를 가져야 하며, 다른 과학자들과의 토론이나 소통에 적극적이어야 한다.

연습 문제

다음은 글은 조선 효종의 장인이었던 장유*가 쓴 글이다. 이 글에서 알 수 있는 글쓰기의 규칙은 무엇인지 생각해 보자.

백사 이항복은 『신당서新唐書』**를 즐겨 보았는데, 항상 칭찬을 아끼지 않았

* 張維1587~1638는 조선의 문신이다. 자는 지국持國. 호는 계곡谿谷 · 묵소默所이다. 본관은 덕수德水이다. 효종비 인선왕후의 아버지이며, 우의정을 역임하였다.

** 『신당서』는 중국 북송北宋의 인종이 『구당서舊唐書』의 내용이 충실치 못하다고 하여 구양수 등에 명하여 1044년에서 1060년에 걸쳐 완성한 당나라의 역사를 서술한 책이다.

다. 그래서 나[장유]는 지난해 병을 얻어 누워 있을 때 무료함이나 떨쳐볼까 하고 어떤 사람에게서 『신당서』를 빌려다가 들춰 보았다. 그런데 송기가 지은 「열전列傳」 등은 말을 억지로 만든 듯 세련되지 않고 형식도 맞지 않으며 품격도 부족하다는 느낌을 주었다. 이에 마음속으로 백사가 왜 그토록 『신당서』를 칭찬했는지에 대해 의구심을 가질 수밖에 없었다.

그러던 중 송나라 시대의 한 비평가가 "『신당서』의 「열전」에 사용한 문자는 대부분 기이하고 껄끄러워, 다른 사람들이 알 수 없도록 고약하고 야릇한 글자만 골라 쓴 당나라 서언백의 문체를 떠올리게 한다. 그래서 글을 읽고 문장을 짓는 사람들은 이것을 '병통病痛'으로 여겼다."고 말한 것을 보았다.

또한 일찍이 구양수는 『신당서』에 실린 번진 장수들의 열전인 「번진전藩鎭傳」 서문을 읽다가, "글을 쓰는 능력이 모두 이와 같다면 쉽게 미치지 못할 것이다. 그러나 그 서문만 보자면 온통 번진에 대한 조정의 정책을 비판하는 당나라 시인 두목의 「죄언罪言」에 쓰인 글만 실어 놓았을 뿐이다. **송기 자신의 말은 단 한마디도 없다.**"고 말했다. 이렇게 보면 구양수 역시 송기의 글에 대해 꽤 불만스러웠던 듯하다.

송나라 시대의 유원성 역시 **"사실만 더해 나열했을 뿐 자신의 글은 생략했다. 이것이 바로 『신당서』의 잘못된 점이다."**라고 말했다.

이러한 사실들을 확인한 후 비로소 내 생각이 망령되지 않았다는 것을 알게 되었다. 백사 이항복이 기이한 글들을 너무나 좋아해 그 취하고 버린 것이 종종 이와 같았다.

– 엄윤숙 · 한정주, 『조선 지식인의 글쓰기 노트』, 포럼, 2015, 38~39쪽.

1) 장유가 생각하는 『신당서』의 문제점은 무엇인가?

2) 장유가 지적한 이항복의 독서 습관의 문제점은 무엇인가?

3) 위의 두 가지를 참고할 때 어떤 글을 진짜 나의 글이라고 말할 수 있을까?

〈참고 문헌〉

고재원, 「사이언스가 선정한 올해 최고의 연구성과 '블랙홀 관측'」, 『동아 사이언스』, 2019. 12.22.

김영식, 『역사와 사회 속의 과학』, 서울대학교 출판부, 1994.

미셸 푸코, 『말과 사물』, 이광래 옮김, 민음사, 1993.

박진숙, 『소통을 위한 글쓰기』, 예옥, 2009.

사고와표현편찬위원회, 『사고와 표현』, 노스보스, 2017.

엄윤숙 · 한정주, 『조선 지식인의 글쓰기 노트』, 포럼, 2015.

이광표, 「베일 벗은 투탕카멘의 진짜 사인」, 『신동아』, 2019년 11월호.

일본 뉴턴프레스 편저, 『Newton: 아인슈타인의 시공론』 78호, 강금희 역, ㈜아이뉴턴, 2014.

장하준, 『나쁜 사마리아인들』, 이순희 옮김, 부키, 2009.

찰스 다윈, 『종의 기원』, 장대익 옮김, 사이언스북스, 2019.

최재천, 「정확성과 경제성과 우아함, 그리고 치열성」, 『글쓰기의 최소 원칙』, 룩스문디, 2008.

칼 포퍼, 『열린 사회와 그 적들』 2, 이명현 옮김, 민음사, 1998.

토마스 쿤, 『과학혁명의 구조』, 김명자 옮김, 까치글방, 1992.

EHT, "Astronomers Capture First Image of a Black Hole," 2019.4.10 https://eventhorizontelescope.org/press-release-april-10-2019-astronomers-capture-first-image-black-hole.

Instituto de Astrofísica de Canarias, "New 'Einstein ring' is discovered," *The Physis.org*, 2016.05.31. https://phys.org/news/2016-05-einstein.html.

제2장

글쓰기의 과정과 방법 - 자기 생각의 생성과 실현

발터 벤야민은 “어떻게 써야할 것인가”에서 글쓰기란 사고의 실현이라고 말하였다. 이 말은 내가 어떤 생각을 하고 있는지 정확하게 알고, 그 생각을 타인과 소통하기 위해서는 글로 써야 한다는 뜻이다. 그러나 모든 글이 내 생각을 정확하게 실현하는 것은 아니다. 생각을 글로 실현하기 위해서는 몇 가지 과정을 거쳐야 한다.

Walter Benjamin,
1892~1940

주제 정하기 → 개요 쓰기 → 글쓰기 → 고치기

1. 주제 정하기

말을 잘한다고 해서 글을 잘 쓰는 것은 아니다. 견문이 넓고 상식이 많아서 ‘화제’가 풍부한 사람도 ‘주제’로 집중시키지 못하면 글을 잘 쓰기 어렵다. 글을 쓰기 전에 주제가 정해져야 하며, 이를 문장으로 표현할 수 있어야 한다. 하나의 화제에 대하여 여러 가지 주제문이 가능하며 이 주제문에 따라 글의 내용과 방향이 달라진다.

주제문 = 화제 + 중심 생각

주제문은 화제의 범위를 좁혀서, 화제에 대한 내 생각을 적은 문장이다. 즉 주제문은 나의 주장을 쓴 문장이다. 주제문에서 화제는 주어이고 중심 생각은 서술어 자리에 온다. 화제는 글쓰기의 대상이며, 그에 대한 내 생각은 주로 중심 생각[한정 진술]에 담긴다.

〈주제문의 요건〉

① 완전한 문장으로 표현되어야 한다.
② 명료하게 표현되어야 한다.
③ 구체적으로 표현되어야 한다.
④ 적합한 단어로 표현되어야 한다.

이상의 규칙에 따라서, 아래의 〈글의 다양한 구성 방법〉[43~48쪽]에 제시된 예문의 주제문을 적어보면 다음과 같다.

ⅰ. 현대인의 DNA 분석 결과를 보면, '아웃 오브 아프리카 모델'이 현생 인류의 등장과 확산을 설명하는 데에 더 타당한 모델이다.

ⅱ. 아웃라이어가 있는 경우에는, 중간값이나 최빈값이 평균값보다 대상의 특성을 더 잘 나타내는 통계값일 수 있다.

ⅲ. FIFA 선수의 월령 효과를 분석해보면, 재능이 노력보다 더 중요한 성공의 요인임을 알 수 있다.

그렇다면 주장은 어떻게 만들어야 할까? 논증하는 글일 경우, 주장은 내가 다룰 문제에 관한 나의 입장을 분명히 진술하는 것이다. 예를 들어 21세기 과학기술자들의 역할에 관한 글을 쓴다고 생각해 보자. 이 문제에 대한 나의 관점, 반대 의견, 그리고 독자가 될 사람들에 대해서 신중하게 생각한 후, 다음과 같은 주장[주제]을 쓸 수 있다.

> 사람들이 핸드폰 카메라와 디지털카메라를 이용하여 자신의 모습을 최대한 왜곡해서 찍는 것을 즐기고 이것이 문화의 한 부분이 된 것을 볼 때, 21세기 과학자들은 수학적 정확성과 객관성을 구현하는 기술보다는 소비자의 욕망을 반영하는 기술을 개발하고 있다.

주장[주제]은 찬성 혹은 반대가 갈리며, 그것이 옳거나 그르다는 것을 증명할 수 있어야 한다. 주장은 단순한 사실–핸드폰이나 디지털카메라가 피사체를 왜곡해서 찍는다–에 대한 진술도 아니며 믿음–모든 과학 기술은 오류 가능성을 갖고 있다–에 대한 진술도 아니다. 사실 진술이 주장이 될 수 없는 이유는, 그것이 참인지 거짓인지가 자명하기에 증명할 필요가 없기 때문이다. 믿음에 대한 진술이 주장이 될 수 없는 이유도 그것이 증명될 수 없기 때문이다. 옳고 그름 혹은 참과 거짓을 증명할 수 있는 것만이 주장이 될 수 있다.

위의 문장은 상당수의 사람이 동의할 수 없는 '논쟁점'을 갖고 있다는 점에서 글의 주장[주제]이 될 수 있다. 위의 주장은 최대한 왜곡된 사진을 찍기를 원하는 소비자의 욕망을 충족하는 쪽으로 핸드폰 카메라와 디지털카메라 기술이 개발되고 있는 사례를 증거로, 21세기의 과학 기술은 정확성과 객관성을 추구하기보다는 의도적으로 오류가 생기도록 개발되고 있다는 것이다. 그러나 최근 자동차의 자율 주행 시스템에 대한 신뢰성 논란처럼, 여전히 과학 기술의 수학적 정확성과 객관성은 과학기술자들과 소비자들의 관심사임을 알 수 있다. 이러한 논쟁은 현재 개발된 자율 시스템이 적용된 일부 차량의 인식 센서가 트럭의 흰색을 빈 공간으로 인식하여 트럭과 충돌하고 탑승자가 사망한 채로 수십 킬로미터를 운행하는 사고를 냈기 때문이다. 자율 주행 시스템에 대한 논란은 위 주장의 반박 사례로서, 기술이 대중의 욕망을 충족시키는 쪽으로 개발되어야 한다는 것이 기술의 수학적 정확성이나 객관성을 무시하는 것을 합리화할 수 없음을 보여준다. 따라서 위의 문장은 21세기의 과학 기술은 오류를 용인할 것인가, 아니면 정확성을 추구할 것인가는 논쟁점을 갖고 있기에 주장이 될 수 있다.

일단 주장[주제]이 정해지면, 필자는 글의 주요 논점들을 문장의 형태로 진술하려고 시도해야 한다. 이 주장과 논점들은 글의 대략적인 개요를 구성할 수 있다. 다음을 보자.

> 주장: 핸드폰 카메라와 디지털카메라를 이용하여 사람들이 자신의 모습을 최대한 왜곡해서 찍는 셀프 카메라 찍기가 유행하고 이것이 일상생활[문화]의 한 부분이 된 것을 볼 때, 21세기 과학자들은 수학적 정확성과 객관성을 구현하는 기술보다는 소비자의 욕망을 반영하는 기술을 개발하고 있다.
>
> ▶ 논점 1: 셀프 카메라 찍기의 문화화는 카메라 기술의 발전과 밀접한 연관이 있다.
>
> · 셀프 카메라 찍기가 이제는 일상생활의 한 부분이 되었다.
>
> · 셀프 카메라 찍기가 유행하게 된 것은 핸드폰 카메라와 디지털카메라가 개발되었기 때문이다.
>
> ▶ 논점 2: 셀프 카메라 사진은 삶의 정직한 모습과는 거리가 멀어지고 있다.
>
> · 폰카나 디카의 기술적 한계로 인해서 피사체가 정확하게 찍히지 않는다.
>
> · 사람들이 자신의 모습을 최대한 왜곡해서 찍는다.
>
> · 셀프 카메라 사진은 정직한 삶의 기록이 아니라 욕망의 기록이다.

이처럼 주제[주장]와 주요 논점 그리고 논점을 구체화하는 세목[증거]들이 정해지면 개요를 작성한다. 글을 집필할 때, 위의 논점들의 몇몇 문장들은 원고에서 문단의 주제문이 될 수 있다.

2. 개요 쓰기

개요란 구상한 것을 도식화하여 나타낸 것으로 글의 설계도 혹은 아우트라인[outline]이라고 부른다.

1) 개요 구성의 요소

① 주제[주장]와 그에 종속된 논점[논거]을 찾는다.
② 각 논점에 포함된 세목[증거]을 찾는다.
③ 주제, 논점, 세목의 목록을 작성하여 개요를 완성한다.

2) 최종 개요의 작성 방법

① 개요는 글의 제목과 주제문 아래에다 작성하며, 주제문은 완전한 문장으로 써야 한다.
② 모든 항목에는 항목 번호를 부여해야 하며, 상위 항목과 하위 항목의 항목 번호는 구별되어야 한다.
③ 하위 항목의 번호는 하위 항목이 둘 이상이 있을 때에 부여한다.
④ 동일계통의 항목 번호를 가지는 항목들은 서로 대등한 관계를 유지해야 한다.
⑤ 상위 항목의 내용은 모든 차하위 항목들의 내용을 포괄할 수 있어야 한다.
⑥ 상위 항목과 하위 항목의 순서가 일치하여야 한다.
⑦ 항목의 표현 형식은 화제나 문장 중 하나로 통일되어야 한다.
⑧ 최상위 항목을 서론, 본론, 결론으로만 쓰지 말고 그 내용을 구체적으로 쓴다.

화제, 즉 단어나 어구로 작성된 것은 화제개요이고 문장으로 작성된 것은 문장개요이다. 다음은 위에서 제시되었던 글의 주제, 논점, 증거를 정리하여 화제 개요로 작성한 것이다.

〈화제 개요의 예〉

제목: 기술은 끊임없이 자아도취를 향한다.

주제문: 21세기 폰카 과학자들은 지금 욕망을 찍는 사진관을 연구하고 있다.

개요:

Ⅰ. 서론: 셀카는 카메라로 자신을 찍는 행위

Ⅱ. 본론 1: 셀카 문화와 과학 기술의 관계

1. 셀프 카메라 찍기의 시작은 1970년대 작가 신디 셔먼
2. 21세기에 와서 셀프 카메라 찍기가 문화의 한 부분이 됨
3. 셀카가 문화가 된 이유는 디지털카메라와 폰 카메라 기술의 개발 때문

Ⅲ. 본론 2: 셀카에 대한 과학자의 관심과 그 결과물

1. 과학자들이 셀카 문화에서 '일상적 삶을 기록하는 것'의 소중함을 배움
2. 일상적 삶을 자동적으로 기록하는 라이프로그 시스템을 개발

Ⅳ. 본론 3: 과학자와 달리 대중의 셀카는 욕망의 기록

1. 셀카는 삶의 정직한 기록과는 거리가 있음
2. 이유 1: 휴대전화에 들어있는 카메라의 기술적 한계
3. 이유 2: 셀카만의 이미지를 즐기는 셀카족
4. 셀카는 삶의 기록이 아니라 욕망의 기록

Ⅴ. 결론: 21세기 폰카 과학자들은 욕망을 찍는 사진관을 연구하는 중임

다음은 문장 개요의 예이다. 제목을 제외한 주제문 그리고 개요의 모든 항

목이 문장으로 작성되어 있다. 문장 개요의 장점은 필자의 생각을 문장으로 구체적으로 적었기 때문에 쉽게 글로 바꿀 수 있다는 것이다. 따라서 학생들은 개요를 될 수 있으면 문장 개요로 작성하는 것이 좋다.

〈문장 개요의 예〉

제목: 인터넷 공간의 특징

주제문: 인터넷 공간은 유동적이고 열린 공간으로서의 이미지를 갖고 있다.

1. 서론: 현실공간의 물질성과 인터넷의 비물질성으로 인해 우리는 두 공간에서 보는 것이 다르다.

2. 현실 공간의 물질적 상상력과 인터넷의 비물질적 상상력은 다르다.
   1) 물질적 상상력은 외계의 이미지를 받아들여 변화시킨다.
   2) 비물질적 상상력은 자연 속에 자리잡을 필요가 없다.

3. 현실 공간의 집과 인터넷 상의 집은 다른 의미를 갖는다.
   1) 현실 공간의 집은 피난처이자 안정적인 이미지를 갖지만, 인터넷의 집은 그렇지 않다.
   2) 현실 공간의 집은 개인적 공간이지만 인터넷의 집은 집단적 공간이다.
   3) 현실의 문은 외부와 내부를 경계 짓지만 인터넷의 문은 유동적이다.

4. 인터넷의 집[공간]은 유동적이고 열린 공간으로서의 이미지를 갖는다.

3. 집필하기

개요가 완성되면 학생들은 그것을 바탕으로 글을 집필한다. 이때 학생들은 글의 앞부분에 화제와 그에 대한 주장이 분명히 제시되어야 한다. 또한 글의 내용은 주장과 연관성이 있어야 한다. 즉 벤다이어그램을 그린다고 할 때 글의 모든 내용은 주장의 범위에 포함되어야 한다. 또한 문단은 될 수 있으면, 문단의 화제문으로 시작해야 하며 뒷받침 문장들은 화제문을 구체적으로 설명하거나 논증하는 것이어야 한다.

다음은 '낙태죄 폐지'에 대한 학생의 글이다. 개요가 어떻게 글로 구체화되었는지 살펴보자.

제 목: 낙태죄 폐지 찬성

주제문: 낙태죄는 여성의 자기결정권을 침해하고 여성들의 불법 낙태를 유도하며, 원치 않는 출산을 한 미혼모와 그녀의 아기가 고통을 받을 수 있기에, 나는 낙태죄 폐지에 찬성한다.

1. 서론 : 낙태죄 폐기가 최근 논란이 되고 있는데, 나는 이에 찬성한다.
   1) 최근에 낙태죄는 큰 논란을 일으켰다.[화제 제시]
   2) 낙태죄는 자연분만기 이전의 아기를 강제로 자궁에서 제거함으로써 성립하는 범죄이다.[용어 정의]
   3) 헌법재판소에서 낙태죄에 헌법불합치 판정을 내렸다.[문제 제기]
   4) 낙태죄는 여성의 기본권 침해, 불법 낙태 조장 그리고 미혼모의 양산 등의 이유로 폐지되어야 한다.[주장]

2. 본론 1 : 낙태죄는 여성의 자기 운명 결정권을 침해한다.[논거 1]
   1) 헌법 제10조는 여성의 자기 운명 결정권을 규정하고 있다.[증거 1]
   2) 낙태죄는 여성의 자기 운명 결정권을 침해하는 것이다.[증거 2]

3. 본론 2 : 낙태죄는 여성들의 불법적 낙태를 부추기며 그 폐혜가 크다.[논거 2]
   1) 낙태죄로 인해서 여성들이 불법 낙태를 하고 있다.[증거 1]
   2) 불법 낙태로 인해서 여성들이 건강과 생명을 잃는 일이 생긴다.[증거 2]

4. 본론 3 : 낙태죄로 인하여 미혼모와 아기의 고통이 발생한다.[논거 3]
   1) 미혼모는 심각한 사회적 차별에 시달리고 있다.[증거 1]

2) 미혼모는 혼자 아이를 키우며 경제적 곤란을 겪는다. 증거 2

3) 미혼모가 유기하는 영, 유아의 수가 늘어나고 있다. 증거 3

5. 결론 : 낙태죄는 문제가 있으므로 폐지되어야 한다.

1) 낙태죄는 크게 여성의 자기결정권 침해, 위험한 불법 낙태 조장 그리고 불행한 미혼모와 아기의 양산이라는 문제를 일으킨다. 본론 요약

2) 이러한 문제를 해결하기 위해 나는 낙태죄 폐지에 찬성한다. 주장 강조

실제 글의 사례

오늘날, 낙태죄를 폐지할지 말지를 두고 많은 논란이 일어나고 있다. (화제 제시) 낙태죄는 1953년 대한민국 최초의 형법 제정 때부터 태아를 살해한다는 명목으로 제정되었다. 하지만 현재 OECD 회원국 36개국 중, 뉴질랜드, 폴란드, 칠레, 이스라엘 4개국만 낙태가 불법이고 나머지 32개국은 낙태를 허용한다. 여기서 낙태죄란 태아를 자연 분만기에 앞서 인위적인 방법으로 모체 밖으로 배출시키거나 약물 등으로 모체 안에서 제거함으로써 성립하는 범죄를 말한다. (용어 정의) 이러한 낙태죄가 과연 필수적인가를 두고 최근에 다시 한번 크게 논의가 있었고, 그 결과 헌법재판소는 낙태죄 헌법 불합치를 결정하였다. (문제 제기) 여기서 헌법 불합치란 해당 법률이 위헌이기는 하지만 즉각적인 무효화로 인한 법의 공백과 사회적 혼란을 막기 위해 법을 개정할 때까지 그 법을 존속시키는 결정을 뜻한다. 나는 헌법재판소와 마찬가지로 낙태죄는 폐지되어야 마땅하다고 생각한다. (주장)

첫 번째로, 낙태죄를 폐지해야 이유 중 하나는 낙태죄가 여성의 자기결정권을 과도하게 제한한다는 것이다. (논거 1) 낙태죄 폐지를 반대하는 쪽에서는 태아의 생명권만 중시할 뿐, 여성의 자기 결정권을 무시하고 있다. 헌법 제10조는 "모든 국민은 인간으로서의 존엄과 가치를 가지며, 행복을 추구할 권리를 가진다"고 규정하고 있다.[1] (증거 1) 이를 전제로 각 개인은 국가권력으로부터 간섭 없이 일정한 사적私的 사항에 관하여 스스로 결정할 수 있는

자의적 권리, 즉 자기 결정권을 갖는다. 따라서 개인들은 자신의 성적 취향, 임신과 출산의 결정, 라이프스타일의 결정 등을 자의적으로 할 수 있

증거 2 다. 그런데 낙태죄는 여성에게 원치 않는 출산을 강요하고 여성이 자신의 운명–엄마가 될 것인가–을 결정하는 데 간섭하고 출산을 강요하고 있다. 이것은 헌법이 보장하는 여성의 자기 결정권을 침해하는 것이다.

논거 2 두 번째, 불법적 낙태의 위험성 때문에 낙태죄를 폐지해야 한다. 낙태죄

증거 1 때문에 출산을 원치 않는 여성들은 의사의 도움 없이 스스로 불법 낙태를 하게 된다. 이러한 불법적 낙태의 대표적인 예로는 임신 중절약과 옷걸이 등이 있다. 우리나라에서는 임신중절 약이 불법이기에 복용 후 부작용이 생겨도 여성들은 병원에 방문하는 것을 꺼린다. 또한 임산부가 스스로 불법 낙태 시술을 하기도 한다. 보고에 따르면 임산부가 소독되지 않은 옷걸이로 낙태 시술을 하는 경우도 있다. 이처럼 임산부가 아무런 의학적 지식

증거 2 없이 낙태를 시도하다가 생명을 잃기도 하였다. 구트마허 연구소에 따르면 매년 7만여 명의 여성이 자가 낙태, 비위생적 시술 등으로 사망한다고 밝혀졌다.[2]

논거 3 세 번째로, 현재 우리나라의 상황에서는 미혼모와 아이가 모두 고통을 받기 때문에 낙태죄는 폐지되어야 한다. 우리나라에는 낙태죄 때문에 여성들은 원치 않는 출산을 하고 미혼모가 되는 경우가 많다. 2016년 기준으로 약 24,000여 명의 미혼모가 존재한다. 이러한 미혼모들은 사회

증거 1 적 편견으로 고통을 겪고 있다. 한국여성정책연구원이 2009년에 실시한 설문 조사 「미혼모, 부에 대한 한국인의 태도와 인식」에 따르면 미혼모는 동성애자 다음으로 가장 많은 차별을 겪는다고 한다. 또한 이 설문에 참여한 2000여 명 중 60% 이상이 미혼모에 대해 '판단력과 책임감이 부족한 사람'으로 생각한다고 답변하였다.[3] 또한 미혼모들은 경제적 어려움으

증거 2 로 고통을 받고 있다. 2018년 한부모 가족 실태조사에 따르면 80% 이상의 한부모 가족들이 양육비, 교육비로 큰 부담을 느끼며 경제적 어려움을

증거 3 겪는다고 응답하였다.[4] 이러한 고통으로 인하여 일부 미혼모들은 아기를

유기하는 경우도 있도 있다. 실제로 최근 10년간 992명의 유아가 유기되어, 한 해 평균 100명의 유아가 버려졌다.[5]

태아의 생명을 보호하기 위해 낙태죄가 생기게 되었다. 하지만 실제로 낙태죄가 시행된 이후에는 많은 부작용이 나타났다. 그 부작용으로는 크게 3가지가 있다. 첫 번째는 여성들이 인간의 기본 권리인 자기결정권을 침해받는다는 것이다. 두 번째는 불법 낙태로 태아의 생명뿐만 아니라 임산부의 생명 또한 위협 받고 있다. 마지막으로는 낙태죄로 인해 미혼모와 아기들이 고통을 받는다. 이러한 문제점들로 인해 임산부와 아기가 사망에 이르기까지 한다. 그러므로 나는 이러한 상황을 해결하기 위해 하루빨리 낙태죄를 폐지할 것을 강력히 주장한다.

본론 요약

주장 강조

1) 연희진, 「낙태죄 헌법 불합치, 재판관 의견 어떻게 갈렸나?」, 『코메디닷컴』, 2019.04.11.
2) 진경진, 「'낙태 금지법' 그래서 문제는? "여성 인권" vs "태아도 생명"」, 『머니투데이』, 2016.10.18.
3) 공윤영, 「대한민국에서 미혼모로 살아가는 것」, 『 서울대 대학신문』, 2013.03.10.
4) 여성가족부, 「2018년 한부모 가족 실태조사」, 『대한민국 정책브리핑』, 2019.04.11.
5) 김형우, 「준비 안 된 '임신, 출산' 전국 곳곳서 버려지는 아기들」, 『연합뉴스』, 2019.03.30.

– 학생의 글

4. 글의 다양한 구성 방법

생각나는 대로 쓴다고 해서 다 글이 되는 것은 아니다. 자기의 생각에 질서를 부여하여야만 독자들이 내 글을 이해할 수 있다. 내 생각의 정확한 실현을 위해서 그리고 독자와의 원활한 의사소통을 위해서 '사고의 질서화'는 꼭 필요하다. 사고를 질서 있게 표현하기 위한 대표적인 구상 방법으로는 크게 세 가지가 있다.

1) 주장-근거-결론

이것은 주로 나의 주장이 옳다는 것을 증명논증할 때 많이 사용하는 구상 방법이다. 이것은 글의 앞부분에 주장을 제시하고 중간에 주장을 뒷받침하는 논거를 제시하고 마지막에 글을 마무리하는 것이다. 논거를 제시한 뒤에 반대편 주장에 대한 반대 논거를 추가할 수 있다.

> [주장] 오늘날의 인간과 비슷한 호모사피엔스는 약 25만 년 전에 출연했는데, 이에 대해서는 두 가지 가설이 있다. 하나는 호모에렉투스가 세계 각지에 퍼진 다음 고대인 호모사피엔스로 진화했고, 그 후 다시 현대인인 호모사피엔스 사피엔스로 발전하였다는 다지역 모델이다. 다른 하나는 호모에렉투스에서 진화하여 출연한 현대인 호모사피엔스 사피엔스가 아프리카를 떠나 다른 곳으로 이동한 후 그곳의 고대인 호모사피엔스를 제거하고 대신 들어섰다는 학설이다. 후자의 주장을 '아웃 오브 아프리카' 모델이라고 한다.
>
> [논거] 윌슨 교수팀은 1987년 세계 각국의 사는 사람 147명의 체내에서 세포 내 호흡 요소 기관인 미토콘드리아 DNA를 분석한 결과, 이것이 아프리카형과 기타 지역형으로 나눠짐을 발견했다. 그리고 아프리카형의 DNA는 변이성이 기타 지역형보다 크다는 사실에서 결국 아프리카형이 더 오래되었다고 보게 되었고, 따라서 '아웃 오브 아프리카 모델'을 지지하게 되었다. 2만 년 전에 아프리카에서 현대인인 호모사피엔스 사피엔스가 나타나 세계 각지로 흩어졌고, 그 지역에서 고대인인 호모사피엔스를 도태시켰다는 것이다.
>
> [결론] 이러한 주장은 그 후에 세포핵 속에 있는 DNA를 실험해 얻은 결과와도 부합되었다. 한편 언어학자들의 언어계통 연구에서도 역시 아프리카와 기타 지역에 두 가지로 갈라졌음이 확인되어 '아웃 오브 아프리카 모델'의 타당성을 지지하였다.
>
> -이병훈, 『유전자들의 전쟁』, 민음사, 1994, 80~81쪽.

2) 문제 제기–발전–해결

이 구상방식은 주로 문제해결식 글쓰기에서 많이 사용한다. 앞부분에서 어떤 문제를 제시하고, 중간에는 이것이 왜 문제인지에 관한 이유를 적고 마지막에 그것을 해결할 방법을 제시하는 것이다.

[문제 제기] 키, 몸무게, 성적, 소득, 1인당 GDP까지 평균은 통계에서 가장 많이 사용하는 개념이다. 평균은 특정 집단의 대푯값을 보여주는 통계수치로서 그 집단의 중간 수준을 보여주고 과거와 비교해 얼마나 변화가 이루어졌는지 파악할 수 있는 유용한 지표다. 하지만 평균은 통계자료의 속성이나 본질을 잘못 보여줄 수도 있기에, 우리가 믿고 따라야 할 절대적 기준은 아니다.

[발전] 평균의 함정을 보여주는 사례로 다음과 같은 사례가 있다. 평균 키가 170cm인 군인 한 부대가 강의 수심이 평균 1m라는 정보만을 믿고 강을 건넜다. 그런데 수심이 1m 90cm인 특정 지점에서 수영을 못하는 많은 군인이 물에 빠져 죽었다. 군인들은 강의 가장 깊은 수심을 파악하지 않고 평균 수심만을 믿고 강을 건너다가 죽게 된 것이다.

19대 국회의원 평균 재산이 96억 6000만 원이라 하자. 그런데 재산이 2조 원이 넘는 의원 한 명과 500억 원이 넘는 의원 셋을 빼면 평균 재산은 18억 3,000만 원으로 줄어든다. 자산이 2억 5,000만 원인 중산층 5명과 자산이 1조인 재벌 1명을 합쳐 평균 내면 약 1667억 원이 된다. 이 평균값은 6명의 자산을 대표하는 값이 될 수 없다. 그 이유는 통계자료의 가운데 수인 중앙값median과 가장 많은 수인 최빈값mode을 무시하고 있기 때문이다.

[해결] 위 사례들의 가장 깊은 수심이나 재벌과 같은 특이한 관측값을 통계에서는 아웃라이어outlier라고 한다. 아웃라이어는 평균값에 영향을 주고 통계에 반영된 대상의 속성을 왜곡할 수 있기에, 중앙값median이나 최빈값mode을 함께 이용해야 집단 전체의 속성을 제대로 파악할

수 있다.

– 강신욱, 「평균의 함정을 피하는 법」, 『머니투데이』, 2019.04.09. 참조.

3) 가설–방법론–분석–해석

이 구상 방식은 앞부분에서 어떤 대상에 대한 가설주장과 그것을 증명할 방법론을 제시하고 중간에는 방법론에 따라서 대상을 분석한 다음, 마지막에 그 분석의 결과를 해석하는 것이다. 가설과 해석이 서로 일치할 때 가설이 증명되었다고 말할 수 있다. 이런 구상방식은 주로 문학, 영화, 혹은 예술작품의 분석, 설문이나 통계 자료의 분석, 그리고 요즘 사회적으로 큰 관심사인 빅데이터를 분석할 때 사용한다.

[가설–방법론] K. 앤더스 에릭슨은 재능과 관계없이 1만 시간의 의식적 연습이 뒷받침된다면 우리가 재능이라 부르는 능력을 얻을 수 있다고 주장하였다. 그런데 에릭슨의 이 주장을 인용해 '당신들도 뭔가를 이루려면 노력해서 의식적 연습을 하라'라고 이야기할 수 있는 것일까? 앞서 월령 효과 얘기를 한 것을 떠올려 보자. 이 월령 효과Relative age effect*는 유망주들을 대상으로 한 연구다. 만약 이들이 프로 레벨, 즉 전문가 시장으로 진입했을 때도 이 월령 효과는 유지될까? 만약 월령 효과가 유지된다면 노력할 수 없는 환경의 문제라고 볼 수 있으므로, 모두에게 1만 시간의 의식적 연습 환경만 제공하면 될 것이다.

[분석] FIFA의 산하기관인 국제스포츠연구센터CIES에서 발행한 『CIES Football Obserbatory』 보고서에 따르면, 프로선수의 세계에서도 월령 효과는 존재한다. 보고서는 09/10시즌부터 유럽의 31개국 1부 축구리그에서 활동한 2만 8,685명의 프로선수들을 대상으로 연구를 진행했다. 〈자료 1〉을 보면, 09/10시즌부터 14/15시즌까지 활동한 축구 선수들의 출생 월은 1분기가 가장 많고, 그 다음이 2분기, 3분기, 4

* '월령 효과'는 스포츠별로 유소년 선수들의 출생 월을 살펴보면 선수선발 기준일에 가까운 날짜에 태어난 선수들의 비중이 높은 것을 말한다. 예를 들어 9월 1일이 기준인 잉글랜드 유소년 축구의 경우 9월생의 비중이 가장 크다.

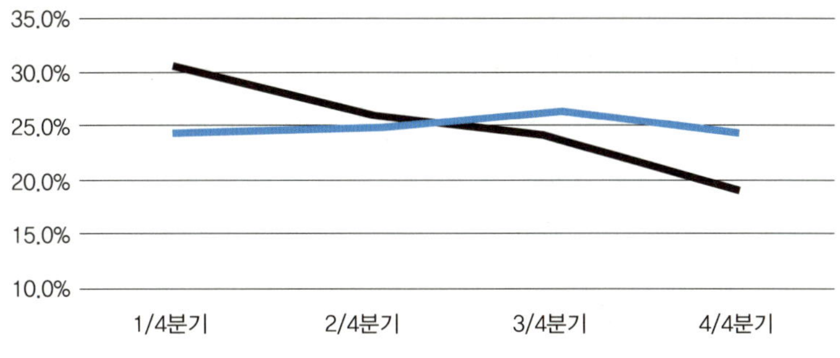

〈자료 1〉

분기 순이었다. 이는 프로 레벨에서도 월령 효과가 존재한다는 것을 확인시켜 준다.

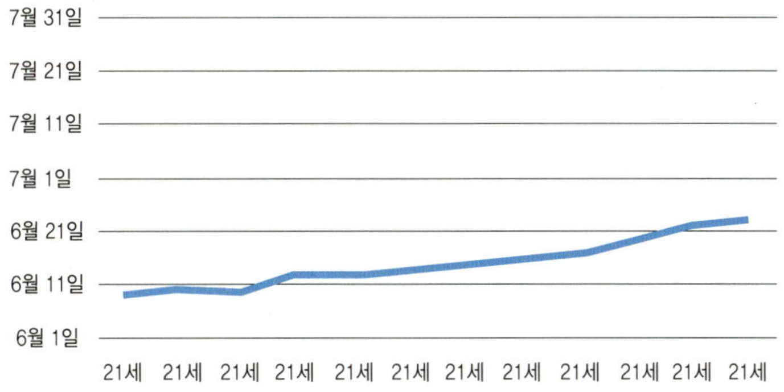

〈자료 2〉

그런데 축구 선수들의 연령에 따른 평균 출생일을 살펴보면 연령이 높아질수록 월령 효과가 감소한다. 〈자료 2〉를 보면, 선수들의 연령에 따라 평균 출생일이 다르다. 이제 갓 프로 무대에 진입한 21살의 선수들은 평균 출생일이 6월 9일이지만, 선수 생활의 황혼기에 이르러 가는 32세의 선수들은 6월 23일이다. 이에 따르면 선수들의 나이가 많을수록 월령 효과가 감소하는 것을 알 수 있다.

[해석] 에릭슨의 주장처럼 의식적인 연습을 통해 기량을 성장시킬

수 있고 재능이 존재하지 않는다면 월령 효과는 축소되는 것이 아니라 유지되어야 한다. 특히나 이 연구의 대상들인 축구 선수들은 프로들이다. 여기에 해당하는 선수들은 모두가 에릭손이 이야기한 '의식적인 연습'을 계속 수행해왔다는 점에서 동일한 환경이라 볼 수 있다. 그럼에도 불구하고 상반기에 태어난 선수들의 이탈이 많은 것은 결국 의식적 연습으로도 도달할 수 없는 재능의 영역이 존재한다는 것을 보여준다.

−김영준, 「'1만 시간' 법칙의 오해: 노력도 아무나 하는 것이 아니다」, 『OhmyNews』, 2019.08.27.

위의 글은 FIFA 선수의 경기력을 분석하여 분석 결과가 가설과 일치하지 않음을 밝혔다. 이를 근거로 성공을 하기 위해서는 노력보다 재능이 더 중요하다는 해석주장을 제시하였다.

이상에서 살펴본 것처럼 글의 구성과 논리 전개의 방식은 집필 목적과 어떤 유형의 자료를 활용하느냐에 따라서 달라질 수 있다. 자기의 생각을 가장 분명하고 설득력 있게 전달할 수 있는 구성 방식을 선택하여 글을 쓰는 것이 필요하다.

5. 고쳐쓰기

글은 내 생각의 실현이다. 하지만 내 생각을 정확하게 실현하기 위해서는 자기 통제가 필요하다. 글을 쓸 때는 자기가 쓰고 싶은 주제를 미리 계획한다. 하지만 그 주제가 글로 정확하게 실현되는 경우는 많지 않다. 내가 조사한 자료들을 이것저것 글 속에 집어넣다 보면, 내가 계획했던 것과는 다른 글이 되기 쉽다. 또한 앞 문장과 논리적 연관 관계가 없는 문장이 뒤에 나오게 되면 글의 내용은 점점 원래의 주제와는 거리가 멀어지게 된다. 그 결과, 글은 처음 계획과는 전혀 다른 결론에 도달하게 된다. 따라서 글쓴이는 글에 일관성이 있는지 항상 점검하면서 글을 써야 한다.

〈자기 통제의 tip〉

글이 한 가지 주제로 일관되게 작성되었는가?
부분문단이 전체 주제에서 벗어나지 않는가?
근거를 제시하지 않고 주장만 반복하고 있지 않은가?
주장과 주장을 뒷받침하는 근거들은 객관적으로 검증 가능한 것인가?
문단들 서로 논리적인 연관성을 갖고 있는가?
뒷받침 문장이 문단의 화제문의 범위에서 벗어나지는 않았는가?

연습 문제 1

다음 글들은 자기의 생각을 실현하는 데에 실패한 글이다. 왜 그런지 그 원인을 찾아 글을 고쳐 보자.

1) 다음 글은 내 생각이 분명하지 않은 글이다. 그 이유가 무엇일까?

나는 2020년까지의 최저 시급 1만 원 인상에 반대한다. 현 대통령인 문재인 대통령께서는 자신의 핵심 공약인 공공일자리 81만 개 창출을 위한 일자리위원회를 만드시고 경제 활성화와 일자리 창출 공약 이행에 주력하고 있다. 그중 국내 모든 산업에서 주목하고 있는 부분이 최저 시급 인상이다. 정부는 2020년까지 1만 원까지 인상하겠다고 최근에 밝혔다. 하지만 임금인상에 대한 부담으로 경영자들이 되레 기존 인력을 해고하거나 신규 채용을 줄이는 부작용이 일어날 가능성이 크다.

나도 최저 임금 인상 취지엔 적극 동감하나, 시급 인상은 외식업의 현실성과 특수성을 무시한다. 최근 갈수록 심각해지는 인력난과 매출 하락에 대부분 외식업계에서는 이 정책을 순순히 수용하기 어렵다. 보통 식당은 연중무휴이고 점심, 저녁 넘어서까지 운영한다. 아르바이트나 일부 직원의 시간별 로테이션을 제외하고 점장이나 정규 직원은 12시간 이상 근무는 기본, 야간 휴일 근무까지 이어지는 일이 다반사이기 때문에 최저 시급 인상 폭도 문제지만 야간 근로 수당이나 휴일 근로 수당과 같은 추가 수당까지 더하게 되면 부담이 배가 된다. 그러므로 구조적으로 탄탄하고 복지 수준이 잘 되어있는 큰 기업만 이 최저 임금인상이 가능하다.

최근 외식비, 시장 물품 가격 등 사회 전반적으로 물가가 올라 사람들이 일상생활을 하는 데 많은 불편감을 준다. 이러한 물가 상승의 이유는 몇 가지가 있지만, 최저 시급의 인상이 가장 큰 이유이다. 만약 문재인 대통령이 예정대로 최저 임금을 임기 내 1만 원까지 인상한다면 전체 인상률은 47.1% 이상이 된다. 예를 들어 고용자가 월 100만 원 받는 직업에 매년 시급 15% 인상률을 적용한 후 월급을 지급했다고 가정해보자. 그렇다면 월급은 115만 원이 되며, 다음 해는 132.25만 원이 된다. 따라서 고용자는 임금인상의 부담을 물건값이나 서비스료로 전가하게 되고, 이는 물가 상승으로 이어진다. 그러므로 정부는 무작정 시급 인상에 치중하지 말고 나라의 경제 상황을 고려해 점진적 인상을 생각해 볼 필요가 있다.

나는 최저 시급 인상에 대해 적극 동감한다. 하지만 최저 시급이 급격히 상승하는 것은 반대한다. 2020년까지 인상하게 된다면 인상 폭이 너무 상승하기 때문에 물가 상승으로 이어질 수 있어 경제 상황이 악화된다. 또한 최저시급의 급격한 인상은 외식업의 현실성과 특수성을 무시하고 직원의 전문성 결여를 통해 생산성이 떨어지는 문제를 초래할 가능성이 크다. 그러므로 우리 정부가 무작정 최저 시급 인상에 치중할 것이 아니라 경제 상황을 고려해 점진적으로 인상을 하는 것이 바람직하다고 생각한다.

– 학생의 글

2) 다음은 자기 통제가 되지 않는 글이다. 그 이유에 대해서 생각해 보자.

최근 과학자들은 수면 시간이 줄어들면 살이 찐다는 사실을 발견하였다. 수면 시간이 줄어들면 왜 살이 찔까? 아니면 단순히 살이 쪘기 때문에 얕은 잠을 자고 잠자는 시간이 짧은 걸까? 이 의문의 답하기 위한 연구가 발표되었다. 콜로라도대학교 테니스 라이츠Tenneth P. Wright 교수 연구팀이 『미국 과학원 회보』에 발표한 논문이다.

연구팀은 평소 7~8시간 자는 건강한 사람을 모집해 5시간 수면의 토막잠을 연속 닷새간 반복하게 했다. 그 결과, 불과 5일 동안 실험에 참여한 사람들의 몸무게가 0.8kg이나 불어났다. 수면 부족은 비만을 유발하는 요인임이 밝혀진 셈이다.

토막잠을 자는 기간에 왜 몸무게가 늘어날까? 이 점을 밝히기 위해서 위의 연구팀은 실험에 참여한 사람들의 행동을 꾸준히 관찰하고 조사했다. 그 과정에 참여자들이 과자 등 군것질거리에 자꾸 손대는 것을 확인했다. 유일한 '중량 입력원'인 섭식량이 착실하게 증가한 셈이다. 수면 부족은 활동으로 인한 에너지 소비가 증가하는 것 이상으로 쉽게 과식하게 만들어 비만을 유발한다고 볼 수 있다. 아무리 배가 고파도 마음을 단단히 하여 안 먹으면 그만이지라고 생각하는 사람도 있을 수 있다. 그러나 현실은 그렇지 않다. 수면이 부족하면 먹는 양을 조절하는 이성적 판단과 자제력 자체가 부족해지기 때문이다.

잠을 적게 자면 전반적으로 판단력이 둔해지는 경험을 누구나 해봤을 것이다. 잠이 부족하면 업무 실수가 늘어나고 쉽게 짜증이 나고, 자꾸 마음이 초조해진다. 그러므로 업무 효율을 높이고 더 나은 성과를 얻기 위해서라도 몸과 마음을 건강하고 편안하게 유지하며 충분하게 잠을 자야 한다.

–이케가야 유지, 『세상에서 가장 재미있는 63가지 심리실험』, 서수지 옮김, 사람과 나무사이, 2018, 163~164쪽.

연습 문제 2

다음 글을 읽고 이 글의 주장에 찬성 혹은 반대하는 글을 써 보자.

최근 지상파나 케이블 TV 채널에서 혼자 사는 연예인의 생활을 소개하는 오락프로그램이 높은 시청률을 얻고 있다. 또한 이 프로그램이 혼자 사는 연예인들이 즐기며 사는 모습을 집중적으로 방송하는 것을 계기로 "욜로 문화"라는 용어가 언론 매체를 통해서 대중화되고 있다. 욜로 문화를 어떻게 봐야만 하는 걸까?

욜로YOLO는 "당신은 오직 한 번만 산다You Only Live Once"에서 해당 영어 단어의 앞 글자만 딴 것이다. 오직 한 번만 사는 인생이니까, 지금을 즐기면서 살자는 메시지가 이 안에 담겨 있다.

미디어가 묘사하는 욜로족들은 대체로 20, 30대로서 모두 행복해 보인다. TV 속의 욜로족은 취업 준비를 하는 대신에 1년간 세계 여행을 떠나고, 자기가 좋아하는 취미에 돈을 아끼지 않고 소비하는 등의 모습을 보인다. 이 사람들은 내 집 마련이나 노후 준비보다 지금 당장 삶의 질을 높여줄 수 있는 취미 생활이나 자기 계발 등에 아낌없이 지갑을 연다.

하지만 욜로 문화에 비판적인 비평가들은 욜로 문화가 우리 경제의 지속된 저성장과 낮은 취업률로 20, 30대들이 자신의 미래를 계획하기 어려운 상황과 밀접한 관련이 있다고 주장한다. 20, 30대들이 미래를 계획할 수 없으니 현재를 즐기자는 쪽으로 가고 있다는 것이 이들의 해석이다.

이상의 비판처럼 사회의 재생산이라는 면에서 욜로 문화의 대중화는 그렇게 바람직하지 않다. 하지만 3포 세대니, 5포 세대니 하는 용어가 유행했던 것처럼 이미 우리 사회 자체가 재생산 기능을 많이 상실하고 있다. 욜로 문화는 이처럼 재생산 기능이 점점 떨어지고 있는 사회에 어떻게든 적응하려는 젊은 세대의 몸부림인지도 모른다.

필자의 부모 세대만 해도 인생의 성공에 대한 명확한 기준이 있어서, 그것을 충족하지 못하는 사람들을 실패자로 보는 경향이 강하다. 이들의 시선에서 보면 20, 30대의 다수는 실패 대기자들쯤 된다. 그렇다고 20, 30대들이 “나는 이미 글렀으니까” 하고 페시미즘에 젖어서 우울해할 수만은 없는 것 아닌가?

욜로 문화는 20, 30대들이 우울해 보일 수도 있는 자신의 현실을 최대한 긍정하려는 노력의 산물이라고 할 수 있다. 즉 젊은이들이 자기 인생의 부정적인 면보다는 긍정적인 면을 좀 더 부각해 보고자 하는 것이다. 필자는 욜로 문화 덕분에 젊은 세대들이 좀 더 즐거워질 수 있다면, 사회가 감당해야 할 스트레스의 총량이 주는 것이므로 사회에도 이익이라고 생각한다. 이것을 단순히 미래를 준비하지 않는 소비문화로 비판하는 것에 필자는 찬성하지 않는다.

– 배개화, 「욜로 문화, 이건 뭐지?」, 『경북매일신문』, 2017.07.18.

〈참고 문헌〉

강신욱, 「평균의 함정을 피하는 법」, 『머니투데이』, 2019.04.09.

김영식, 『역사와 사회 속의 과학』, 서울대학교출판부, 1994.

김영준, 「'1만 시간' 법칙의 오해: 노력도 아무나 하는 것이 아니다」, 『*OhmyNews*』, 2019.08.27.

배개화, 「욜로문화, 이건 뭐지?」, 『경북매일신문』, 2017.07.18.

서울대학교 대학글쓰기 1 교재편찬위원회, 『대학글쓰기 1』, 서울대학교출판문화원, 2019.

이병훈, 『유전자들의 전쟁』, 민음사, 1994.

이케가야 유지, 『세상에서 가장 재미있는 63가지 심리실험』, 서수지 옮김, 사람과 나무사이, 2018.

정희모 외, 『대학글쓰기』, 삼인, 2008.

제3장

글쓰기의 윤리

1. 학문의 과정과 글쓰기의 성실성

'학문'의 사전적 정의는 어떤 분야를 체계적으로 배워서 익힘, 또는 그런 지식을 의미한다. 한마디로 학문은 진리를 탐구하는 행위라 할 수 있다. 그렇다면 '학문을 한다'는 것은 무엇이고 또 어떻게 해야 하는 것일까?

대학에 들어왔다는 것은 본격적으로 학문을 시작할 수 있는 여건 속에 놓이게 되었음을 의미하기도 한다. 중 · 고등학교 시절까지는 대체로 교과서의 모든 내용을 의심 없이 믿어야 했다. 그리고 그 내용을 얼마나 잘 기억하고 외우느냐에 따라 성적을 매기기도 하였다.

하지만 어떤 면에서 모든 진리는 상대적인 진리이다. 특히 자연과학과 비교할 때, 인문학 내지 인문과학은 어느 하나의 정답만 존재하지 않는 경우가 많다. 그러므로 학문은 어떤 질문에 대한 나름대로의 근거를 마련하고 이를 논리적으로 풀어내는 것에서 시작한다. 대학은 그러한 질문을 시작하고 질문에 대한 나름대로의 해답을 찾아가는, 찾아갈 수 있는 곳이다.

질문에 대한 대답은 보통 과제로 작성하는 '리포트'나 '논문'이란 형태로 나오곤 한다. 하지만 예전에는 대학에 와서 리포트나 논문을 쓰는 방식을 아는 상태에서 이러한 글을 쓰는 경우가 많지 않았다. 즉 학문을 어떻게 해야 하는지 모르는 상태에서 리포트를 쓰고 보고서를 쓰고 논문을 작성하곤 한다. 그런 과정에서 본의 아니게, 혹은 의도적으로 다른 사람들의 저작을 베끼거나 짜깁기하기도 한다. 여기서 표절을 위시한 글쓰기의 윤리 문제가 발생한다.

앞서 언급하였듯이, 대부분의 학문은 '의심'과 '회의懷疑'에서 시작한다. 기존의 것을 아무 의심 없이 믿고 마는 것이 아니라 뒤집어 보고 거꾸로 다시 보며 당연하다고 생각한 것들에조차 질문을 던지는 것에서 학문이 시작되는 것이다. 어쩌면 우리가 사실이나 진실이라고 믿는 많은 것들은 부분적으로 맞을 수도 있다.

때론 아주 오랫동안, 혹은 평생 진실이라고 믿어왔던 어떤 것이 사실은 그렇지 않다는 것을 발견하거나 깨달을 때도 있다. 그런데 그러한 계기와 과정 속에서 우리는 더욱 성장하거나 성숙하게 된다. 진리가 종종 상대적 진리라는 것을 깨닫는 것에서 우리는 타인과 소통하고 공감하고, 타인을 이해하고 인정하게 되기 때문이다.

다시 말해 내 주위의 것들과 내가 알고 있는 것들이 모두 진실이고 사실이라고 믿기보다는 의문과 회의를 품을 때 학문은 시작한다. 하지만 의문과 회의만 품는다고 해서 학문이 이루어지는 것은 아니다. 의문과 회의에서 시작해 그에 대한 해답을 찾아갈 때, 단순한 의문과 회의를 넘어 자신이 궁금한 것에 대한 자료를 찾고 이를 정리하고 분석할 때 학문은 이루어진다.

학문하는 것은 인생을 살아가는 것과 흡사하다. 우리가 원하든 원하지 않든, 우리는 인생에서 어떤 문제를 만나고 그 문제를 해결하는 방법을 찾고 그렇게 자신에게 주어진 문제를 하나하나 해결하면서 살아간다. 이러한 과정을 통해 우리는 성장하고 발전한다.

학문도 이와 같아서 우리가 어떤 문제를 찾으면 이를 해결하기 위해 다양한 방법으로 자료를 찾고 이를 모아서 분류하고 분석하고 나름대로 해결책을 제시한다. 하지만 우리가 어떤 문제에 대한 해결책을 찾았다 해도 이를 글로 남기지 않으면 아무도 알 수 없다. 결국 글쓰기는 우리가 진리를 탐구하는 과정에서, 그 결과로 필수적으로 해야 하는 일이기도 하다. 자기 인생을 정직하게 살아가야 하듯이, 우리는 학문하는 과정에서도 정직하게 과제를 수행해야 하고 그 결과물에 책임을 져야 한다.

결과물로 작성된 리포트와 논문을 평가할 때 가장 중요한 기준 중의 하나가 바로 독창성이다. 그러나 "하늘 아래 새로운 것은 없다."라는 말이 있듯이, 독창성을 추구하고 이를 토대로 결과물을 제시하는 것은 쉬운 일이 아니다.

학문에서의 독창성은 크게 세 가지로 나누어 생각해볼 수 있다. 첫째, 자료의 독창성, 둘째, 방법의 독창성, 셋째, 결과의 독창성이 그것이다. 새로운 자료를 발굴하여 연구를 수행한다면 이는 그 자체로 독창적이라 할 수 있다. 그리고 이전의 연구에서 이미 다룬 자료일지라도 이를 전혀 다른 방법으로 접근하여 연구한다면 이 또한 독창적이라 할 수 있다. 마지막으로 자료와 방법은 기존의 연구를 따랐을지라도 그 결과가 새로운 것이라면 이 또한 독창적이라 할 수 있다. 이 세 가지가 모두 독창적이라면 오롯이 독창적인 연구가 되겠으나, 이 중 한 가지라도 독창적이면 이는 학문적 연구로서 가치를 지닌다고 볼 수 있다.

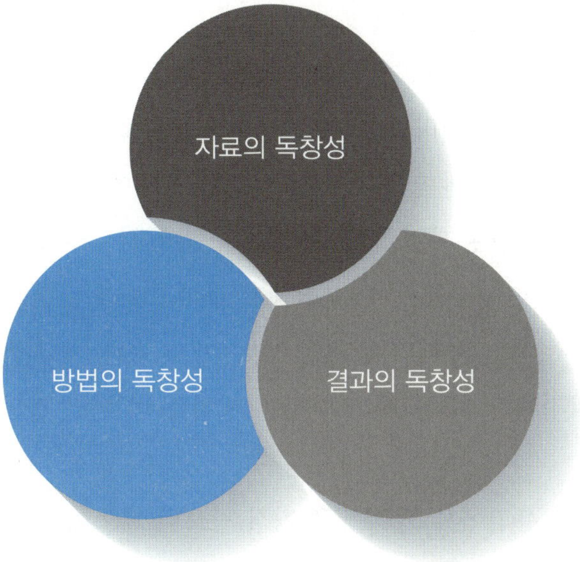

학문의 독창성

그런데 독창적인 연구에는 전제할 것이 있다. 바로 기존 연구 결과물을 꼼꼼하게 조사하고 정확하게 분석하는 일이다. 기존의 논의와 비교할 때 자신의 논의가 어떻게 다르고 얼마나 독창적인지를 밝히기 위해서는 기존 논의에 대한 상세한 검토가 필수적이다. 자신의 주장이 옳다는 것을 입증하기 위해서도 기존 논의의 검토는 필요하다. 그 과정에서 적절하고도 정확한 인용은 독창적인 논의를 전개하는 데 도움을 줄 것이다. 자신의 주장과 유사하거나 상반된 견해를 인용하면서 논의를 전개할 때 자신의 논지를 더욱 강화시킬 수 있다.

2. 글쓰기의 윤리와 저작권 및 저작물

사전적으로 '윤리'는 '사람으로서 마땅히 행하거나 지켜야 할 도리'를 뜻한다. 그렇다면 '글쓰기의 윤리'란 '글을 쓸 때 사람으로서 마땅히 행하거나 지켜야 할 도리'를 의미할 것이다. 하지만 글쓰기 자체가 개인적인 행위라 할지라도 그 행위의 윤리성에 대한 판단은 저자가 속한 사회 집단 혹은 구성원들이 하는 것이므로 그렇게 간단한 문제가 아니다.

그 때문에 '글쓰기의 윤리'에 대한 다양한 개념 정의가 이루어지기도 했다. 그런데 어떤 정의일지라도 대체로 저자가 글을 쓰는 모든 '과정'이 전제되며, 그 과정에서 지켜야 할 기본적인 사고와 행위에 대한 '규범'이라는 의미가 내포되어 있다. 문제는 도리, 사고, 규범이라는 추상적인 표현이 정확하게 지칭하는 바가 무엇인지 그 실체가 불분명하다는 것이다. 이윤진은 이를 보완하기 위해 글쓰기의 윤리를 "글쓴이가 속한 사회에서 쓰기를 수행하는 모든 과정에서 지키도록 요구하는 행위 규범"이라 정의하였다(이윤진 2015, 34~35).

특히 글쓰기의 윤리에서 '정직성'은 가장 중요한 덕목이다. 여기에서 정직성이란 적절한 형식으로 인용하기와 출처를 밝히는 것을 의미한다. 또한 이것은 베끼기와 짜깁기를 하지 않는 것을 뜻한다. 다시 말해 글쓴이가 다른 글에서 가져온 자료와 자신의 의견을 구분하고 적절한 형식으로 인용한 후, 출처를 제대로 밝히는 것이 정직한 글쓰기의 기본이라 할 수 있다(이윤진 2015, 36).

이때 기본적으로 전제할 것이 저작권을 이해하고 저작물의 종류를 파악하고 있어야 한다는 것이다. 먼저 저작권The Copyright은 저작자가 그 자신이 창작한 저작물에 대해 갖는 권리를 의미한다(저작권위원회 2009). 우리나라에서 1957년에 시행된 저작권은 크게 세 가지로 나뉜다. 저작자의 권리인 '저작권'과 이에 인접하는 권리인 '저작인접권', '출판권'이 그것이다. 이러한 저작권은 저작권법으로 보호를 받는다.

저작권은 다시 '저작인격권Moral right'과 '저작재산권'으로 나뉜다. 저작인격권은 저작자의 지위로부터 생기는 인격적 · 정신적 권리를 말하는 것으로, 공표권公表權, 성명표시권姓名表示權, 동일성유지권同一性維持權이 인정된다. 저작인격권의 특징은 저작재산권과 달리 양도 · 상속되지 않는다는 것이다.

'저작재산권'이란 저작권자가 저작물을 배타적으로 이용할 수 있는 재산적 권리를 의미하는 것으로, 복제권, 공연권, 공중송신권, 전시권, 배포권, 대여권, 2차적 저작물작성권이 인정된다.

'저작인접권Neighbouring right'은 실연자實演者, 음반제작자 및 방송사업자에게 부여되는 저작권에 유사한 권리이다. 이들은 저작물의 직접적인 창작자는 아니지만 저작물의 해설자 또는 전달자로서 저작물의 가치를 증대시키는 일을 하므로 저작권에 준하는 권리를 부여한 것이다.

'출판권'은 저작권자와 출판자 사이의 출판권 설정계약에 의하여 발생하는 권리로서, 당해 저작물을 원작 그대로 출판할 권리이다. 출판권은 배타적 · 독점적인 권리로서 출판권자는 제3자의 위법한 출판행위가 있을 경우 그 금지뿐만 아니라 손해배상을 청구할 수 있다.

따라서 이러한 저작권의 보호를 받는 저작물로는 글로 되어 있는 어문 저작물을 위시하여, 연극 저작물, 미술 저작물, 음악 저작물, 사진 저작물, 영상 저작물, 도형 저작물, 건축 저작물, 컴퓨터프로그램 등이 있다.

이에 반해 보호받지 못하는 저작물도 있다. 첫째, 헌법 · 법률 · 조약 · 명령 · 조례 및 규칙, 둘째, 국가나 지방자치단체의 고시 · 공고 · 훈령 및 그 밖의 이와 유사한 것, 셋째, 법원의 판결 · 결정 · 명령 · 심판이나 행정심판의 절차, 그 밖의 의결 · 결정, 넷째, 국가 또는 지방자치 단체가 작성한 제1호 내지 제3호에 규정된 것의 편집물 · 번역물, 다섯째, 사실의 전달에 불과한, 아주 짧은 시사보도 등은 보호받지 못하는 저작물의 예이다.

3. 글쓰기와 표절

글쓰기 윤리하면 가장 먼저 떠오르는 것이 '표절'일 것이다. 표절의 한자어인 '剽竊표절'은 '도둑질하다, 훔치다'라는 의미를 지니고 있고, 영문 표기인 'Plagiarism'은 '납치자'를 뜻하는 'plagiarus', '훔치다'의 의미를 지닌 'plagiaire'라는 라틴어에서 유래했다. 한자어나 영어 표기에서 모두 '표절'은 남의 것을 몰래 가져오는 것을 의미한다. 표절의 사전적 정의는 '시나 글, 노래 따위를 지을 때에 남의 작품의 일부를 몰래 따다 쓰는' 것을 말한다.

2015년에 문학계를 발칵 뒤집은 사건이 있었다. 바로 소설가 신경숙의 표절 시비였다. 소설가 이응준 씨가 신경숙 표절에 대한 기고문을 쓰면서 불거진 신경숙의 표절 문제는 신경숙이 표절 의혹을 계속 부인하면서 문제가 되었다. 신경숙의 『전설』과 일본 작가 미시마 유키오의 「우국」에서 표절로 의심을 받았던 부분은 아래와 같다.

> "두 사람 다 실로 건강한 젊은 육체의 소유자였던 탓으로 그들의 밤은 격렬했다. 밤뿐만 아니라 훈련을 마치고 흙먼지투성이의 군복을 벗는 동안마저 안타까워하면서 집에 오자마자 아내를 그 자리에 쓰러뜨리는 일이 한두 번이 아니었다. 레이코도 잘 응했다. 첫날밤을 지낸 지

한 달이 넘었을까 말까 할 때 벌써 레이코는 기쁨을 아는 몸이 되었고, 중위도 그런 레이코의 변화를 기뻐하였다."

– 미시마 유키오 지음, 김후란 옮김, 「우국」, 『금각사』, 학원사, 1983, 233쪽.

"두 사람 다 건강한 육체의 주인들이었다. 그들의 밤은 격렬하였다. 남자는 바깥에서 돌아와 흙먼지 묻은 얼굴을 씻다가도 뭔가를 안타까워하며 서둘러 여자를 쓰러뜨리는 일이 매번이었다. 첫날밤을 가진 뒤 두 달 남짓, 여자는 벌써 기쁨을 아는 몸이 되었다. 여자의 청일한 아름다움 속으로 관능은 향기롭고 풍요롭게 배어들었다. 그 무르익음은 노래를 부르는 여자의 목소리 속으로도 기름지게 스며들어 이젠 여자가 노래를 부르는 게 아니라 노래가 여자에게 빨려오는 듯했다. 여자의 변화를 가장 기뻐한 건 물론 남자였다."

– 신경숙, 「전설」, 『오래전 집을 떠날 때』, 창작과비평사, 1996, 240~241쪽. 밑줄은 인용자

위의 두 작품의 인용문에서 밑줄 친 부분이 표절로 의심되는 부분이다. 한 단락에서 네 부분이나 유사하기 때문에 이를 표절로 보지 않는 것이 더 어렵다. 특히 "기쁨을 아는 몸이 되었다."와 같은 표현은 표절이 아니고서는 설명할 방법이 없을 정도이다. 단지 「우국」뿐만 아니라 신경숙의 여러 작품에서 표절로 보이는 부분이 계속 나왔음에도 불구하고 신경숙은 계속 표절을 부인했던 것이다.

그리고 2019년 5월, 4년 만의 침묵을 깨고 신경숙이 새로운 작품과 함께 돌아왔다. 중편소설 「배에 실린 것을 강은 알지 못한다」라는 작품을 『창작과 비평』 여름호를 통해 발간한 것이다. 그러면서 사과문을 냈는데, '의도적인 표절'을 인정하는 대신 '중대한 실수'라며 다소 모호하게 언급하여 논란을 깔끔하게 매듭짓는 것은 어려워 보인다.

왜 이런 일이 발생하는 것일까? 그것은 표절에서 가장 중요한 것이 작가의 의도와 양심이기 때문이다. 그렇다고 어떤 것이 표절인지 아닌지를 판단할

수 없는 것은 아니다. 표절은 학문적 절도 행위로서 연구 윤리의 위반 행위 중 가장 저지르기 쉬워 빈번하게 발생하고 있는 연구 부정 행위인데, 그 유형과 예방법을 살펴보기로 한다.

4. 표절의 유형 및 예방법

대학 내에서 빈번하게 발생하는 표절에는 어떤 것이 있을까? 리처드 포스너는『표절의 문화와 글쓰기의 윤리』에서 '윤리적 글쓰기의 가이드라인'을 제시하면서 표절의 유형을 다음과 같이 제시분류하고 있다. 이 '가이드라인'에 따라 표절의 유형을 알아보고 이를 방지하는 방법을 살펴보기로 하자.

1) 표절의 유형

원전text 표절

텍스트 표절은 인용의 문제와 관련이 있다. 인용은 이미 발표된 저작물의 내용을 이용하여 자신의 논점을 보강할 때 사용한다. 또 다른 사람의 견해로 논증의 타당성을 밝히거나 설득력 있는 논지를 전개하기 위해 인용을 사용한다. 그런데 이 과정에서 정확한 출처를 밝히지 않으면 표절이 된다.

발상 또는 생각idea의 표절

타인의 아이디어를 자신의 저작물에 출처를 밝히지 않고 이용하거나 도용하는 것도 표절이다. 또한 원저자 아이디어의 전체 혹은 일부를 가져오면서 원저자의 공로를 인정하지 않거나 원래의 아이디어를 약간 피상적으로 변형하는 것도 표절에 해당한다.

부적절한 바꿔 쓰기paraphrasing를 통한 표절

바꿔 쓰기는 일종의 간접 인용이다. 간접 인용은 원전의 글을 그대로 인용하는 직접 인용과 달리 원전의 의미를 살리되, 자기 나름의 표현으로 다시 쓰는 것이다. 글을 쓰면서 상당 부분 타인의 저작물을 바꿔 쓰기 하면서도 그 출처를 밝히지 않는 경우 이는 부적절한 바꿔 쓰기가 된다.

요약summarizing을 통한 표절

요약이란, 본인의 표현을 사용하여 상당한 분량의 글을 짤막한 문단이나 하나의 문장으로 줄이는 것을 말한다. 요약할 때에도 자료의 출처를 명확히 밝혀야 하는데, 이를 어길 경우 표절에 해당한다.

모자이크patchwriting 표절

모자이크 표절은 원문을 복사해서 몇 개의 단어를 삭제하거나, 문장 구조를 바꾸거나, 동의어를 조합하여 짜깁기하는 것을 말한다. 타인이 저술한 텍스트 일부를 조합, 단어 추가 또는 삽입, 단어를 동의어로 대체하여 사용하면서 원저자와 출처를 밝히지 않는 행위는 모두 모자이크 표절에 해당한다.

2) 표절 방지와 예방법

원전 표절

〈대책〉

연구 윤리를 준수하여, 저자는 인용하는 글과 본인의 글을 분명히 구분하고 형식에 맞추어 인용을 명확히 한다.

가) 원전을 직접 인용하거나 특정인의 말 또는 표현을 그대로 인용할 때에는 반드시 본문 중에 큰따옴표(“ ”)를 사용하여 인용한다.

나) 다음의 두 가지 규칙을 따르면서 인용문의 길이를 줄일 수 있다. 첫째, 생략한 부분으로 인해 인용문의 의미가 바뀌어서는 안 된다. 둘째, 어느 부분을 생략했는지 독자에게 정확하게 알려 주어야 한다. 이때 줄

임표(……)를 사용하되, 중간에는 6개의 점으로, 문장의 마지막에는 7개의 점으로 표시한다.

다) 인용문에서 의미를 명확하게 밝히기 위해 원전에 인용자가 한두 단어를 덧붙이는 경우가 있다. 이때 인용문 원래의 의미를 바꾸거나 왜곡해서는 안 되며, 브래킷([ ])을 사용하여 그것이 덧붙인 것임을 명확하게 밝혀 준다.

발상 또는 생각idea의 표절

〈대책〉

저자는 자신의 글이 빚지고 있는 다른 사람의 공로에 고마움을 표시하고, 그 생각과 발상의 출처를 분명히 밝혀야 한다.

가) 책의 경우, '서문'이나 '감사의 글'에서 다른 사람의 공로를 밝히는 것이 일반적이다.

나) 논문의 경우, 각주를 통해 다른 사람의 공로를 밝힐 수 있다.

부적절한 바꿔 쓰기paraphrasing를 통한 표절

〈대책〉

다른 사람의 글을 바꿔 쓰기 할 때에도 그 출처를 분명히 밝혀야 한다.

요약을 통한 표절

〈대책〉

다른 사람의 글을 요약할 때에도 그 출처를 분명히 밝혀야 한다.

모자이크 표절

〈대책〉

다른 사람의 글이나 아이디어를 자신의 단어나 발상으로 편집, 변형하여 자신의 것으로 만드는 것은 표절에 해당하므로 이 경우에도 반드시 출처를 밝혀야 한다.

모자이크 표절은 저자가 다른 사람의 글이나 발상을 자기 나름대로 편집하거나 변형하기 때문에 잘 드러나지 않는 경우가 많다. 하지만 모자이크 표절도 분명 표절에 해당한다.

이상으로 표절의 대표적인 유형과 표절을 방지하는 방법을 실례를 통해 살펴보았다. 이 밖에 '자기 표절self-plagiarism'이 있다. 이것은 저자가 이전에 자신이 쓴 글을 새로 쓰는 글에 활용하면서 그 사실을 밝히지 않을 때 발생한다.

대학에서는 학생들이 하나의 과제물을 여러 교과목 과제로 중복해서 제출할 때 자기 표절을 한 것으로 볼 수 있다. 만약 부득이해서 하나의 과제물을 여러 교과목의 과제로 중복 제출할 때에는 담당 교수와 반드시 상의해야 한다.

표절과 관련해서 실증 과학 연구에서 언급할 것은 '재현 가능성'이다. 재현 가능성은 실증 과학에서 논문의 중요한 원칙이다. 이는 어떤 논문이 어떤 자료를 분석했다고 할 때, 다른 사람이 똑같은 자료를 동일한 방법으로 분석했을 때도 동일한 결과를 얻을 수 있어야 하는 것을 의미한다.

그런데 2016년 과학 잡지 『네이처*NATURE*』가 1,576명의 연구자들을 대상으로 실험의 재현 가능성에 관해 설문 조사한 결과에 따르면, 70% 이상의 연구자들이 다른 연구자들의 실험을 재현하려 했으나 실패했다고 답했다 한다. 그리고 과반수가 자신의 실험을 재현하는 데 실패했다고 답했다. 이 때문에 『네이처』는 연구자의 편향의 줄이고 실험의 재현성을 높이자는 취지에서 특집 면을 운영하고 있다.

요즘에는 표절 검사 프로그램도 나와서 학생들 스스로 자신의 글을 검토할 수 있다. 역으로 어떤 글의 표절 여부도 확인할 수 있다. 학술지에 논문을 게재할 때도 이러한 프로그램을 통해 자신의 논문이 표절이 아니라는 증빙과 함께 제출하기도 한다.

영화 〈기생충〉 포스터 패러디의 예

5. 표절과 패러디

표절이 다른 사람의 창작물을 자신의 것으로 도용하는 것이라면, 패러디는 다른 사람의 창작물을 본떠서 나름대로 재창조한 것을 의미한다. 패러디도 다른 사람의 저작을 차용한다는 점에서는 마찬가지지만, 기본적으로 원전을 밝히고 그것을 풍자적 · 해학적으로 표현한다는 점에서 표절과 구별한다. 또 다른 작가나 감독의 업적과 재능에 대하여 존경의 뜻을 담아 특정한 장면이나 대사를 모방하는 오마주hommage 역시 표절과 구별된다.

다음의 예는 김춘수의 「꽃」을 패러디하여 지은 시들이다.

〈원시〉

내가 그의 이름을 불러 주기 전에는

그는 다만
하나의 몸짓에 지나지 않았다.
내가 그의 이름을 불러 주었을 때,
그는 나에게로 와서
꽃이 되었다.
내가 그의 이름을 불러준 것처럼
나의 이 빛깔과 향기香氣에 알맞은
누가 나의 이름을 불러다오.
그에게로 가서 나도
그의 꽃이 되고 싶다.

– 김춘수의 「꽃」

〈패러디 시〉 1
내가 그의 이름을 불러 주기 전에는
그는 다만
왜곡될 순간을 기다리는 기다림
그것에 지나지 않았다.

내가 그의 이름을 불렀을 때
그는 곧 나에게로 와서
내가 부른 이름대로 모습을 바꾸었다.

내가 그의 이름을 불렀을 때
그는 곧 내게로 와서
풀, 꽃, 시멘트, 길, 담배꽁초, 아스피린, 아달린이 아닌
금잔화, 작약, 포인세치아, 개밥풀, 인동, 황국 등등의
보통명사나 수명사가 아닌
의미의 틀을 만들었다.

우리들은 모두
명명하고 싶어 했다.
너는 나에게 나는 너에게.
그리고 그는 그대로 의미의 틀이 완성되면
다시 다른 모습이 될 그 순간
그리고 기다림 그것이 되었다.

– 오규원의 「꽃의 패러디」

〈패러디 시〉 2
내가 단추를 눌러 주기 전에는
그는 다만
하나의 라디오에 지나지 않았다.
내가 그의 단추를 눌러 주었을 때
그는 나에게로 와서
전파가 되었다.
내가 그의 단추를 눌러 준 것처럼
누가 와서 나의
굳어 버린 핏줄기와 황량한 가슴 속 버튼을 눌러다오.
그에게로 가서 나도
그의 전파가 되고 싶다.
우리들은 모두
사랑이 되고 싶다.
끄고 싶을 때 끄고 켜고 싶을 때 켤 수 있는
라디오가 되고 싶다.

–장정일의 「라디오와 같이 사랑을 끄고 켤 수 있다면: 김춘수의 꽃을 변주하여」

위의 시들은 김춘수의 「꽃」을 패러디한 시들이다. 패러디는 누가 어떤 방식으로 무엇을 목적으로 하느냐에 따라 원전에 버금가는 독창적인 작품으로 인정반을 수 있다. 그리고 이것이 무엇을 원전으로 했는지를 밝혔다는 점에서 표절과 구별된다고 할 수 있다.

6. 글쓰기 윤리 지키기

학문에 첫발을 내디딘 대학생들이 올바른 글쓰기 윤리를 확립하는 일은 매우 중요하다. 왜냐하면 예비 사회인인 대학생들이 글쓰기 윤리를 제대로 인식하고 있어야 장차 그들이 주역으로 활동할 사회가 밝고 건전할 수 있기 때문이다. 결국 정직이 통하는 사회야말로 정의로운 사회이자 살기 좋은 사회가 아니겠는가? 정직과 정의가 통하는 사회를 만들기 위해서라도 대학에서 글쓰기의 윤리를 확립하는 일은 시급하고도 중요하다.

이를 위해 글쓰기 윤리 교육은 다음과 같은 방식으로 이루어져야 한다. 첫째, 계열별 특성을 고려한 보다 체계화되고 강화된 연구 진실성 교육 또는 학습 윤리 교육 및 연구 윤리 교육이 필요하다. 둘째, 표절 검색 프로그램에 대한 인식과 표절 제재 규정 내실화가 요구된다.

최선경은 「대학생 글쓰기 윤리 의식 고취를 위한 실천적 교육방안」이라는 글에서 학생들이 과제물을 제출하기 전에 확인해야 할 항목을 다음과 같이 제시하고 있다.

과제물 제출 전 점검 항목

1. 이 과제물은 내가/우리가 직접 연구하고 작성한 것이다.
2. 인용한 모든 자료책, 논문, 인터넷 자료 등의 인용 표시를 바르게 하였다.
3. 인용한 자료의 표현이나 내용을 왜곡하지 않았다.
4. 정확한 출처 제시 없이 다른 사람의 글이나 아이디어를 가져오지 않았다.
5. 과제물 작성 중 도표나 데이터를 조작위조 혹은 변조하지 않았다.
6. 과제물을 다른 사람으로부터 받거나 구매하여 제출하지 않았다.

7. 이 과제에 실질적으로 참여하지 않은 사람을 공동 제출자로 명기하지 않았다.
8. 이 과제물과 동일한 내용을 다른 교과목의 과제물로 제출한 적이 없다.

대학에서 이루어지는 학생들의 글쓰기에서 윤리의 위반은 종종 그에 대한 아무런 의식이 없는 상황에서 발생하는 경우가 많다. 왜냐하면 초 · 중 · 고 시절에 글쓰기 윤리를 확립하고 실천하는 방법을 제대로 배우지 않았기 때문이다. 사실상, 글쓰기 윤리의 확립은 대학뿐 아니라 초 · 중 · 고 학생 때부터 이루어져야 한다. '윤리'라는 것이 하루아침에 설 수 있는 성질의 것이 아니기 때문이다. 윤리 교육은 어린 나이에 시작할수록 효과가 크다고 할 수 있다.

하지만 이미 대학생이 된 이들에게 어린 시절에 글쓰기의 윤리를 교육받지 못한 것을 탓할 수 없다. 이제부터라도 본격적인 학문의 장으로 뛰어든 대학생들에게 무엇보다 중요한 것이 글쓰기의 윤리임을 스스로 깨닫게 도와주어야 한다. 이때에도 추상적이고 관념적인 내용으로 학생들을 헷갈리게 하는 대신에 구체적인 실천 방안을 알려주어서 글쓰기 과정에서 그 방안들을 활용할 수 있게 해주어야 한다.

위에 제시한 「과제물 제출 전 점검 항목」은 학생들이 실제로 활용하기에 유용한 것이다. 학문을 하는 행위는 어떤 주제를 설정하고 그 주제와 관련된 자료를 찾고 그 자료를 읽고 분석하고 분류하고, 그 결과를 자기 나름대로 정리하고, 이를 토대로 독창적인 주장이나 논점으로까지 나아가는 것을 말한다. 따라서 과제물을 제출할 때에는 위의 항목들을 자기 나름대로 점검하여 윤리적인 글쓰기를 실천할 수 있어야 한다.

첫째, 이 과제물이 내가/우리가 직접 연구하고 작성한 것인지를 점검하자. 혹시 모자이크 표절을 통해 이 글 저 글을 짜깁기하거나 인터넷 자료를 긁어모은 것은 아닌지 스스로 점검해야 한다. 다음으로 각주註釋를 통해서 인용한 모든 자료의 출처를 명확하게 밝혔는지 점검한다. 특히 어떤 자료를 인용할 때에는 2차 자료보다 1차 자료를 인용하는 것이 좋다. 왜냐하면 1차 자료를 토대로 작성된 2차 자료의 경우, 원전을 왜곡하거나 변형, 혹은 잘못 인용할 수도 있기 때문이다. 만약 1차 자료를 찾을 수 없어 2차 자료를 인용할 때에는 그것이 '재인용'이라는 사실을 밝혀 주어야 한다.

다음으로 인용하면서 자료의 표현이나 내용을 왜곡하지 않았는지 점검해야 한다. 종종 원전을 인용하는 과정에서 원저자의 의도와 주장을 왜곡하는 경우가 발생하기도 한다. 따라서 이 점에 각별히 주의해야 한다. 그리고 직접 인용을 할 때에도 원문의 표기를 인용자가 임의대로 바꾸어서는 안 된다. 만약 바꾸거나 덧붙임을 했다면 적합한 방식으로 이를 밝혀 주어야 한다.

그리고 정확한 출처를 제시하지 않은 채 다른 사람의 글이나 아이디어를 가져온 것은 아닌지 점검해야 한다. 이는 사실상 명확하게 드러나지 않는 경우가 많다. 그것이 타인의 아이디어일 때에는 특히 그러하다. 이때 저자나 인용자의 양심이 중요한 잣대가 될 것이다. 드러나지 않는다고 죄가 아닌 것은 아니다. 어떤 경우든지 명확하게 출처를 제시해야 한다.

또한 과제물을 작성하면서 도표나 데이터를 조작하지 않았는지 점검하자. 도표나 데이터는 어떤 주장의 매우 중요한 근거가 될 수 있다. 그러므로 도표나 데이터를 조작하는 것은 심각한 문제가 아닐 수 없다. 도표나 데이터를 조작하지 않고 그 출처를 명확히 밝혀서 제시해야 한다. 어디서 작성한 도표나 데이터이냐에 따라 그 신뢰성에 차이가 날 수 있기 때문이다. 직접 조사하거나 실험한 데이터인 경우에도 이를 있는 그대로 제시해야 한다. 그리고 공신력 있는 기관이나 단체의 데이터를 인용하면 과제물의 신빙성을 높일 수 있다.

리포트를 판매하는 인터넷 사이트에서 구매한 리포트를 제출하는 것도 큰 문제이다. 리포트를 판매하는 사이트에 올라와 있는 리포트는 결코 좋은 리포트가 아니다. 그 또한 여기저기서 짜깁기한 자료를 토대로 만든 리포트일 확률이 높기 때문이다. 질 낮은 리포트를 돈 주고 사서 과제물로 제출한들 좋은 점수를 받기 어렵다. 학교 도서관 사이트를 활용한다면, 대학생들은 특정 분야의 전문가들이 쓴 논문을 얼마든지 무료로 볼 수 있다. 이러한 논문들을 읽고 분석하고 정리하면서 공부가 되는 것이다. 따라서 해당 분야의 전문가들이 학술지에 게재한 자료들을 출처를 제시하면서 인용하면 좋은 과제물을 작성할 수 있다.

또 문제가 되는 것은 조별 활동에서 조원 사이의 노력의 정도가 균등하지 않은 경우이다. 심지어 열심히 참여하지 않은 채 이름만 올려 이른바 '무임승차'를 하려는 학생도 있다. 실질적으로 참여하지 않았으면서도 이름만 올리는 학생이 있다면, 이는 그 학생을 위해서, 그리고 열심히 준비한 다른 조원들을 위해서 절대 용납해서는 안 된다. 따라서 과제물 제출 전에 혹 실질적으로 참여하지 않은 조원을 공동 제출자로 명기하지 않았는지 점검하자.

마지막으로 이 과제물과 동일한 내용을 다른 교과목의 과제물로 제출하지 않았는지를 점검해야 한다. 교양과목이나 전공과목 중에는 유사한 과목이 한두 개 정도 있게 마련이다. 이때 동일한 과제물을 중복해서 제출하는 것은 '자기 표절'에 해당한다. 따라서 이에 대한 점검이 요구된다.

'과제물 제출 전 점검 항목'을 리포트의 표지에 첨부하면서 스스로 글쓰기의 윤리를 지키는 행위에 동참하고 이를 실천하고 있다는 것을 담당 교수에게 알릴 필요가 있다. 특정 리포트가 어디서 베낀 것인지 아닌지를 판별하기 위해 담당 교수가 인터넷 사이트를 뒤지는 소모적인 일이 발생해서는 안 될 것이다. 그러므로 교수와 학생 사이의 신뢰는 '글쓰기 윤리'의 확립에서 비롯한다고 볼 수 있다.

대학생들이 글쓰기의 윤리를 확립하는 데 중요한 것은 글쓰기 윤리를 숙지하고 이를 일상생활, 특히 글쓰기에 적용하고 실천하는 것이다. 특히 앞서 '표절' 방지를 위해 제시한 여러 가지 지침이나 대책을 글쓰기에 적용하려는 노력이 요구된다. 윤리적인 글쓰기를 통해 표절에서 자유로워지기 위해 두 가지만 명심하도록 하자.

1) 참고하되, 응용하고 창작하라

우디 앨런은 자신의 영화 〈애니씽 엘스〉에서 "베끼려면 최고의 것을 베껴라."고 하였다. 앞서 말했듯이 리포트를 구매하는 인터넷 사이트에서 판매하는 리포트는 질 좋은 리포트가 아니다. 어차피 무료로 전문가들의 논문들을 읽을 수 있는 마당에 질 나쁜 리포트를 돈 주고 사는 것은 여러모로 낭비가 아닐 수 없다. 우디 앨런의 충고는 글을 쓸 때에도 적용할 수 있다. 그리고 여기서 한 걸음 더 나아가 충고한다면 이렇게 말하고 싶다. "최고의 것을 베끼되, 그 출처를 정확하게 밝혀라."

Woody Allen, 1935~

하지만 여기에서 머무른다면 학문적 성장을 기대할 수 없다. 단순히 베끼지 말고 그것을 참고하여 응용하고 창작하라. 자신의 말, 자신의 생각, 자신의 이론 등을 만들어 내는 일이 중요하다. 그리고 글쓰기를 통해 확립된 윤리는 학생들이 사회에 진출하여 사회생활을 하는 데에도 큰 도움을 줄 것이다.

2) 어리석은 추종자가 되지 마라

글쓰기의 윤리를 저버린 채 표절을 하는 사람들은 대부분 '어리석은 추종자'인 경우가 태반이다. 만약 인용자가 표절한 이론이나 자료 자체가 잘못된 것이라면 어떻게 할 것인가? 과연 모든 사람이 인정하는 보편적인 진리란 무엇이고, 그것은 과연 존재하는가? 학문을 한다는 것은 기본적으로 논쟁적일 수밖에 없다. 이를 무시한 채 선행 연구자의 말을 믿고 따르기만 한다면 학문적 발전을 기대할 수 없다.

끝없이 의심하고 회의하라. 그리고 그 의심과 회의를 학문의 원동력으로 삼으라. 이 장 1절에서 언급했듯이, 새로운 발상과 사상은 기존의 것을 무조건 따르는 것이 아니라 이를 회의하고 의심하는 과정에서 싹트는 것이다. 따라서 기존 자료와 논문을 참고하되 이를 무조건 따르지 마라. 특히 2차 자료에 기대어 1차 자료를 도외시하는 잘못을 범해서는 안 된다. 1차 자료를 찾아서 정리하고 분석하고 분류하는 과정에서 새로운 것을 발견하게 된다. 다시 말하건대, 어리석은 추종자가 되지 마라.

〈참고 문헌〉

리처드 앨런 포스너, 『표절의 문화와 글쓰기의 윤리』, 정해룡 옮김, 산지니, 2009.

미시마 유키오, 『금각사』, 김후란 옮김, 학원사, 1983.

신경숙, 『오래전 집을 떠날 때』, 창작과비평사, 1996.

이윤진, 『글쓰기 윤리와 자료 사용』, 경진출판, 2015.

저작권위원회, 『개정 저작권법 해설』, 문화체육관광부, 2009.

최선경, 「대학생 글쓰기 윤리 의식 고취를 위한 실천적 교육방안」, 『수사학』 제10집, 한국수사학회, 2009.

제 2 부

읽기와 쓰기의 연계

제1장

분석적 읽기와 쓰기

1. 읽기의 중요성

우리는 독서의 가치를 잘 알고 있다. 학생들에게 글을 잘 쓰기 위해 어떤 활동이 가장 중요하다고 여기는지 질문하면 써 보는 훈련과 독서라고 대답한다. 독서는 어릴 때부터 강조되어온 활동이기 때문에 써 보는 훈련보다 중요하다고 인식하고 있기도 하다. 그러나 독서만큼 이율배반적인 태도를 드러내는 것도 드물다. 대학생에게도 독서는 중요하지만 실제 행동으로 옮기기는 힘든 일이 되었다. 독서 외적인 요인도 있고 강요된 독서, 결과물 위주의 독서가 가져온 부작용이라고 얘기할 수 있겠지만 읽기라는 행위가 쉽지 않은 과정이기 때문이기도 하다. 읽기가 쉽지 않기 때문에 이를 회피하려고 하는 기제가 작동하고 현재 우리의 환경은 이를 가능하도록 해주는 방향으로 진행되고 있다.

그러나 최근의 연구는 이러한 흐름에 제동을 걸고 읽기라는 행위의 고전적 가치가 과학의 발달과 매체의 발달 속에서도 여전히 중요하다는 점을 강조한다. 매리언 울프는 최근 디지털 매체를 위주로 한 읽기 환경의 변화로 읽기의 방식이 달라지고 있어서 분석적 읽기가 더 어려워지는 상황을 맞이하고 있다고 했다. 젊은 세대일수록 이러한 변화가 크다는 점에서 전통적이고 고전적인 읽기의 방식이 필요하다는 말이다. 인간에게 읽기를 가능하게 하는 유전적 장치가 있기는 하지만 읽기는 습득하고 훈련하지 않으면 절대 얻어질 수 없는 능력이다. 특히 분석적 읽기, 비판적 읽기, 대화적 읽기, 창의적 읽기 등 사고의 과정으로서의 읽기는 뇌 활동 전반을 활성화시키는 것으로 집중하지 않고 읽는 행위와 구분된다고 알려져 있다. 다음 글은 이러한 읽기환경의 변화가 뇌 회로에도 영향을 준다는 매리언 울프의 주장을 담은 책의 서론 부분이다. 다음 글을 읽고 아래의 활동을 수행해 보자.

읽기, 정신의 카나리아

먼저 지난 10년간 읽는 뇌를 연구하도록 제게 영감을 준 사실에서 이야기를 시작해볼까 합니다. 그것은 바로 인간은 읽는 능력을 타고난 것이 아니라는 사실입니다. 문해력은 호모사피엔스의 가장 중요한 후천적 성취 가운데 하나입니다. 지금까지 알려진 바로는 다른 종에게는 그런 능력이 없습니다. 읽기는 우리 인류의 두뇌에 완전히 새로운 회로를 더했지요. 읽기를 습득하기까지 기나긴 발달 과정은 그 회로의 연결 구조를 깊고 탁월하게 바꿔놓았습니다. 또한 뇌의 배선을 바꾸었으며, 그와 더불어 인간 사고의 본질에 변화가 일어났습니다.

우리가 무엇을, 어떻게, 왜 읽는지에 따라 생각하는 방법도 변합니다. 그 변화는 지금도 속도를 더해가며 계속되고 있지요. 불과 6000년 만에 읽기는 개인의 내면은 물론 문자 문화의 발달에도 혁신적 촉매가 되었습니다. 읽기의 질은 사고의 질을 보여주는 지표일 뿐만 아니라 인류의 뇌 진화에서 완전히 새로운 경로로 나아가는, 우리에게 가장 잘 알려진 길이기도 합니다. 읽는 뇌의 발달과 지금도 진화 중인 반복회로iterations의* 가속화된 변화에는 인류의 많은 것이 걸려있습니다.

여러분 자신을 돌아보기만 해도 알 수 있습니다. 스크린과 디지털 기기로 읽으려 할 때마다 집중의 질이 얼마나 변하는지를 깨닫습니다. 한때 좋아했던 책에 몰입해보려고 해도 미묘한 뭔가가 빠진 듯한 느낌이 든 적이 있을 겁니다. 마치 환각지幻覺肢**를 겪는 것처럼 과거에 책

* 컴퓨터 프로그램에서 기능이나 절차의 개선된 반복을 뜻하는 말로 여기서는 뇌의 읽기 회로를 가리킨다.

** 수술이나 사고로 손발이 절단된 후에도 없어진 손발이 존재하는 듯 느껴지는 것

을 읽던 시절의 자신은 기억하면서도 그때 마음속 깊은 곳에서 자신을 바깥세계 어딘가로 데려가는 듯한 즐거움을 주던 '시종 유령'을 불러오지는 못하지요. 아이들은 더 어렵습니다. 끊임없이 주의가 분산되는 데다 외부에서 자극이 밀려들지만 그것이 지식의 저장고에 통합되지는 않기 때문이지요. 이 말은 읽기에서 비유와 추론을 이끌어내는 아이들의 능력이 점점 더디게 발달할 거라는 뜻입니다. 아이들의 읽는 뇌가 이런 식으로 진화하는데도 대부분의 사람들은 걱정조차 하지 않습니다. 청소년들 사이에서는 'tl;dr'too long didn't read '너무 길어서 읽지 않았다'의 약자이라는 말이 유행하면서 필독서만 읽거나 심지어 그마저도 읽지 않는 아이들이 점점 늘고 있는데도 말이지요.

거의 모든 문화가 디지털로 옮겨가는 과정에서 우리 자신마저 바뀌고 있습니다. 이것은 우리 역사에서 가장 위대한 창의성과 발명 그리고 발견의 폭발에 따른 뜻밖의 부수적인 결과일 것입니다. 이 편지를 쓰는 동안에도 진화 중인 읽는 뇌에서 지금, 그리고 향후 몇 년간 다양한 방식으로 일어날 구체적인 변화에 우리가 관심을 기울인다면 기대 못지않게 걱정해야 할 이유가 많습니다. 그것은 문해 기반 문화에서 디지털 기반 문화로 바뀌는 전환은 그전에 일어난 소통 형식의 전환과는 근본적으로 다르기 때문이지요. 과학기술이 발달한 덕분에 우리는 과거와는 달리 읽는 방법, 나아가 생각하는 방법의 변화가 사람들 사이에 완전히 자리잡기도 전에 그에 따른 결과를 파악할 수 있게 되었습니다.

이런 지식이 쌓이면 디지털 읽기 기술 자체의 약점을 바로잡을 이론적 기초를 얻을 수 있지요. 또한 보다 정제된 디지털 읽기로의 개선을 가져올 수도 있고 아동 발달을 위한 대안적, 혼성적인 접근을 새로 정립할 수도 있습니다. 요컨대 상이한 방식의 읽기가 인지와 문화에 미치는 영향을 알게 되면 우리는 아이들과 이후 세대의 읽기 회로가 보다 현명한 방식, 보다 정보에 밝은 방식으로 형성되도록 도울 수 있습니다.

…(중략)…

읽는 뇌 회로가 형성되고 발달하는 과정에는 자연적인 요인과 환경적인 요인이 모두 영향을 줍니다. 환경적 요인에는 읽기의 습득과 발달 과정에서 사용되는 매체도 포함되지요. 각각의 읽기 매체는 서로 다른 인지 과정을 촉진합니다. 다시 말해 어린 독자의 경우 완전히 발달한 전문가 수준의 읽는 뇌에 체화된 다중적 심층-독서의 전 과정을 발달시킬 수도 있는가 하면, 초보자 수준의 읽는 뇌에서 발달 중인 단축-회로를 만들어갈 수도 있습니다. 아니면 아예 다른 회로 안에 완전히 새로운 신경망을 구축할 수도 있지요. 어린 아이의 읽기 회로가 형성되는 동안 어떤 과정을 따르느냐에 따라 읽고 생각하는 방법에도 심대한 차이가 생깁니다.

이런 생각을 하다 보면 현재의 상황을 돌아보게 됩니다. 그리고 디지털 환경 속에서 자란 아이들은 물론 우리 자신에게 제기되는 어렵고도 구체적인 질문들을 떠올리게 됩니다. 새로운 시대의 독자는 디지털 매체에 요구되는 새로운 인지 능력을 흡수하고 습득하는 과정에서 인쇄 매체를 통해 길러지는 보다 시간 소모적인 인지 과정도 키워나갈까요? 이를테면 디지털 포맷으로 읽는 습관과 함께 매일 다양한 디지털 경험-소셜미디어로부터 가상현실 게임에 이르는-에 함몰됨으로써 깊이 읽기를 구성하는 비판적 사고나 개인적 성찰, 상상, 공감 같은 보다 느린 인지 과정이 제대로 형성되지 않는 것은 아닐까요? 끊임없이 주의를 분산시키고 다양한 정보원에 즉각 접속하게 하는 환경이 합쳐지면서 어린 독자들은 자기만의 지식 창고를 짓거나 비판적인 사고력을 기를 필요성을 덜 느끼게 되는 것은 아닐까요?

다시 말해 청소년들이 지식의 서버에 점점 더 의존하게 되면서 결국에는 어린 뇌가 독자적인 지식의 기반을 구축하거나 독립적인 사고와 상상력을 키우려는 욕구를 위협받지는 않을까요? 아니면 신기술들이 인지력과 상상력에 이어지는 가장 완벽한 다리를 놓아주어 지금은 생각할 수조차 없는 새로운 지식의 세계로 우리 아이들을 도약시켜줄까요? 그래서 우리 아이들은 아주 다른 형태의 뇌 회로를 발달시켜갈까요? 그렇다면 그런 상이한 회로는 우리 사회에 어떤 함의를 갖게 될까요? 그런 회로의 다양성이 우리 모두에게 이로운 걸까요? 한 사람이 마치 두 개의 언어를 아는 바이링구얼bilingual처럼 의식적으로 다양한 회로를 습득할 수도 있을까요?

다양한 매체가 읽는 뇌에 어떤 영향을 미치는지 체계적으로, 즉 인지적, 언어학적, 생리학적, 감정적으로 살펴보는 것은 청소년은 물론 우리 자신에게도 가장 중요한 능력을 확실하게 지키기 위한 최선의 대비책입니다. 우리의 뇌 회로에 새로운 인지적, 지각적 차원을 추가하기 위해서는 현재 우리가 지닌 전문가 수준의 뇌가 인지적으로 얼마나 중요한 기여를 했는지 이해해야 합니다. 전문가 수준의 읽는 뇌의 형성이나 보존에 관한 문제를 이분법적으로 접근한다면 다음 세대나 우리 세대에게 필요한 것을 얻지 못할 것입니다. 이 문제를 단순히 인쇄 기반 매체와 기술 기반 매체의 차이로만 환원할 수는 없습니다. 미래학자 후안 엔리케스Juan Enriquez와 스티브 걸런스Steve Gullans가 『우리 자신을 진화시키기*Evolving Ourselves*』에 썼듯이 우리는 앞으로 자연 추동적이기보다는 인간 추동적으로 바뀌어갈 우리의 진화 과정에서 선택을 앞두고 있습니다. 이 선택이 갖는 의미를 명확히 알기 위해서는 잠시 걸음을 멈추고 여기에 어떤 중요한 변화가 걸려 있는지 정확히 이해해야 합니다. 급박한 이 순간 우리의 읽는 뇌에 일어나고 있는 변화가 너무 깊이 각인되어 다시는 돌이킬 수 없게 되기 전에 우리 앞에 놓인 문제와 선택들에 대해 여러분과 함께 관심을 기울여보는 시간을 가져보고 싶습니다.

…(중략)…

읽는 뇌의 가소성이 함축하는 의미는 결코 단순하지도 일시적이지도 않습니다. 우리가 무엇을 어떻게 읽느냐와 무엇이 씌어 있느냐의 관련성은 우리 사회에 결정적으로 중요한 역할을 합니다. 우리가 계속 직면하는 정보 과잉의 환경 속에서 많은 사람들은 쉽게 소화되고 밀도도

낮으며 지적인 부담도 적은 정보들로 둘러싸인 익숙한 골방으로 뒷걸음치고 싶다는 유혹을 느낍니다. 한눈에 들어오는 정보의 조각들이 매일 쏟아져 나오면서 우리는 모든 것을 안다는 착각에 빠지지요. 그 때문에 눈앞의 복잡한 현실에 대한 비판적 분석은 뒤로 밀릴 수도 있습니다. 네 번째 편지에서는 이 문제를 정면으로 다룹니다. 민주 사회에서 비판적 능력이 얼마나 중요한지, 그리고 그런 능력이 우리도 모르는 사이에 얼마나 빠르게 퇴화하는지 논의합니다.

…(중략)…

이 편지를 통해 독자 여러분은 관련된 핵심 이슈들을 살펴볼 준비를 할 수 있을 것입니다. 우선은 여러분 자신에 대해 생각해봐야 합니다. 마지막 편지는 여러분이 변화하는 시대에 진정 '좋은 독자'란 어떤 사람인지 생각해보시기를, 그리고 그런 사람이 민주 사회에서 맡고 있는 더없이 중요한 역할에 대해 성찰해보시기를 청합니다. 오늘날 그런 역할은 정말 중요해졌습니다. 현재의 맥락에서 좋은 독자란 글의 해독 능력과는 별 상관이 없습니다. 예전에 프루스트가 독서의 핵심이라고 했던, 저자의 지혜를 넘어 자신이 것을 발견해내는 것이야말로 좋은 독자의 조건이니까요.

좋은 독자가 되는 지름길은 없습니다. 하지만 좋은 독자가 되도록 이끌어주고 유지해주는 삶은 있습니다. 아리스토텔레스는 좋은 사회에는 세 가지 삶이 있다고 썼지요. 하나는 지식과 생산의 삶, 다른 하나는 그리스인 특유의 이해 속에서 나오는 즐기는 삶, 마지막은 관조의 삶입니다. 좋은 독자도 마찬가지입니다. 마지막 편지에서는 좋은 독자와 좋은 사회가 어떻게 아리스토텔레스의 세 가지 삶을 구현하는지 자세히 이야기해보려고 합니다. 지금 우리 문화에서는 세 번째 삶인 관조의 삶이 매일 위협받고 있지요. 누구도 다가올 세상을 예측할 수는 없습니다. 저는 그런 세상에서 살아갈 다음 세대에게는 자율적인 정신의 삶이 필요하고 읽기가 그런 삶의 기초가 되어줄 것이라고 생각합니다. 신경과학과 문학 그리고 인간 발달의 관점에서 볼 때 그런 생각이 듭니다. 지금 우리의 읽는 뇌에서 일어나는 통찰과 성찰을 뒷받침하는 자기 확장적이고 포괄적인 과정이야말로 삶을 증진해주는, 디지털 시대의 다중적인 성취들에 수반되는 인지적, 감성적 변화에 대한 최선의 보완물이자 해독제가 될 것입니다.

…(중략)…

커트 보니것은 예술가의 사회적 역할을 광산의 카나리아에* 비유했지요. 예술가와 카나리아 둘 다 우리에게 위험을 경고해줍니다. 읽는 뇌는 우리 정신의 카나리아입니다. 그것이 경고하는 바를 무시한다면 우리는 최악의 바보가 될 것입니다.

* 예전에는 탄광에 유독가스가 누출되지 않는지 카나리아를 들여보내 점검했다. 이후 카나리아는 어떤 징조를 미리 알아보는 수단을 의미하게 되었다.

– 매리언 울프, 『다시, 책으로』, 전병근 옮김, 어크로스, 2019, 22~38쪽.

1) 이해하기 어려운 용어나 개념이 있으면 이야기해 보자.

2) 저자의 주장을 정리해 보자. 어떤 근거를 제시하여 주장을 뒷받침하고 있는지 찾아 보자. 다른 글과 차별되는 지점이 있는지 살펴 보자.

3) 저자의 주장에 동의할 수 있는지 살펴 보자. 동의할 수 있다면 어떤 점이 설득력이 있는지, 동의할 수 없다면 어떤 부분이 미진한지 찾아 보자.

4) 저자의 주장에서 가장 흥미로운 부분을 찾아 보자. 더 알고 싶고 궁금한 내용을 찾아 보자.

2. 분석적 읽기의 목적과 방법

분석적 읽기는 여러 층위에서 살펴볼 수 있다. 읽기의 방법론은 읽기의 과정을 중심으로 분석적 읽기/비판적 읽기, 대화적 읽기/창의적 읽기로 나누어 볼 수 있다. 분석적 읽기는 비판적 읽기의 전 단계가 되기도 하지만 비판적 읽기와 동시에 이루어지기도 한다. 자세하게 읽고 저자의 관점을 이해하고 자신의 관점과 비교하고 저자 관점의 타당성을 검증하는 과정이 단계적으로 이루어지기도 하지만 이러한 과정이 혼재되어 이루어지기도 하기 때문이다. 그리고 일반적으로 읽기 자료인 텍스트 안에 저자의 견해나 관점 외에 저자가 받아들여 소화한 다른 목소리가 겹쳐 있기에 여기서 대화적 읽기가 작용하게 된다. 텍스트를 구성하는 다양한 목소리에 귀를 기울이는 것은 자신의 생각과 관점을 추려내는 과정이기도 하기에 이는 창의적 읽기로 이어질 수 있다. 분석적 읽기, 비판적 읽기, 대화적 읽기를 통해 결국 창의적으로 읽어야 읽는 이의 고유한 관점을 벼려낼 수 있다.

분석적 읽기는 쓰기를 위한 과정으로서도 이해할 수 있다. 분석적으로 읽어야 저자의 관점을 정리하고 이를 자신의 관점과 견줄 수 있기 때문이다. 물론 분석적 읽기, 비판적 읽기, 대화적 읽기, 창의적 읽기를 모두 거쳐 글쓰기를 할 수 있지만 분석적 읽기만으로도 글쓰기를 할 수 있다. 분석적 읽기는 글쓰기를 위한 첫 단계이기도 하다. 그리고 이 경우 분석적 읽기는 글쓰기라는 목적을 위한 하나의 과정이 되는 것이다.

분석적 읽기는 표층적 의미 읽기에서 심층적 의미 읽기로 나아갈 때 이루어진다. 중심 단어나 문장, 단락을 살펴보는 것으로도 의미가 충분히 드러나는 경우가 있지만 그렇지 않은 경우 심층적 의미 읽기가 필요하다. 꼭 복잡한 텍스트가 아니라도 심층적 의미 읽기가 필요한 경우가 있다. “침대는 가구가 아닙니다, 과학입니다.”라는 잘 알려진 홍보문구가 있다. 이 문장의 목적을 파악하지 못한 초등학생의 경우 “다음 중 가구가 아닌 것을 고르시오”라는 질문에 “침대”라고 대답할 확률이 높다. 이처럼 표층적 의미 읽기에는 한계가 있다. 대학생은 축어적 읽기보다 추론적 읽기를 할 수 있는 능력을 키워야 하기에 심층적 의미 읽기가 요구된다. 심층적 의미 읽기를 할 때 다음과 같은 질문들을 해 보면 도움이 된다.

· 주장하는 바가 무엇인가?

· 주장을 뒷받침하기 위한 근거는 무엇인가?
· 암묵적 전제가 있다면 무엇인가?
· 어떤 배경과 맥락에서 서술된 것인가?
· 저자의 관점은 무엇인가?
· 이 글의 목적은 무엇인가?

앞에서의 질문들을 적용해보면서 심층적 의미 읽기의 과정을 따라가 보자. 다음은 대학 진학을 앞둔 고등학교 학생들이 학교에서 겪게 되는 사건을 다룬 희곡의 대사이다. 민기는 강석과 친한데 혜리네 패거리로부터 동성애자로 몰려 난처한 처지에 놓인다. 이 상황에서 소진은 민기를 위로하는데 위로의 방식이 매우 객관적이다. 동성애자에 대한 민기의 암묵적 전제를 드러내기 위한 질문을 함으로써 이 문제를 민기 개인의 문제로 국한하지 않기 때문이다. 심층적 의미 읽기의 6가지 질문들에 차례로 답하는 과정에서 심층적 의미는 드러나게 마련인데 이 중에서 암묵적 전제를 찾는 일이 가장 익숙하지 않으니 이 부분에 집중해서 살펴볼 필요가 있다. 암묵적 전제는 저자의 관점과 관련되기에 함께 연관해서 생각하면 된다.

소진: 혜리랑 그 패거리들한테 소문은 권력이야. 일단 퍼뜨리기만 하면 자기한테 전부 관심이 집중된다는 걸 잘 알고 있지.
민기: 어쨌든 다들 믿잖아.
소진: 재미있으니까. 재미는 소문의 가장 중요한 전제거든.
민기: 집중을 못 하겠다고.
소진: 소문의 벽 앞에 그렇게 무릎을 꿇게 만드는 거지.
민기: 뭔 수를 내야겠다.
소진: 김혜리 죽여버리는 건 어때. 도와줄게. 내가 요즘 쓰고 있는 소설 제목이 '사람을 죽이는 101가지 방법'이거든.
민기: 좋아 걔 머리카락으로 목 졸라서 질식시키자.

소진: 으이구, 그냥 잊어버려. 걔들이 내 뒷담화할 때 내가 쓰는 방법이야. 지난번에 회장 돈 잃어버렸을 때, 그때도 내가 가져갔다고 했잖아.

민기: 안 좋았지. 근데 그건 좀 다르다. 사적인 문제가 아니었으니까.

소진: 난 도둑이라고 낙인찍히는 걸 참았어.

민기: 다 들려. 미치겠어. 걔들이 무슨 생각하는지 다 읽힌다고.

소진: 너도 다른 사람을 그렇게 생각해본 적 있어서 그런 거 아닌가?

민기: 야!

소진: 인정해. 너 게이가 아주 끔찍하잖아.

민기: 당연하지. 내가 게이가 아니라서 다행이지.

소진: 네가 게이보다 더 나은 사람이라서?

민기: 그렇게는 말 안 했다. 너 누구 편이냐?

소진: 어느 편도 아니야. 난 그냥 세상이 꼭 커다란 재판정 같아. 다들 판사야. 다들 자기만 판결할 수 있다고 생각하지. 땅! 땅! 땅!

민기: 난 안 그래.

소진: 너도 똑 같아.

민기: 아니라니까. 내가 그런 사람도 아닌데, 걔들이 날 헐뜯는 게 싫어.

소진: 그럼, 정말 네가 그런 사람이라서 너 욕하면 기분이 어떨지 한번 생각해봐.

– 로리 브룩스 작, 한현주 각색, 「레슬링 시즌」 중에서

소진은 민기에게 동성애자에 대한 견해를 묻는데 암묵적 전제를 추궁함으로써 그의 솔직한 생각이 드러나도록 한다. 민기는 동성애자에 대해 부정적으로 생각하고 있다. 동성애자보다 나은 사람이라고 생각하는 것은 아니지만 동성애자가 아니라서 다행이라고 여긴다. 나만 아니면 된다는 지극히 개인적인 생각에 머물러 있다. 그런 점에서 소진의 마지막 질문은 중요하다. 동성애자가 아닌 민기의 고민은 아무것도 아닌 것이 되기 때문이다. 개인적 억울함에서 벗어나 사회적 시각에서 바라볼 때 시야가 확장된다. 작가가 작품을 통해

드러내고자 하는 바는 바로 이러한 지점이다. 청소년 스스로가 개인적 문제를 사회적 차원에서 바라볼 때 깨닫게 되고 성장하게 되는 지점이 생긴다는 것이다. 미국도 우리나라처럼 청소년 따돌림 문제가 있다는 것이 이 작품을 둘러싼 사회문화적 맥락이고 작가는 청소년 스스로가 성장해나갈 수 있는 관점을 제시함으로써 작품의 핵심을 전달하고 있다.

연습 문제 1

다음 글은 한국과학기술원 교수 정재승이 미래를 예측하는 욕망에 대해 비판적으로 쓴 글이다. 심층적 의미 읽기를 해보고 더 나아가 저자와 다른 관점에서 이야기할 수 있는 주장에 대해 생각해 보자.

21세기 예방과학에 대한 우화

마이너리티 리포트

영화 〈마이너리티 리포트〉가 개봉됐을 때, 신문사 기자들이 내게 전화를 걸어 이 영화의 현실 가능성이 얼마나 되는지 물었다. 미래를 예측하는 초능력자들이 실제로 나올 수 있는지 나보고 미래를 예측하라니. 게다가 영화적 설정은 2054년. 아무리 자연법칙의 지배를 받는 시스템이라 할지라도 '나비효과'로 말미암아 먼 미래에 대한 예측은 불가능하다는 '복잡계 과학'을 전공한 내게 50년 후를 예측하라니, 이 얼마나 아이러니한 상황인가. 나는 초능력자나 돌연변이가 아니다.

스티븐 스필버그와 톰 크루즈의 〈마이너리티 리포트〉는 '21세기 예방과학에 대한 우화'다. 컴퓨터가 급속도로 발달하고 테크놀로지의 사회 흡수가 그 어느 때보다 가속화되면서 그리고 그것이 삶의 질을 높이는 이슈와 맞물리면서 이미 우리는 '예측'과 '예방'이 새롭게 위용을 떨치는 시대에 들어섰다. 이런 특징이 가장 두드러지게 나타나는 분야는 생명을 다루는 의학과 범죄학 분야다. '묻지마 범죄'가 늘어나면서 사건 후 인과관계를 추적해 범인을 잡는 것이 점점 어려워지자 범죄를 저지를 만한 사람들을 미리 색출하거나 재범률을 줄이겠다는 논리로 전자발찌를 채우는 '범죄예방학'이 사회적 지지를 얻고 있다. 여기에 발맞춰 과학자들은 요즘 '범죄 유전자'를 찾는 데 조심스럽게 열을 올리고 있으며, 아동심리학자들은 '결손가정의 청소년'을 심각한 사회적 문제아로 자랄 예비 범죄자인 양 취급하기도 한다.

'예방'이 가장 각광받는 분야는 단연 '의학'이다. 휴먼 게놈 프로젝트가 완수됨으로써 질병을 일으킬 유전자를 찾아내는 연구가 가능해졌고, 발병 후 고치는 '치료의학'에서 발병하기 전에 막는 '예방의학'이 의학적 화두로 떠올랐다. "당신은 25~35세 사이에 정신분열증을 일으킬 확률이 56%입니다" 같은 메시지를 쏟아내는 의학형 예측 시스템이 〈마이너리티 리포트〉를 방불케 한다.

이런 예측·예방 시스템이 우울한 이유는 그 앞에서 우리 모두는 잠재적 범죄자, 잠재적 환자라는 데 있다. 치료해 주고 감옥에 가지 않을 수 있게 해주겠다는데 얌전히 속수무책일 수밖에. 그 대신 우리는 '발병 확률 50~60%', '범죄 확률 70%'라는 낙인이 찍힌 채 항상 감시받아야 한다. 미리 약을 먹으려고 '치료 기간보다 훨씬 더 긴' 기간 동안 예방약과 정기검진에 돈을 지불해야 하며 하지도 않은 범죄, 앓지도 않은 병 때문에 직장을 잃게 된다('간질 발병률 30%'인 비행사가 항공기 기장으로 취직할 확률은 그 비행기에 타겠다는 승객 수만큼 희박하다).

영화에선 범죄예방국의 형사들이 범죄 현장을 덮쳐 살인을 막고 살인자를 '살인미수자'로 바꿔 감옥에 넣는다. 미수 사건의 범죄율은 늘지만 살인 사건과 같은 중범죄의 비율은 현저히 떨어진다는 것에 위안을 얻어야 한다. 그렇다면 만약 살인이 예측 가능할 정도로 결정된 운명이라면 다른 누군가 똑같은 상황에 처해도 같은 일이 벌어졌을 거란 말 아닌가? 그렇다면 살인을 저지른 자의 도덕적 죄는 과연 무엇일까?

〈마이너리티 리포트〉의 압권은 '운명을 알게 된 자의 고통과 몸부림'이다. 주인공인 존 앤더튼은 자신이 2~3일 내에 어느 호텔 방에서 살인을 저지를 거라는 사실을 미리 알게 된다. 등장인물 중 유일하게 운명을 미리 알고 대비할 수 있는 캐릭터! 영화는 미래를 알고 있다는 사실이 다시 미래에 영향을 미칠 수 있다는 인과관계의 '뫼비우스의 띠'에 정면 도전한다.

1990년대 말 무렵 내가 준비하고 있던 박사 학위 논문 주제는 뇌파와 fMRI기능성 자기공명영상데이터를 통해 중년의 남녀가 10~20년 후에 치매에 걸릴 확률을 예측하는 시스템을 개발하는 일이었다. 미국신경과학회에서 내가 만든 시스템의 원리와 성능을 발표하고 나자 미국 존스홉킨스 의대 신경과 교수가 내게 질문을 했다.

"아직 치매 치료제나 백신이 나오지 않은 상태에서 치매 발병 가능성을 미리 알아서 얻게 되는 득은 무엇인가요? 환자에겐 그 순간부터 지옥 같은 시간이 시작될 텐데."

나는 그날 그분에게 두루뭉술하게 둘러대긴 했지만 그 후로도 몇 년간 그 질문을 머릿속에서 지울 수가 없었다. 자신의 운명을 바꿀 수 없는 '치매 발병 예정자'들에게 미리 그 사실을 통보하는 것은 내가 보기에도 그 자체로 '범죄'였다. 톰 크루즈도 살인의 순간을 맞닥뜨리기 전까지 '눈까지 뽑으면서' 고통스러운 시간을 보내지 않았는가! (지금은 치매 증세 경감제가 나와 있어 조기 치료를 통해 발병 시기를 늦출 수도 있다. 겨우 변명이 생기긴 했지만 여전히 궁색하다.)

예측과 예방은 그것이 전면에 등장하는 순간 '새로운 미래'를 만들어낸다. 질병과 범죄를 예측하고 예방하는 노력이 새로운 고통과 새로운 범죄, 새로운 의료 행위를 만들어내는 것은 아닐까? 우리는 과연 모리츠 코르넬리스 에셔의 〈자신을 그리는 손〉과 같은 인과관계의 '교묘한 사슬'로부터 자유로울 수 있을까?

우리를 보호해주겠다고 나선 테크놀로지의 아킬레스건은 '마이너리티 리포트' 즉 소수 의견에 있다. '머저리티 리포트'에 의지해 세상의 모든 불행을 예방할 수 있다고 믿는 '머저리들의 세상'을 극복하는 것,

'소수 의견'이라고 해서 함부로 삭제되지 않는 세상을 함께 만들어가는 것, 그것이 우리가 이 영화를 두고두고 봐야 하는 이유다.

– 정재승 · 진중권, 『크로스』, 웅진지식하우스, 2009, 60~65쪽.

1) 주장하는 바가 무엇인가?

2) 주장을 뒷받침하기 위한 근거는 무엇인가?

3) 암묵적 전제가 있다면 무엇인가?

4) 어떤 배경과 맥락에서 서술된 것인가?

5) 저자의 관점은 무엇인가?

6) 이 글의 목적은 무엇인가?

7) 이 글 안에는 저자의 주장 외에 영화, 그림 등 저자가 본 다른 텍스트가 등장한다. 저자는 자신의 주장을 구성하는 데 이 텍스트들을 활용한다. 이 글을 읽는 사람은 다시 그 텍스트와 영향 관계에 놓이게 된다. 찾아 보고 싶은 내용이 있으면 찾아 보고 다른 관점에서 이 문제를 바라보는 글을 한 편 써 보자.

3. 분석적 읽기의 실제

분석적 읽기는 읽기로 끝나지 않는다. 이제 정답을 맞추기 위한 분석적 읽기에서 벗어날 필요가 있다. 분석적 읽기가 글쓰기로 이어질 때 생산물이 나오게 된다. 분석적 읽기를 통해 가능한 쓰기 활동을 해 봄으로써 실제 글쓰기에 분석적 읽기가 어떤 방식으로 기여할 수 있는지 확인해 보자. 첫 번째는 분석적으로 읽고 새롭게 문제를 설정하여 자신만의 글쓰기를 하는 것이다. 두 번째는 분석적으로 잘 읽은 글을 내 글쓰기에 부분적으로 인용하여 활용하는 방법이다.

요약하기는 읽은 내용을 자신의 언어로 압축하여 다시 진술하는 것이다. 여기에는 중요한 부분과 그렇지 않은 부분을 구분할 수 있는 능력, 구체적 내용을 비약 없이 추상화하는 능력이 요구된다. 요약하기를 하는 이유는 글의 논점을 정확하게 이해하여 활용하기 위해서이다. 어떤 책이나 글의 내용을 전달하기 위한 것이든, 자신의 주장을 강화할 수 있는 근거로 사용하기 위해서든, 자신의 주장과 대비하기 위해서든 다양하게 쓰일 수 있다. 요약하기의 방법을 다 알고 있지만 다시 제시하자면 다음과 같다.

선택과 삭제

중요한 내용과 중요하지 않은 내용을 구분해 내는 것이다. 중요한 단락을 먼저 구분하면 주제문을 구성하기 쉽다. 배경 설명, 도입부, 부연 설명, 예시, 비유, 정의, 인용 부분, 그림이나 도표는 주제를 뒷받침하여 설명하기 위한 것이므로 핵심적인 내용이라고 볼 수 없다.

일반화하기

구체적인 내용들을 추상화하여 상위 개념으로 수렴하는 활동이다. 요약은 간결해야 하기 때문에 다양한 문제들을 늘어놓을 수 없다. 하나로 포괄되는 상위 개념으로 일반화하여 표현하는 것이 바람직하다. 공책, 지우개, 볼펜, 스테이플러는 문구라는 상위 개념으로 수렴할 수 있다.

재구성하기

주제가 표면에 드러나 있지 않은 경우 자신의 말로 재구성하여 명확하게 표현하는 것이다.

연습 문제 2

1) **교재에 나와 있는 칼럼 하나를 정해 한 문장으로 요약하여 인용하고 저자와 다른 관점에서 문제를 설정하여 한 편의 글을 써 보자.**

2) **'자유'와 관련한 글을 쓰려고 한다. 세부 주제는 학내 음주 금지, 유튜브 규제, 표현의 자유 등 다양하게 설정할 수 있다. 다음 글 중에서 필요한 내용을 요약하여 근거로 인용하면서 내 글을 구성해 보자.** (요약은 직접 인용이 아니라는 점을 잊지 말자.)

다른 사람에게 피해를 주는 행동들은 규제된다

다른 사람들의 권리를 침해하는 것, 정당한 권리 없이 다른 사람들에게 손해나 피해를 가하는 것, 다른 사람에게 사기를 치거나 이중적인 태도를 보이는 것, 다른 사람들에 대해 부당한 방법이나 착취를 통해 이득을 얻는 것, 다른 사람이 해악을 입을 것을 알면서도 이기적인 동기에서 돕지 않는 것–이런 행동들은 도덕적으로 비난을 받아 마땅한 것들이고 그 정도가 심한 경우에는 도덕적인 응징과 처벌을 받는 것이 마땅하다.

그리고 그러한 행동들만이 아니라 그런 행동들을 초래하는 성향들도 본질적으로 부도덕한 것들이기 때문에 도덕적으로 비난을 받는 것은 물론이고 혐오의 대상이 될 수 있다. 잔인함, 악의와 악한 본성, 모든 감정 중에서 가장 반사회적이고 혐오스러운 감정인 시기심, 위선과 거짓, 사소한 일에도 걸핏하면 화를 잘 내는 성마른 성격, 남이 조금만 심기를 불편하게 해도 적개심을 보이는 것, 다른 사람들을 고압적으로 대하는 것을 즐기는 것, 자신의 몫 이상의 이득을 챙기려고 하는 심보, 다른 사람들을 폄하함으로써 만족을 얻고자 하는 우월 의식, 다른 사람들은 고려하지 않고 오직 자기 자신과 자신의 이익만을 생각해서 모든 것을 자신에게 유리한 쪽으로 결정하는 이기주의적인 태도-이런 성향들은 도덕적인 악덕들로서 도덕적으로 악하고 혐오스러운 개성을 만들어낸다.

앞에서 말한 오직 자기 자신과만 관계되는 결점들은 이런 행동들이나 성향들과는 다른 것들이다. 그러한 결점들은 본질적으로 부도덕한 것들이 아니고 그 정도가 아무리 심하다고 할지라도 도덕적으로 사악한 것이 되지는 않는다. 어떤 사람이 그런 결점들을 가지고 있다는 것은 그 사람이 어리석다거나 인간으로서의 존엄함과 자존감이 부족하다는 것을 보여주는 증거들일 뿐이다. 따라서 오직 그 사람이 다른 사람들에 대한 어떤 의무를 이행하기 위해서는 그 결점들을 잘 관리해야 하는데도 그것을 소홀히 해서 자신의 그 결점들로 인해서 그가 다른 사람들에게 지고 있는 의무를 이행하지 못한 경우에만 그 결점들은 도덕적인 비난의 대상이 된다.

우리는 흔히 "우리 자신에 대한 의무"라는 표현을 사용하지만 이른바 그러한 의무들은 사회적인 의무가 아니고 오직 어떤 상황이나 조건에 의해서 다른 사람들에 대한 의무가 되는 경우에만, 우리 자신에 대한 의무임과 동시에 사회적인 의무가 된다. "우리 자신에 대한 의무"라는 표현은 현명하고 지혜롭게 행동해야 한다는 것, 또는 자기 자신을 존중할 줄 알아야 한다는 것, 또는 자신의 발전을 생각해야 한다는 것을 의미할 뿐이다. 따라서 그런 말로 표현되는 의무들은 그 어느 것도 인류의 복리를 위해 우리가 책임져야 할 것들이 아니기 때문에 다른 사람들에게 책임을 질 필요가 없다.

– 존 스튜어트 밀, 『자유론』, 박문재 옮김, 현대지성, 2018, 179~181쪽.

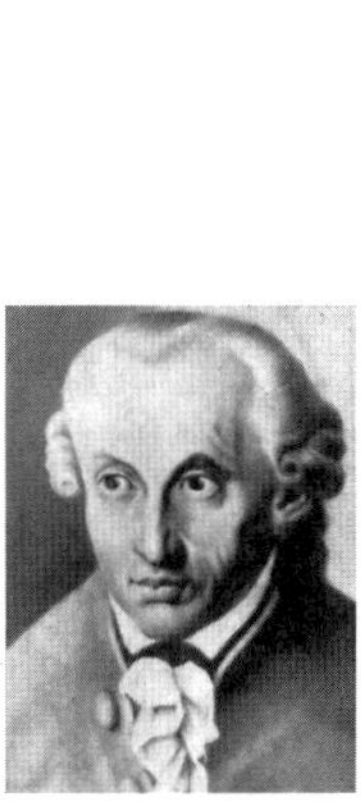
Immanuel Kant, 1724~1804

자유란 무엇인가

칸트의 도덕철학을 이해하려면 그가 말하는 자유를 이해해야 한다. 우리는 자유를 아무런 방해도 받지 않고 하고 싶은 일을 할 수 있는 상태라고 생각하는 경향이 있다. 칸트의 생각은 다르다. 그가 생각하는 자유는 좀 더 엄격하고 까다로운 개념이다.

칸트의 논리는 이렇다. 다른 동물처럼 쾌락이나 고통 회피를 추구한다면 우리는 진정으로 자유롭게 행동하는 것이 아니다. 오직 식욕과 욕구의 노예로 행동하는 것이다. 왜 그럴까? 욕구를 충족하기 위한 행동은 우리 밖에 주어진 어떤 목적을 위한 것이기 때문이다. 나는 허기를 달래려고 이 길로 가고 갈증을 해소하려고 저 길로 간다.

예를 들어 아이스크림을 어떤 맛으로 주문할지 결정한다고 치자. 초콜릿? 바닐라? 아니면 에스프레소와 바삭한 과자를 얹은 아이스크림? 이는 언뜻 선택의 자유를 행사하는 듯하지만 사실은 어떤 맛이 내 기호에 가장 잘 맞는지 파악하는 행위이며 여기서 내 기호는 애초에 내가 선택한 것이 아니다. 칸트는 기호를 충족하는 행위를 문제 삼지 않는다. 여기서 우리는 자유롭게 행동하는 것이 아니라 외부에서 이미 결정된 내용에 따라 행동할 뿐이기 때문이다. 바닐라보다 에스프레소와 과자가 들어간 아이스크림을 먹고 싶다는 욕구는 내가 선택한 게 아니라 이미 갖고 있는 욕구일 뿐이다.

몇 년 전 스프라이트 음료 회사는 다음과 같은 광고문구를 선보였다. "당신의 갈증에 복종하라." 스프라이트는 광고에 칸트의 통찰력을 담았다. 내가 스프라이트 캔 하나를 집어들 때면 자유가 아니라 복종을 실천하는 셈이다. 그것은 내가 선택하지 않은 요구에 반응하고 내 갈증에 복종하는 행위이다.

사람들은 흔히 천성과 교육이 행동에 미치는 영향을 두고 논쟁을 벌인다. 스프라이트를 먹고 싶다는 욕구는 유전자에 새겨진 욕구일까, 아니면 광고에 자극받은 욕구일까? 칸트가 생각하기에 이 질문은 문제의 핵심을 벗어난다. 내 행동이 생물학적으로 결정된 것이든, 사회적으로 훈련된 것이든, 진정으로 자유로운 행동은 아니다. 칸트에 따르면 자유롭게 행동한다는 것은 자율적으로 행동한다는 뜻이다. 그리고 자율적으로 행동한다는 것은 천성이나 사회적 관습에 따라서가 아니라 내가 나에게 부여한 법칙에 따라 행동하는 것이다.

칸트가 말하는 자율적 행동의 의미를 이해하는 한 가지 방법은 그 반대 개념과 대조하는 것이다. 칸트는 '타율'이라는 말을 만들어 이를 포착했다. 내가 타율적으로 행동한다면 외부에서 주어진 결정에 따라 행동한다는 뜻이다. 이렇게 설명해보자. 당구공을 손에서 놓으면 공은 땅에 떨어진다. 이것은 공의 자유로운 행위가 아니다. 공의 움직임은 자연법칙, 그러니까 중력의 법칙에 지배받는다.

내가 엠파이어 스테이트 빌딩에서 떨어진다고 또는 떠밀렸다고 가정하자. 땅으로 돌진하는 나를 보고 내가 자유의지로 행동한다고 말할 사람은 없을 것이다. 내 움직임은 당구공처럼 중력의 법칙에 지배받는다.

이번에는 내가 다른 사람 머리 위로 떨어져 그 사람이 죽었다고 가정해보자. 나는 그 불행한 죽음에 도덕적 책임이 없을 것이다. 당구공이 높은 곳에서 누군가의 머리 위로 떨어졌다고 해서 당구공에게 도덕적 책임을 물을 수 없는 것과 마찬가지다. 두 가지 경우에 떨어지는 물체 즉 나와 당구공은 자유롭게 행동하는 것이 아니다. 둘 다 중력의 법칙에 지배받는다. 여기에는 자율이 작용하지 않았기에 도덕적 책임을 물을 수 없다.

여기서 자율로서의 자유와 칸트가 말하는 도덕의 연관관계를 알 수 있다. 자유로운 행동은 주어진 목적에 걸맞은 최선의 방법을 선택하는 것이 아니라 목적 그 자체를 선택하는 것이다. 다시 말해 인간만이 할 수 있고 당구공은 할 수 없는 선택이다.

– 마이클 샌델, 『정의란 무엇인가』, 이창선 옮김, 김영사, 2010, 153~155쪽.

3) '이기주의와 이타주의'에 대해 글을 쓰려고 한다. 필요한 부분에서 다음 글의 내용을 요약하여 근거로 인용하면서 내 글을 구성해 보자.

죄수의 딜레마

한 감옥에 갇혀 있는 두 죄수는 다음과 같은 딜레마에 처해 있다. 종신형을 언도받은 이들은 석방될 가능성이 없다. 그래서 그들은 굴을 파서 도망가기로 결심한다. 그들이 서로 합심하여 자신들의 행위를 비밀에 부친다면 둘 다 도망칠 수 있는 가능성은 적으나마 있다. 이를 상호협력에 의한 보상이라고 하자. 만일 죄수 a가 배신하여 도주 계획을 간수에게 털어 놓는다면 대가로 형량이 줄어들 것이다. 밀고를 하는 경우 그에게 더 높은 가치가 돌아올 수 있다. 이를 배신의 유혹이라고 하자. 그러나 이와 동시에 상대방 죄수는 도주 음모에 대한 대가로 형량이 늘어날 것이다. 이를 배신당한 자의 손해라고 하자. 만일 둘 다 배신하여 도주 계획이 무산되면 그들의 형량은 그대로일 것이다. 이를 상호 배신에 대한 징계라고 하자. 이 경우 상호 협력을 하는 것이 둘에게 최선의 방법이지만 상대방이 어떤 행동을 취할지 모르는 상태에서는 배신하는 쪽이 더 안전하다.

무적의 전략, 이에는 이

지금까지는 두 죄수가 만나서 한번만 상호작용을 하고 다시 만나지 않는 상황을 설정했다. 그러나 이를 반복적인 게임으로 생각하고 점수가 누적된다고 해보자. 상대방이 협력할 것인지 배신할 것인지 내가 감을 잡는다면 전력을 세우기가 수월할 것이다. 여러 방식의 실험을 통해 드러난 결과는 '이에는 이' 전략이 가장 승률이 높았다는 것이었다. 처음에는 낯선 이와 협력하다가 마지막에 가서 상대방이 했던 그대로 따라 하는 것이다. 이 전략은 선하고 관용적이고 보복적인 특성을 모두 지닌다. 『협동의 진화』라는 책에서는 어떻게 협동이 이기주의자들 집단에서 발전할 수 있고 안정적인 것이 될 수 있는가에 대해 설명하고 있다. 도킨스는 이 책에 대해 다음과 같이 이야기했다. 다윈 이론을 신봉하는 입장에서 철저한 이기주의적 태도, 남의 고통에도 아랑곳하지 않는 무관심한 태도, 일신상의 성공을 위해서 물불 안 가리는 태도를 가정함으로써 비관주의로 출발하고 있지만 실제로는 의도적으로는 아니더라도 따뜻한 형제애에 가까운 것이 존재할 수 있다는 것이 이 책이 전하는 메시지이다.

– 라가벤드라 카닥카, 『동물사회의 생존 전략』, 전주호 · 강동호 옮김, 푸른미디어, 2001, 165~169쪽 발췌.

우리가 남이가?: 해밀턴의 혈연선택이론

도킨스: 저는 집단선택론에 대한 윌리엄즈 교수님의 비판을 적극적으로 계승해 자연선택이 개체보다는 오히려 유전자의 수준에서 작용하며 동물의 협동행동은 유전자가 자신의 복사본을 더 많이 퍼뜨리기 위한 전략으로써 진화해왔다고 주장했습니다. 유전자의 눈높이에서 세상을 보기 시작했다고나 할까요. 동물의 수많은 이타적 행동은 무늬만 이타적일 뿐 유전자의 시각으로는 되레 이기적입니다.

예를 들어 보지요. 일벌은 자식을 낳지 않고 일평생 여왕벌이 자식 낳는 것을 돕고 삽니다. 개체의 관점에서 보면 집단을 위한 엄청난 희생처럼 보이지요. 특히 진화론적으로 보면 자식을 낳지 않는다는 것은 마치 막다른 골목으로 간다는 것과 똑같습니다.

이 수수께끼를 푸는 열쇠는 벌의 독특한 유전 시스템에 있습니다. 벌 사회에서는 암컷과 수컷이 생겨나는 매커니즘이 서로 다릅니다. 암컷은 여왕벌과 수벌이 짝짓기를 해서 태어나지요. 태어난 자식들 중에서 하나가 여왕벌이 되고 나머지는 일벌들이 됩니다. 반면 수벌의 경우에는 여왕벌의 난자와 수컷의 정자가 만나는 방식이 아니라 여왕벌의 미수정란이 자라서 수컷이 됩니다. 이 부분이 인간의 유전 시스템과는 다릅니다. 이러다보니 일벌 자매들은 유전적으로 인간 자매들의 경우보다 훨씬 더 가깝습니다. 인간의 경우에는 한 자매의 특정 유전자를 다른 자매가 가질 개연성이 50%라고 한다면 벌의 경우에는 75%나 됩니다.

만일 일벌이 수컷과 짝짓기를 해서 정상적으로 자식을 낳는다고 칩시다. 그 자손은 모친 일벌의 유전자를 반만 공유할 것입니다. 그런데 만일 일벌이 자식을 낳지 않고 여왕벌의 자식 낳기를 돕는다면 75%의 유전적 친밀도를 가진 다른 자매들이 더 생깁니다. 일벌의 유전자의 입장에서는 어느 쪽이 더 이득입니까.

사회자: 유전자가 자연계의 주인이라는 말씀이네요. 혁명적인 발상의 전환처럼 보이는데요. 그게 도킨스 교수님의 아이디어였나요?

도킨스: 많은 사람들이 그렇게 알고 있지만 엄밀히 말하면 제가 처음은 아닙니다. 오히려 저는 유전자의 관점에서 자연 인간 사회를 본다는 것이 무엇인지를 쉽게 전달해준 해설가였습니다. 혁명적 발상의 최초 진원지는 영국의 윌리엄 해밀턴입니다.

사회자: 그러고 보니 20세기 전설적 생물학자인 홀데인이 선술집에서 "나는 2명의 형제나 8명의 사촌의 생명을 위해 목숨을 던질 준비가 돼 있다"고 말한 유명한 일화가 생각나는군요. 해밀턴의 규칙은 이제 좀 이해가 되는 것 같습니다. 그래도 이런 의문이 남네요. 인간은 말할 것도 없고 동물 세계에서도 혈연을 넘어서는 이타성이 존재하지 않습니까? 물놀이를 갔다가 친구가 물에 빠져 허우적거리는 것을 보면 친구를 구하기 위해 무작정 뛰어드는 사람들이 있습니다. 유전자를 공유하지도 않은 친구나 남인데도 말이죠. 이들의 이런 이타적 행위는 어떻게 진화할 수 있었을까요?

트리버즈: 마땅한 질문이십니다. 혈연만으로는 설명 안 되는 사회적 행동이 분명이 있으니까요. 제가 그 문제를 풀기 위해 "호혜적 이타성의 진화"라는 논문을 1971년에 썼는데요. 아이디어는 간단했습니다. 언젠가 보답을 받을 것이라는 기대를 할 수 있는 상황에서는 남을 돕는 것이 이득이 되고 그런 행동이 진화할 수 있다는 논리이지요.

– 장대익, 『다윈의 식탁』, 김영사, 2008, 55~61쪽 발췌.

〈참고 문헌〉

라가벤드라 카닥카, 『동물사회의 생존 전략』, 전주호 · 강동호 옮김, 푸른미디어, 2001.

로리 브룩스 작, 한현주 각색, 「레슬링 시즌」, 2012.

마이클 샌델, 『정의란 무엇인가』, 이창선 옮김, 김영사, 2010.

매리언 울프, 『다시, 책으로』, 전병근 옮김, 어크로스, 2019.

장대익, 『다윈의 식탁』, 김영사, 2008.

정재승 · 진중권, 『크로스』, 웅진지식하우스, 2009.

존 스튜어트 밀, 『자유론』, 박문재 옮김, 현대지성, 2018.

제2장

비판적 읽기와 쓰기

1. 비판적 읽기의 목적

우리는 하루에도 수많은 종류의 텍스트를 접하고, 그 텍스트를 통해 지식과 정보를 수용한다. 그런데 지식과 정보를 받아들이기만 하고 나름의 관점, 태도 등을 기준으로 비판적으로 수용하지 못한다면 다른 사람이 의도한 대로 끌려갈 수밖에 없다. 우리가 읽는 책이 전공서든 교양서든 저자의 견해를 정확히 이해하고 비판적으로 성찰할 수 없다면, 새로운 지식을 생산할 수도 없다. 비판적으로 수용하고 창조적으로 생산할 수 있을 때 우리의 지식과 정보는 한 단계 더 앞으로 나아갈 수 있을 것이다.

신영복은 독서의 가치와 방법에 대해 다음과 같이 말한 바 있다.

> 독서는 모름지기 자신을 열고, 자신을 확장하고 그리고 자신을 뛰어넘는 비약飛躍이어야 합니다. 그렇기 때문에 독서는 삼독三讀입니다. 먼저 텍스트를 읽고, 다음으로 그 텍스트를 집필한 필자를 읽어야 합니다. 그 텍스트가 제기하고 있는 문제뿐만 아니라 필자가 어떤 시대, 어떤 사회에 발 딛고 있는지를 읽어야 합니다. 그리고 최종적으로 그것을 읽고 있는 독자 자신을 읽어야 합니다. 그렇게 함으로써 자신의 처지와 우리 시대의 문맥文脈을 깨달아야 합니다.

…(중략)…

독서, 그것은 궁극적으로 자기가 갇혀 있는 문맥, 우리 시대가 갇혀 있는 문맥을 깨트리고, 드넓은 세계로 나아가는 자유의 여정이기도 합니다. 우리에게 필요한 것은 이 여정에서 길어 올려야 하는 우리들 자신에 대한 애정입니다. "더 좋은 것은 없습니다." 더 좋은 책, 더 좋은 왕도王道는 없습니다. 한 마리 작은 새가 하늘을 날아오르는 것이 그렇습니다. 어미 새의 체온과 바람과 물 그리고 수많은 밤들이 차곡차곡 누적되어 어느 날 아침 문득 빛나는 비상으로 날아오릅니다. 고뇌와 방황으로 얼룩진 역경의 어느 무심한 중도막에 그때까지 쌓아온 회한과 눈물이 어느 순간 빛나는 꽃으로 피어오릅니다. 독서도 인생과 크게 다르지 않습니다. 그것이 어떤 책이든 상관없습니다. 그것이 고뇌와 성찰의 작은 공간인 한 언젠가는 빛나는 각성覺醒으로 꽃피어나기 마련입니다. 언약言約은 강물처럼 흐르고 만남은 꽃처럼 피어날 것입니다.

독서는 만남입니다. 성문城門 바깥의 만남입니다. 자신의 문을 열고 바깥으로 나서는 자신의 확장이면서 동시에 세계의 확장입니다. 그리고 그것이 만남인 한 반드시 수많은 사람들의 확장으로 이어지기 마련입니다. 마치 바다를 향하여 달리는 잠들지 않는 시내와 같습니다. 한 사람 한 사람의 각성이 모이고 모여 어느덧 사회적 각성으로 비약하기도 할 것입니다. 우리와 우리 시대가 갇혀 있는 문맥文脈을 깨트리고, 우리를 뒤덮고 있는 욕망의 거품을 걷어내고 드넓은 세계로 향하는 길섶에 한 송이 꽃으로 피어날 것입니다.

– 신영복, 「책은 먼 곳에서 찾아온 벗입니다」, 『중앙일보』, 2011.01.01.

저자는 독서를 '드넓은 세계로 나아가는 자유의 여정'이요, '성문 바깥 세계와의 만남'이라 표현했다. 이 여정에서의 만남이 제대로 성사되기 위해서는 '삼독三讀'이 필요하다고 말한다. 즉 텍스트를 읽고, 그 텍스트를 집필한 필자를 읽고, 최종적으로 그것을 읽고 있는 독자 자신을 읽어야 한다고 한다. 그러한 독서라야 "자신을 열고, 자신을 확장하고, 그리고 자신을 뛰어넘는 비약飛躍"이 가능하다는 것이다. 그런데 과연 자신을 여는 독서는 어떤 독서일까? 자신을 확장하는 독서는 또 어떤 독서일까? 그리고 자신을 뛰어넘는 비약의 독서는 어떤 독서일까?

저자는 같은 글에서 독서란 "궁극적으로 자기를 읽고 자기가 대면하고 있는 세계를 읽고, 그 세계와 맺고 있는 사회역사적 관련성을 성찰하는 것"이어야 한다고 말한다. 가령 『햄릿』을 읽으면서 탈중세脫中世의 전개 과정이나 인간 존재의 운명적 비극에 대해 고뇌하지 않고, 단지 교양이나 대화의 소재로 삼기 위해 읽는다면, 그것은 자신을 확장하기보다는 자신을 가두는 것이 된다고 한다. 인간과 사회와 자연에 대한 올바른 인식을, 인간에 대한 진지한 성찰을 담아낸 수많은 책을 읽었다 하더라도, 정작 독자 자신의 고뇌와 성찰이 그 과정에 없다면 "자신의 확장이면서 동시에 세계의 확장"이라는 창공으로 비상할 수 없음을 조언하고 있는 것이다. 우리의 독서가 "우리 시대가 갇혀 있는 문맥을 깨트리고, 드넓은 세계로 나아가는 자유의 여정"이 되기 위해서는 진지하게 성찰하고 비판적으로 수용할 수 있어야 함을 강조한 것이다.

성찰적 독서, 비판적 독서란 용어가 낯설 수도 있지만 우리의 독서 행위를 자세히 관찰해 보면 비판적으로 성찰하며 읽는 것은 매우 자연스러운 현상이기도 하다. 왜냐하면 글을 쓴 사람은 저자이지만 그 글을 읽는 사람은 독자인 '나'이기 때문이다. 저자가 나름의 관점과 목적을 가지고 글을 썼듯이 독자인 나 역시 글에서 제기한 문제나 대상에 대한 나름의 관점이 있다. 물론 저자가 제기한 문제에 대해 특별한 관점이 없는 상태에서 글을 읽을 수도 있을 것이다. 그러나 그런 경우에도 저자의 주장과 글의 쓴 의도 등이 확인되면 나의 입장에서 이런 저런 의문이 들게 마련이다.

이를테면 저자가 주장하는 바는 타당한지, 그 근거는 신뢰할 만한 것인지, 다른 주장이나 관점은 왜 부정되었는지, 그리고 나는 궁극적으로 저자의 주장이나 관점에 동의하는지, 동의한다면 그렇게 생각한 이유는 무엇이고, 동의하지 않는다면 그 까닭은 또 무엇인지 등 비판적 태도로 글을 읽게 되면

'왜'라는 질문이 꼬리를 물고 이어질 수밖에 없다. 독서 분야나 주제에 따라 조금씩 차이가 있을 수 있지만, 저자와 일정한 거리를 두고 비판적으로 읽었을 때, 저자와 저자가 쓴 글에 대해, 그리고 궁극적으로는 나 자신에 대해 정확하게 이해하고 한 걸음 더 나아갈 수 있다.

2. 비판적 읽기의 방법

비판적 읽기의 출발은 글의 내용을 정확하게 이해하는 데서부터이다. 꼼꼼하고 정밀하게 읽어 저자의 관점과 논리를 제대로 파악해야 비판적, 성찰적 읽기가 가능하다. 1장에서 '분석적 읽기'에 대한 훈련이 필요했던 이유가 바로 여기에 있다. 저자의 의도, 주장과 근거, 글이 작성된 배경이나 맥락 등에 대한 '분석적 읽기'가 끝났다면 이제 저자와 일정한 거리를 두고 '비판적 읽기'의 단계로 나아가 보자.

비판적 읽기의 방법은 비평 대상에 따라 다양할 수 있다. 널리 알려진 '내재적 비평'과 '외재적 비평'의 방법은 텍스트 내적 요소와 외적 요소를 중심으로 읽는 방법이다. 이 장에서는 신영복의 '삼독三讀'을 원용하여, 저자, 텍스트, 독자를 비평 대상으로 비판적 읽기의 방법을 훈련해 보자.

1) 저자의 관점이나 주장에 대한 비판적 읽기

글에는 저자의 관점이나 태도가 직 · 간접적으로 드러나게 마련이다. 문제를 제기하고 대안을 제시하는 과정에서 사회 구조나 체제를 바라보는 관점, 사람이나 사물을 이해하는 방식 등이 드러나기도 하고, 사용하는 단어나 어투에서 대상을 옹호하는지, 비판하는지, 긍정하는지, 부정하는지 등의 태도가 드러나기도 한다. 이러한 관점이나 태도는 주장의 전제 역할을 하므로 면밀히 검토해야 한다. 또한 저자의 주장이 보편타당하고 합리적인지, 논제와 관련하여 집필 시점의 사회 문화적 맥락을 제대로 반영하고 있는지를 비판적으로 검토하여야 저자가 궁극적으로 말하고자 하는 바를 정확히 평가할 수 있을 것이다.

2) 텍스트의 논리적 구성에 대한 비판적 읽기

텍스트에서 주장하는 내용이 타당한지를 검토하기 위해서는 논리를 정당화하는 기법이나 표현에 유의하면서 비판적으로 읽어야 한다. 주장이 명확하고 일관성이 있는지, 주장과 근거들 간에 논리적 오류는 없는지, 근거로 활용하고 있는 글, 소견, 통계 등은 신뢰할 수 있는 것인지, 개념 사용이나 서술 표현 등이 정확한지 등을 꼼꼼히 살펴보아야 한다. 사례, 숙어나 구어 표현, 비유 등을 읽을 때도 그 담긴 속뜻을 자세히 살펴 저자의 의도나 목적이 어디에 있는지를 비판적으로 검토해야 한다. 일관되고 분명한 주장, 객관적이고 신뢰할 만한 논거, 추론 과정의 타당성은 논리를 정당화하기 위한 필수 조건이다.

3) 독자의 수용 태도에 대한 비판적 읽기

저자의 관점이나 주장이 타당하고, 텍스트의 논리적 구성에 오류가 없다면 독자는 텍스트를 수용하는 데 주저함이 없을 수도 있다. 하지만 독자는 독자 나름의 관점이나 판단을 근거로 그 수용 여부를 신중히 결정해야 한다. 특히 저자가 당시의 사회 문화적 맥락을 충분히 반영하여 글을 썼다 하더라도 현시점에서 여전히 의미 있는 주장인지 등을 면밀히 따져볼 필요가 있다. 논리적 타당성을 지니고 있으나 현실성 없는 대안에 불과하다면 더 나은 해결 방안을 모색해야 한다. 텍스트를 읽는다는 것은 결국 '나'를 읽는 것이다. 저자의 관점이나 주장에 동의하거나 반대하는 이유를 깊이 성찰하는 과정에서 새로운 텍스트 생산을 위한 한 걸음도 내딛을 수 있을 것이다. 이것이 우리가 비판적 읽기를 훈련하는 궁극적인 의미이기도 하다.

1) 저자의 관점과 주장에 대한 비판적 읽기

· 저자의 관점이나 태도는 타당한가?

· 저자의 주장은 보편타당하고 합리적인가?

· 집필 시점의 사회 문화적 맥락을 제대로 반영하고 있는가?

2) 텍스트의 논리적 구성에 대한 비판적 읽기

· 주장이 명확하고 일관성이 있는가?

· 주장과 근거들 간에 논리적 오류는 없는가?

· 인용하고 있는 글, 소견, 통계 등은 신뢰할 만한가?

· 사용하고 있는 개념, 서술 표현 등은 정확한가?

3) 독자의 수용 태도에 대한 비판적 읽기

· 저자의 관점이나 주장에 동의/반대하는가?

· 동의/반대한다면 그 이유는 무엇인가?

· 저자의 주장이 현시점에도 여전히 유의미하다고 평가하는가?

이제 위의 평가 항목을 고려하면서 다음의 예문을 비판적으로 읽어보자.

'양'의 독서에서 '질'의 독서로

서점을 찾았다가 매일 홍수처럼 쏟아지는 신간에 어안이 벙벙해졌던 경험은 누구나 있을 것이다. 요즘은 아마존 광고 메일로도 신간 정보가 끊임없이 들어온다. 도대체 무엇을 읽어야 하고 무엇을 읽지 말아야 할지 알 수가 없다. 선택 가능성이 늘었다고는 해도 감당할 수 있는 데는 한도가 있는 법이다. 그 결과 평판이 좋은 베스트셀러나 읽어볼까, 하고 생각하게 된다.

우리는 몇 년 전에 비해 훨씬 용이하게, 훨씬 많은 책을 손에 넣을 수 있게 되었다. 그러나 그 덕분에 우리가 옛날 사람들보다 지적인 생활을 한다고 할 수 있을까? 아무래도 그건 아닌 것 같다. 왜일까?

구텐베르크가 활판인쇄술을 발명하기까지 서적은 당연히 손으로 씌어진 것이었고, 그만큼 귀중한 것이었다. 그리고 당시에는 일반적으로 책이 거의 유통되지 않았다. 그래도 당시 사람들은 그 적은 정보만을 가지고 오늘날에도 통용되는 깊은 사색을 했다. 칸트나 헤겔이 평생 동안 독파한 책의 권수가 지금의 기준으로 보면 의외로 적다고 해서, 그들을 무지하고 어리석은 인간이라 평가하는 사람은 없을 것이다.

책만이 아니라 음악의 세계도 마찬가지이다. 재즈 뮤지션 마일스 데이비스는 어렸을 때 레코드를 세 장밖에 가지고 있지 않았다. 음악은 라이브 연주 아니면 라디오로 들을 수밖에 없었다. 그런 식으로 따져보자면 20세기 이전의 클래식 음악가들이 평생 들을 수 있었던 곡의 수가 지극히 한정되어 있었을 것이다. 지금의 클래식 마니아의 몇십 분의 일, 몇백 분의 일 정도였을지도 모른다.

그러면 현대는 어떠한가? 친한 친구가 프로 뮤지션이 되고 싶어 한다고 치자. 그가 '하지만 CD는 세 장밖에 없어'라고 한다면, 누구든지 '너, 냉정하게 다시 한번 생각해 봐'라고 말하고 싶어질 것이다. 우리는 일정 수준의 정보를 수중에 갖추지 않으면 아무것도 할 수 없는 세상에 살고 있다. 그러나 이 시대의 문학이나 음악이 그만큼 질적으로 풍부해졌느냐고 하면, 누구든 대답에 망설일 것이다. 요컨대 옛날 사람들은 모두 슬로 리더였고, 슬로 리스너였던 것이다.

내 개인적인 경험을 돌이켜 봐도 중고등학교 시절에는 경제적인 여유가 없었기 때문에, 월초에 용돈을 받아 갖고 싶은 책과 CD를 사고 나면 곧 지갑이 텅 비었고, 그 후에는 다음 달까지 줄창 같은 책을 읽고 같은 CD만 들었다. 그러나 그 시절에 만난 소설이나 음악은 아직도 세부까지 또렷하게 기억이 나며, 나 자신에게 큰 영향을 미쳤기에 특별한 애

착이 느껴진다.

그러나 어른이 되고 나서 한꺼번에 스무 장씩 사들여 트랙을 건너뛰며 들은 앨범이나, 필요에 임박해 그냥 속독을 한 책 중에는 거의 내용조차 제대로 기억나지 않는 것들이 있다. 이것은 무의미하다는 생각을 넘어 안타까운 기분이 들 정도다.

우리는 분명 예전 세계로 돌아갈 수는 없다. 이는 명백한 사실이다. 그리고 아마 앞으로도 지금 이상으로 대량의 정보에 둘러싸여 생활하게 될 것이다. 우리가 그 모든 것을 망라할 필요도 없고, 망라할 수도 없다. 물론 여러 가지 타입의 책을 읽는 것은 중요하다. 자신만의 취향을 고집하며 현재의 자신을 긍정하는 책만 읽는다면 시야는 점점 더 좁아질 것이다. 그러나 독서량은 자신이 무리하지 않고 읽을 수 있는 범위, 즉 슬로 리딩이 가능한 범위로 충분하며, 그 이상은 무의미하다.

정보의 항상적恒常的 과잉 공급 사회에서 진정한 독서를 즐기기 위해서는 '양'의 독서에서 '질'의 독서로, 망라형 독서에서 선택적 독서로 발상을 전환해야 한다.

– 히라노 게이치로, 『책을 읽는 방법』, 김효순 옮김, 문학동네, 2008, 23~26쪽.

위 예문에서 저자는 '양'의 독서에서 '질'의 독서로 발상을 전환해야 한다고 주장한다. 날마다 대량의 정보를 처리해야 하는 현대인들은 책도 '되도록 빨리 많이 읽어야 한다'는 일종의 '속독 콤플렉스'에 사로잡혀 있다고 비판하고, 무작정 활자를 좇는 빈약한 독서에서 벗어나 풍요로운 독서로 나아가기 위해서는 '슬로 리딩'이 가능한 범위로 독서량을 제한할 필요가 있다고 말한다. 이러한 주장을 독자에게 설득하기 위해 글쓴이는 칸트나 헤겔의 독서량, 재즈 뮤지션 마일스 데이비스의 일화, 글쓴이의 개인적인 경험 등을 사례로 제시하고 있다.

양의 독서보다 질의 독서가 진정한 독서에 해당한다는 글쓴이의 주장에 온전히 동의하는 독자도 있을 것이다. 하지만 나름의 독서 방법을 개발하여 이미 독서의 즐거움을 충분히 느끼고 있는 독자라면 글쓴이의 주장에 쉽게 동의하지 못할 수도 있다. 또 어떤 독자는 질의 독서와 양의 독서를 양립할 수 없는 것으로 전제한 글쓴이의 관점에 의문을 제기할 수도 있다. 독서의 목적, 책의 성격에 따라 적절한 독서 방식을 선택하면 되는 것이지 질의 독서만을 고집할 필요가 없다는 입장에서 저자의 주장을 비판할 수도 있는 것이다. 저자의 관점이나 주장에 대한 평가와는 별개로 현대인의 독서 환경에 대한 글쓴이의 이해가 정당하고 수용할 만한지, 근거로 제시한 사례들은 신뢰할 만하고 적절한지 등에 대한 비판적 읽기도 가능하다.

동일한 대상이라도 어떤 프레임으로 바라보느냐에 따라 전혀 다른 대상으로 인식된다. 독자 역시 다양한 관점과 맥락을 염두에 두고 텍스트를 비판적으로 검토해야 한다. 충분히 공감할 만한 주장이고 감정적으로 끌리는 내용이라 해도 저자의 관점이나 주장이 보편타당한지, 주장을 정당화하는 기법이나 표현에 오류가 없는지, 현실적으로 수용 가능한지의 여부를 비판적으로 읽어야 나의 관점과 글쓴이의 관점이 어떻게 같고 다르며, 어디에서 만나고 갈라지는지를 성찰할 수 있다. 그런 비판과 성찰의 단계를 거쳐 나름의 독창적인 견해를 발견할 수 있다면 이제 우리는 비판적 읽기의 단계에서 자신의 견해를 논리적 · 창의적으로 표현하는 단계로 나아갈 수 있을 것이다.

3. 비평적 글쓰기

비평하려는 대상 텍스트의 성격이 무엇이냐에 따라 문학 비평, 문화 비평, 시사 비평, 역사 비평 등의 범주로 나누기도 하고, 미술 비평, 음악 비평, 연극 비평, 영화 비평 등의 종류로 나누기도 한다. 이와 같은 비평적 글을 쓰기 위해서는 대상 텍스트에 대한 비판적, 성찰적 읽기 과정이 우선되어야 한다.

텍스트의 성격에 따라 다소 차이는 있겠지만 우리가 앞에서 살펴본 비판적 읽기의 방법은 비평적 글을 쓸 때 고려해야 할 사항들과 일치한다. 1) 저자의 관점과 주장, 2) 텍스트의 논리적 구성, 3) 독자의 수용 태도 등에 대한 비판적 검토는 어떤 종류의 비평문에서도 필요하다. 다만 비평문을 쓰는 글쓴이가 무엇에 중점을 두느냐에 따라 평가 항목이나 순서는 얼마든지 조정할 수 있다.

이제 텍스트를 정해 보자. 평소 관심 있게 읽은 칼럼, 최근 우리 사회를 떠들썩하게 만든 사건/사고 등 텍스트가 무엇이든 상관없다. 며칠 전에 본 영화나 연극에 대한 평을 써도 좋겠다. 텍스트에 대한 비판적 읽기를 토대로 비평적 글을 써보자.

연습 문제 1

다음 글은 대학생들의 '대학 서열 중독증'을 비판하고, 차별을 정당화하는 대학생들에게 성찰을 촉구하고 있는 한 칼럼이다. 저자의 관점과 주장, 텍스트의 논리적 구성, 독자의 수용 태도 등에 대한 비판적 읽기를 해 보자. 그 결과를 바탕으로 '대학 서열화'에 대한 비평문을 써 보자.

왜 우리는 차별에 찬성하는가?

갑의 못된 횡포를 '갑질'이라고 한다. 갑의 갑질이 얼마나 추악하고 비열한지는 당해본 을만이 안다. 그런데 갑을관계의 진짜 비극은 갑의 갑질에 있다기보다는 갑질을 당한 을이 자신보다 약한 병에게 갑질과 다를 바 없는 을질을 한다는 데에 있다. 병은 또 자신보다 약한 정에게 갑질 · 을질과 다를 바 없는 병질을 한다.

이런 먹이사슬 관계를 온몸으로 가장 잘 드러내는 이들이 놀랍게도 아직 갑을관계의 본격적인 현장에 뛰어들지 않은 대학생들이다. 미리 연습을 하려는 걸까? 사회학자 오찬호 박사가 출간한 『우리는 차별에

찬성합니다: 괴물이 된 이십대의 자화상』은 대학생들의 '대학 서열 중독증'을 실감나게 고발하고 있다. 대학생들과의 자유로운 대화에 근거한 애정 어린 고발인지라 분노보다는 연민을 불러일으킨다.

오 박사는 대학의 수능 점수 배치표 순위가 대학생들의 삶을 지배한다고 말한다. 전국의 200개 대학을 일렬종대로 세워놓고 대학 간 서열을 따지는 건 단지 재미를 위해 하는 일이 아니다. 매우 진지하고 심각한 인정 투쟁이자 생존 투쟁이다. 서열이 한두 개 차이 나는 대학을 '비슷한 대학'으로 엮기라도 할라치면 그 순간 서열이 앞선다는 대학의 학생들은 "무슨 말도 안 되는 소리를 하냐"며 흥분한다. 이런 현실에 대해 오 박사는 다음과 같이 말한다.

"지금 대학생들은 '수능 점수'의 차이를 '모든 능력'의 차이로 확장하는 식의 사고를 갖고 있다. 십대 시절 단 하루 동안의 학습 능력 평가 하나로 평생의 능력이 단정되는 어이없고 불합리한 시스템을 문제시할 눈조차 없는 것이다. 아이러니한 점은 본인이 당한 인격적 수모를 보상받기 위해 본인 역시도 이런 방식을 사용한다는 점이다. 이들은 더 '높은' 곳에 있는 학생들이 자신을 멸시하는 것에 문제를 제기하기보다, 스스로 자신보다 더 '낮은' 곳에 있는 학생들을 멸시하는 편을 택한다. 그렇게 멸시는 합리화된다."

대학생들의 이런 정신 상태는 우리 사회에서 갑을관계와 비정규직 차별이 사라지기는커녕 앞으로 더욱 기승을 부릴 가능성이 높다는 것을 말해준다. 오 박사 말마따나, 오늘날 이십대는 "부당한 사회구조의 '피해자'지만, 동시에 '가해자'로서 그런 사회구조를 유지하는 데 일조하는 존재"가 되고 말았다. 이 모든 게 전적으로 기성세대의 책임이라는 점에서 비교적 편한 시절을 살았던 기성세대의 한 사람으로서 그들에게 죄스러울 따름이다.

대학생들의 '대학 서열 중독증'은 미국에서 벌어진 '능력주의meritocracy' 논쟁을 떠올리게 만든다. 오늘날 미국의 극심한 빈부 격차를 정당화하는 주요 이데올로기가 바로 "능력에 따른 차별은 정당할 뿐만 아니라 바람직하다"고 하는 능력주의다. 능력은 주로 학력과 학벌에 의해 결정된다. 그런데 고학력과 좋은 학벌은 주로 부모의 경제력에 의해 결정된다. 학력과 학벌의 세습은 능력주의 사회가 사실상 이전의 귀족주의 사회와 다를 바 없다는 것을 웅변해준다.

이런 한국형 '세습 자본주의'를 바꾸는 것이 제1의 개혁 의제가 되어야 하겠지만, 우리 모두 어느 정도는 갖고 있는 '사소한 차이에 대한 집착'도 성찰의 대상으로 삼을 필요가 있다. 수능 점수 몇 점이나 정규직 · 비정규직의 능력 차이는 사소한 것임에도 우리는 그런 차이에 엄청난 의미를 부여하면서 그에 따른 차별에 찬성하는 것을 정당한 능력주의라고 믿는 경향이 있기 때문이다.

한국은 평등주의가 강한 사회라곤 하지만, 평등주의는 위를 향해서만 발휘될 뿐이다. 밑을 향해선 차별주의를 외치는 이중적 평등주의를 진정한 평등주의라고 할 수는 없다. 이런 이중적 평등주의는 우리 모두를 피해자로 만든다. 그럼에도 우리 모두의 '사소한 차이에 대한 집착'으로 인해 그 체제는 지속될 수밖에 없다. 50년 전 시인 김수영이 "왜 나는 작은 일에만 분개하는가"라고 물었듯이, 이제 우리도 스스로 물어야 할 때다. 우리가 사소한 차이에만 집착하고 그 차이의 정의가 실현되지 않는 것에 분개하는 동안 세상은 점점 더 돌이킬 수 없는 거대한 구조적 불평등과 차별의 나락으로 빠져드는 건 아닐까?

– 강준만 칼럼, 『한겨레』, 2014.12.14.

1) 논제에 대한 저자의 관점이나 주장은 타당한가?

2) 집필 시점의 사회 문화적 맥락을 제대로 반영하고 있는가?

3) 주장과 근거들 사이에 논리적 오류는 없는가?

4) 인용하고 있는 글, 소견 등은 신뢰할 만한가?

5) 사용하고 있는 개념, 서술 표현 등은 정확한가?

6) 저자의 관점이나 주장에 동의/반대하는 이유는 무엇인가?

7) 저자의 주장이 현시점에도 유의미하다고 평가한다면 그 이유는 무엇인가?

8) '대학 서열화'에 대해 '나'는 어떤 관점과 태도를 지니고 있는가?

연습 문제 2

다음 글은 이탈리아 피렌체의 정치가였던 마키아벨리 Niccolo Machiavelli, 1469-1527**의 『군주론』 중 일부이다. 제18장 「윤리와 정치」에서 마키아벨리는 '현명한 군주'는 "자비롭고, 신의 있고, 정직하고, 인정 많고, 신앙심이 깊은 것처럼" 보여야 좋겠지만, 언제든 필요하면 정반대로 행동할 태세를 갖추고 실제로 그렇게 해야 한다고 역설한다. 신의를 지키는 것이 불리할 때는 약속을 지켜서도 안 된다는 것이다. 저자의 관점과 주장, 텍스트의 논리적 구성, 독자의 수용 태도 등에 대한 비판적 읽기를 해보자. 그 결과를 바탕으로 '정치인의 도덕성'에 대한 비평문을 써 보자.**

윤리와 정치
–군주는 어떻게 약속을 지켜야 하는가?–

술책과 진실

군주가 신의를 지키며 간교한 기만책을 쓰지 않고 성실히 사는 것은 매우 칭송받을 만한 일로, 이는 모든 사람이 다 아는 일이다. 그럼에도 오늘날 위업을 이룬 군주들은 신의를 지키지도 않으면서 간교한 기만

책으로 사람들을 헷갈리게 만드는 데 뛰어난 자들이다. 게다가 그들은 신의를 지키려고 노력한 군주들에 맞서 승리를 거뒀다.

싸움에는 두 가지 방법이 있다는 사실을 유념할 필요가 있다. 첫째는 법으로 하는 것이고, 둘째는 힘으로 하는 것이다. 전자는 사람에게 합당하고, 후자는 짐승에게 부합한다. 전자만으로는 많은 경우에 불충분한 까닭에 후자를 끌어들여야 한다. 군주는 모름지기 상황에 따라 양자를 혼용할 줄 알아야 한다. 고대의 저술가들은 군주에게 이런 사실을 은유적으로 가르쳤다. 아킬레우스를 위시한 많은 군주가 어렸을 때 반인반수半人半獸인 케리론Cheiron에게 맡겨졌고, 그의 훈도 아래 양육됐다고 기록한 게 그렇다. 반인반수를 스승으로 삼았다는 것은 곧 군주란 양자를 혼용할 줄 알아야 하고, 어느 한 쪽을 결여하면 보위를 오래 유지할 수 없다는 사실을 암시한다.

여우와 사자

군주는 이처럼 짐승의 방법을 활용할 줄 알아야 한다. 특히 여우golpe와 사자lione를 모방해야 한다. 사자는 함정lacci에 빠지기 쉽고, 여우는 늑대lupi를 물리칠 수 없다. 함정에 빠지지 않으려면 여우가 되어야 하고, 늑대를 물리치려면 사자가 돼야 한다. 사자처럼 행동하는 것만으로도 능히 보위를 지킬 수 있다고 생각하는 것은 어리석은 짓이다. 현명한 군주는 신의를 지키는 게 자신에게 불리하거나 약속한 이유가 소멸됐을 때 약속을 지킬 수도 없거니와 지켜서도 안 된다.

물론 모든 사람이 선하다면 이런 충고는 온당치 못할 것이다. 그러나 대다수 사람은 사악한 까닭에 군주와 맺은 약속을 지키지 않는다. 군주가 백성과 맺은 약속에 구속돼서는 안 되는 이유다. 게다가 군주는 약속 불이행의 이유를 늘 둘러댈 수 있다. 이와 관한 근래의 사례는 매우 많다. 이들 사례는 얼마나 많은 평화조약과 약속이 신의 없는 군주에 의해 일방적으로 파기되고 무효화됐는지 잘 보여준다. 이 경우 늘

여우의 간계를 모방한 군주가 가장 큰 성공을 거뒀다.

주의할 것은 이런 간계를 잘 윤색해 감춰야 하고, 능숙한 기만자이자 위선자가 돼야 한다는 점이다. 사람은 단순한 까닭에 눈앞의 이익에 따라 쉽게 동요한다. 남을 속이고자 작심하면 허황된 기만에도 쉽게 넘어가는 사람을 도처에서 발견할 수 있다.

최근의 많은 사례 가운데 꼭 언급하고픈 게 있다. 바로 교황 알렉산데르 6세에 관한 일이다. 그는 사람을 기만하는 것 외에 다른 일을 행한 적도 없고 생각해본 적도 없다. 늘 새로운 기만 대상을 찾아낸 이유다. 무슨 일을 주장하거나 약속할 때 그처럼 단호하게 언급한 자도 없고, 그처럼 쉽게 약속을 내팽개친 자도 없을 것이다. 그럼에도 그의 기만은 늘 성공적으로 그의 욕심을 채워주었다. 눈앞의 이익에 따라 쉽게 동요하는 세상사의 이치를 정확히 꿴 덕분이다.

필요에 따른 악행

군주는 앞서 언급한 선한 품성을 구비하지 못할지라도 마치 이를 구비한 것처럼 가장할 필요가 있다. 장담컨대 실제로 그런 뛰어난 품성을 구비해 행동으로 옮기면 늘 군주에게 해롭지만, 구비한 것처럼 가장하면 오히려 이롭다. 자비롭고, 신의 있고, 정직하고, 인정 많고, 신앙심이 깊은 것처럼 보일 필요가 있다. 실제로 그리하는 게 좋다.

그러나 상황에 따라서는 달리 행동할 자세를 갖춰야 하고, 나아가 그리 행동할 수 있어야 한다. 군주 특히 신생 군주는 사람이 선하다고 평하는 모든 덕목을 모두 따를 수 없다는 사실을 명심해야 한다. 국가를 보전하기 위해서는 종종 자비와 신의, 정직, 신앙심과 반대되는 행동을 취해야 하는 경우가 있다. 군주는 운명의 풍향과 세상사의 격변이 명하는 바에 따라 모든 상황에 적극 대처할 수 있는 자세를 지녀야만 한다. 앞서 언급한 것처럼 군주는 가급적 선행에서 벗어나지 않도록 주의해야 하나, 필요에 따라서는 능히 악행을 저지를 수 있어야 한다.

전승과 보국

군주는 자신의 입에서 나오는 모든 말이 앞서 언급한 자비와 신의, 정직, 인정, 신앙심 등 다섯 가지 선한 품성에서 절대로 벗어나지 않도록 각별히 주의해야 한다. 자신을 배견拜見하고 명을 듣는 자에게 군주는 자비와 신의, 정직, 인정, 신앙심의 화신化身처럼 보여야 한다. 특히 신앙심이 두터운 것처럼 보이는 게 중요하다.

사람은 통상 손으로 만져보고 판단하기보다는 눈으로 보고 판단하기 마련이다. 사람들 모두 군주를 볼 수는 있지만 직접 접촉할 수 있는 자는 매우 드물기 때문이다. 대다수 사람들이 군주의 외양만 보고 판단하는 이유다. 경험을 통해 군주의 참모습을 파악할 수 있는 자는 극소수에 지나지 않는다. 게다가 이들 극소수의 사람은 군주의 위엄을 지탱하는 대다수의 여론에 감히 반론을 제기할 수조차 없다. 불만을 받아주는 상급 심판자가 없는 일반 백성의 경우는 특히 군주의 행동에 대해 늘 결과만 갖고 판단하기 마련이다.

군주가 전승戰勝과 보국保國을 최우선 과제로 삼아야 하는 이유가 여기에 있다. 이 경우 그 수단은 늘 명예롭고 칭송받을 만한 것으로 평가된다. 백성은 늘 사안의 겉모습과 결과를 보고 감명 받기 때문이다. 세상은 이런 백성들로 가득 차 있다. 백성이 군주에게 의지해 하나가 되면 소수는 아무리 현명할지라도 고립되게 마련이다. 굳이 이름을 밝히지는 않겠지만 오늘날 어떤 군주는 실상 평화와 신의에 적대적이면서도 이를 입에 달고 산다. 그가 이 두 가지 가운데 하나만이라도 실천에 옮겼다면 자신의 명성과 권력 가운데 하나를 잃고 말았을 것이다. 그것도 여러 번에 걸쳐 그랬을 것이다.

– 니콜로 마키아벨리, 『군주론』, 신동준 옮김, 인간사랑, 2014, 192~197쪽.

1) 논제에 대한 저자의 관점이나 주장은 타당한가?

2) 집필 시점의 사회 문화적 맥락을 제대로 반영하고 있는가?

3) 주장과 근거들 사이에 논리적 오류는 없는가?

4) 인용하고 있는 글, 소견 등은 신뢰할 만한가?

5) 사용하고 있는 개념, 서술 표현 등은 정확한가?

6) 저자의 관점이나 주장에 동의/반대하는 이유는 무엇인가?

7) 저자의 주장이 현시점에서도 유의미하다고 평가한다면 그 이유는 무엇인가?

8) '정치인의 도덕성'에 대해 '나'는 어떤 관점과 태도를 지니고 있는가?

연습 문제 3

다음 글은 영화 〈라이어 라이어Liar Liar〉에 대한 비평문이다. 영화의 핵심 내용과 주제, 논평자의 감상이 잘 어우러져 독자의 공감을 자연스럽게 이끌어낸 글이다. 특히 작품의 중심 소재인 '거짓말'에 대한 논평자의 개성적인 시각이 돋보인다. 이 글의 주요 논점과 구성 방식을 비판적으로 검토해 보자. 그런 후 대중문화영화, 연극, 뮤지컬, 드라마 등 **텍스트 중 하나를 선택하여 그 텍스트의 의미를 나름의 관점에서 분석한 비평문을 써 보자.**

피노키오처럼 코가 길어지더라도

누구나 거짓말을 하고 삽니다. 위기를 순간적으로 모면하기 위한 변명에서부터 남의 기분을 상하지 않게 배려하려는 화술까지. 그리고 어떤 이는 자신의 이익을 위해 남을 해치려는 음모도 꾸미지요. 그런 거짓말을 일절 할 수 없게 된다면 어떻게 될까요.

톰 새디악 감독의 코미디 〈라이어 라이어Liar Liar〉는 바로 그런 상상에서 시작합니다. 그 상상은 거짓말하면 코가 길어지는 피노키오 동화, 그리고 냉혈한인 변호사가 기억 상실증을 겪은 끝에 새로 태어나는 과정을 다룬 해리슨 포드 주연의 영화 〈헨리 이야기Regarding Henry〉와 비슷한 모티프를 자양분으로 삼아 마음껏 나래를 펼치고 한바탕 즐겁고 유쾌한 코미디를 만들어 내지요.

〈라이어 라이어〉는 짐 캐리의 뛰어난 코믹 연기와 멋진 시나리오가 행복하게 만난 작품입니다. 평소보다 조금 자제한 듯한 짐 캐리 특유의 표정 연기는 사실 별로 새로울 게 없지요. 하지만 그의 출연작치곤 모처럼 서사 구조를 제대로 갖춘 시나리오 덕에 평소 짐 캐리의 과장된 슬랩스틱slapstick 연기를 혐오하던 사람들까지도 편안히 즐길 만합니다. 신사복으로 깔끔하게 멋을 낸 여피 스타일의 짐 캐리를 보는 색다른 맛도 있지요.

〈라이어 라이어〉의 주인공 플레처는 출세하기 위해서라면 어떤 행동이라도 서슴없이 하는 거짓말쟁이 변호사입니다. 그의 아들 맥스는 플레처가 번번이 자신과의 약속을 어기자 생일날 저녁 "아버지가 하루 동안이라도 거짓말을 안 하게 해 주세요"라고 소원을 빕니다. 소원이 신비롭게 이루어지는 바람에 플레처는 하루 동안 어떠한 거짓말도 할 수 없게 되지요.

그저 하루뿐인데도 거짓말을 할 수 없게 되자 갖가지 해프닝이 일어납니다. 신호 위반으로 교통경찰이 불러 세우자 플레처는 스스로 그동안의 위반 사실을 줄줄이 쏟아 냅니다. 여성에 대한 은밀한 욕망을 감추지 않고 노골적으로 내뱉고, 대머리인 직장 상사의 가발을 벗긴 채 놀려댑니다. 언제나 승소하는 유능한 변호사였지만 이젠 재판에서도 맥을 못 춥니다. 검사가 플레처의 의뢰인을 몰아세우는 것을 제지하려 "이의 있습니다"라고 말해 놓고도, 그 이유를 묻는 판사에게 "결정적 증거이니까요"라고 대답할 수밖에 없었기 때문이지요.

단 하루를 거짓말할 수 없는데도 별별 사건이 다 터져 나오는 상황은 우리의 삶이 얼마나 많은 거짓말 위에 세워져 있는지 되돌아보게 합니다. 예의를 차리지 않고 내뱉는 진실의 말이 끊임없이 웃음을 자아내는 영화 속 장면들을 보노라면 매끈한 거짓말과 거친 진실의 가치도 다시 한번 저울질하게 되지요.

정말 찬찬히 따져보면 우리의 일상은 수많은 거짓말로 점철되어 있는 것 같습니다. 미국의 저명한 정신과 의사인 제럴드 젤리슨 박사의 연구에 의하면 사람들이 평균 8분에 한 번씩 거짓말을 한다지요.

소설가 은희경 씨가 자신의 작품 『새의 선물』에서 묘사한 것처럼, 정말 우리의 언어 관습은 거짓말에 상당 부분 의존하고 있습니다. "내 자랑 같지만"이라고 입을 떼는 사람이 진짜 하고 싶은 말은 자기 자랑이고, "이런 말씀 드리고 싶진 않지만"으로 이야기를 시작하는 사람은 꼭 그 말을 해야 직성이 풀리는 상태인 셈입니다. 플레처처럼 거짓말을 할 수 없게 된다면, 우리의 대화는 엄청나게 빨리 진행되겠지요. 하고 싶은 말을 빙빙 돌리며 뒤로 자꾸 밀어대는 그 모든 허언虛言들을 배제한 채 요점만 간단히 주고받을 테니까요.

철학자 칸트Immanuel Kant는 "정직은 어떤 상황에서든 지킬 가치가 있는 절대 의무며 근본적으로 예외를 허용하지 않는 규칙"이라고 말했습니다. 이에 뱅자맹 콩스탕Benjamin Constant이 "만일 당신의 친구가 살인자들을 피해 당신의 집에 숨었을 때, 살인자들이 찾아와 그의 행방을 물으면 친구를 살리기 위해 거짓말을 하는 것도 죄가 되는가?"라고 반문했지요. 하지만 칸트는 "설사 그런 상황이라고 해도 진실은 신성한 이성의 명령이며, 다른 목적 때문에 제한받을 수 없는 절대 명제이기 때문에 거짓말은 죄"라고 싸늘하게 대답했지요. 스피노자Baruch Spinoza 역시 『윤리학』에서 비슷한 말을 한 적이 있습니다.

그러나 우린 꼭 정직만을 최상의 가치로 여겨야 하는 것일까요. 행동과 말을 생각에 일치시키는 것을 정직이라고 할 때, 정직함은 언제 어디서나 칭송받을 만한 덕목일까요. 정말 칸트나 스피노자의 이야기처럼 정직은 어떤 사회에서도 지켜내야 할 절대 의무인 것일까요.

정직은 당연히 거짓말을 배제합니다. 하지만 그렇다고 오류를 배제할 수는 없지요. 히틀러를 위시한 수많은 독재자들의 범죄를 비롯해, 인류에게 일어난 참극들은 상당수 잘못 방향 지어진 정직 때문에 발생하지 않았습니까. 정직이 결코 정의를 대신할 수는 없지 않을까요.

예절은 타인에 대한 존중의 마음이 자연스레 드러난 것이기도 하지만, 많은 경우 사회적으로 순화된 거짓말이기도 합니다. 거짓말만이 횡행하는 사회도 끔찍하지만, 모두가 속엣말을 그대로 내쏟는 사회 역시 견딜 수 없기는 마찬가지일 것 같네요. 머리와 마음속에 담아두는 우리의 공격성과 욕망, 적의와 자기애가 아무런 제약 없이 서로에게 퍼부어질 때 그 누가 버텨낼 수 있겠습니까. 거짓말을 못하게 된 플레처의 한바탕 소동은 무척 재미있는 코미디이지만, 그 거짓말이 거세된 상황이 저는 적이 두렵습니다.

딱딱한 진실의 충격이 무서워서 부드러운 거짓말로 위안 받으려는 약자의 주장에 불과할 수도 있겠습니다. 하지만 인간 본성의 약하고 악한 부분은 필연적으로 거짓말을 요구할 수밖에 없지 않겠습니까. 거짓말은 인간의 악한 본성과 공격성을 순화시키기 위해 개개인의 머릿속에 프로그래밍된 사회적 통제 장치일는지도 모릅니다.

만약 거짓말하는 인간Homo mendax이 어쩔 수 없는 우리의 존재 조건이라면, 조금 더 우리 스스로에게 넉넉하고 관대해질 필요가 있지 않을까요. 절대적인 정직에 대한 죄의식에서 벗어나 자신을 용서하며 좀 더 행복해질 수 있는 권리가 우리에게 허락된 것은 아닐까요. 그런다고 피노키오처럼 코가 길어지지는 않겠지요.

– 이동진, 『이동진의 시네마 레터』, 문학동네, 1999, 104~108쪽.

〈참고 문헌〉

가리야 다케히코, 『생각 전개의 기술:겹눈사고법』, 이규원 옮김, 아롬미디어, 2007.

강성숙 · 김주현 · 김혜정 공저, 『생각을 키우는 글쓰기』, 인제대학교출판부, 2011.

강준만, 「왜 우리는 차별에 찬성하는가」, 『한겨레』, 2014.12.14.

니콜로 마키아벨리, 『군주론』, 신동준 옮김, 인간사랑, 2014.

마이클 샌델, 『왜 도덕인가?』, 안진환 · 이수경 옮김, 한국경제신문, 2010.

비판적사고교재연구회, 『논리 그리고 비판적 사고』, 도서출판 글고운, 2019.

숙명여자대학교 교양교육원 의사소통센터, 『글쓰기와 읽기』, 경문사, 2011.

신영복, 「책은 먼 곳에서 찾아온 벗입니다」, 『중앙일보』, 2011.01.01.

오찬호, 『우리는 차별에 찬성합니다』, 개마고원, 2014.

원만희 외, 『비판적 사고 학술적 글쓰기』, 성균관대학교출판부, 2014.

유시민, 『국가란 무엇인가』, 돌베개, 2011.

이동진, 『이동진의 시네마 레터』, 문학동네, 1999.

히라노 게이치로, 『책을 읽는 방법』, 김효순 옮김, 문학동네, 2008.

제3장

논리적 읽기와 쓰기

1. 논증의 의미와 가치

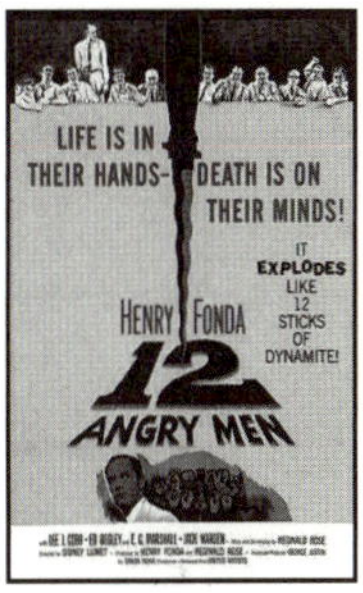

12인의 성난 사람들

〈12인의 성난 사람들〉은 12인의 배심원들이 아버지 살해 혐의로 재판을 받고 있는 한 소년에 대해 판결을 내리는 과정을 묘사한 영화이다. 재판의 배심원을 맡은 12명의 사람들은 소년이 무죄인지 유죄인지 만장일치로 결정해야 하는 상황에 놓여 있다. 영화 초반, 배심원 12명 중 단 한 명만이 소년의 무죄를 주장하고, 11명은 모두 유죄를 주장한다. 배심원들은 다수결의 원리를 따를 수 없었기 때문에 만장일치를 위해 재판에서 나온 증거를 하나씩 검토해 나가기로 합의한다. 무죄를 주장한 8번 배심원은 각 근거에 의문을 제기하고 근거가 사실이 아님을 증명해 나간다. 결국 유죄를 주장한 11명 역시 차례로 입장을 바꾸어 소년은 무죄로 판결된다.

만장일치를 이루기 위해 영화 속에서 전개되는 논의의 과정은 무척 힘겨운 시간이다. 빨리 논의를 끝내고 싶다는 생각에 다른 의견을 말하는 사람을 불편해 하는 사람들, 개인적 편견과 고정관념에 매여 객관적 근거를 무시하는 사람들, 자신의 사소한 의문을 무시한 채 다수의 의견을 따르는 사람들, 그리고 진실에 다가가기 위해 끊임없이 의문을 제기하는 사람들. 여기에 더운 여름 폐쇄된 공간이라는 배경 설정을 통해 영화는 진실을 탐구해 가는 과정이 얼마나 어려운지 잘 보여주고 있다. 이를 통해 이 영화는 '사소한 의문을 무시하지 않고 근거를 객관적으로 검증하려는 노력이 우리를 올바른 결론에 도달할 수 있게 한다.'는 메시지를 전달하고 있다. 이것이 바로 우리 사회에 논증이 필요한 이유이다.

다수결의 원리가 지배하는 민주주의 사회에서 자신의 주장을 많은 사람들에게 설득하기 위해서는 객관적이고 타당한 근거를 갖추어 논증을 구성하는 것이 필요하다. 위 영화의 예시처럼 이러한 노력은 다수의 오만과 편견을 바로잡을 수 있는 합리적 의사소통의 방법이 된다. 즉 논증은 본질적으로 의사소통의 과정이다. 이러한 속성을 고려하면 논증을 구성하는 효과적인 방법은 독자가 어떤 궁금증을 가지고 있을지 고민해 보는 것이다. 독자가 제기할 수 있는 문제를 예측하고 이 문제에 대한 해답을 채워 나가는 과정을 통해 우리는 소통 가능한 논증을 구성하여 글을 쓸 수 있다. 자신의 주장을 논리적 근거를 통해 증명해 가는 과정인 논증을 구성하는 방법을 연습하면서 자신의 주장을 강화하는 방법을 익혀 보자.

2. 논증의 기본 구성

1) 주장과 근거 구성하기

논증은 자신의 주장을 뒷받침하는 이유와 근거를 제시하여 상대방을 이성적으로 설득하는 행위이다. 따라서 논증에는 반드시 주장이 있어야 하고, 이 주장을 이유와 근거를 통해 뒷받침해야 한다. 즉 주장과 이유, 근거가 논증의 기본 구조이다.

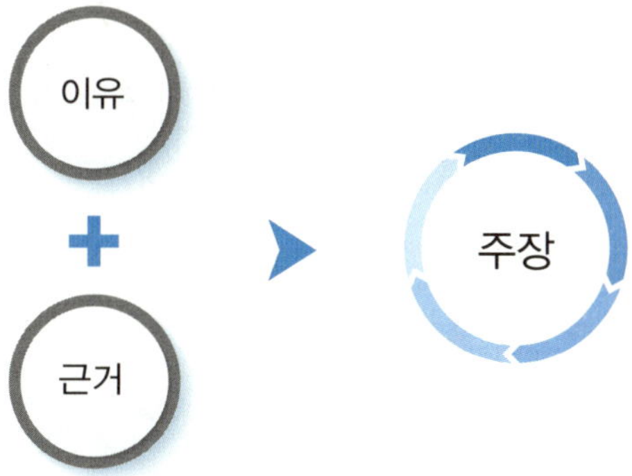

논증의 기본 구조

다음 예문은 논증의 기본 구조를 갖추고 있다.

> (ㄱ) 양심적 병역 거부자들을 위한 대체 복무제를 도입해도 국방력 저하의 문제가 없으므로 (ㄴ) 양심적 병역 거부자에 대한 대체 복무제를 도입해야 한다. (ㄷ) 2016년 국방백서에 의하면 우리나라의 병력은 대략 육군 49만 명, 해군해병대 포함 7만 명, 공군 6만 5천 명으로 총 62만 5천 명에 이르는 한편, 병무청 통계에 의할 때 2016년 병역판정검사를 받은 인원은 총 34만 명–현역 28만 1천 명, 보충역 4만 3천 명, 전시근로역 8천 명 등으로 판정–에 달한다. 이에 비하여 우리나라의 양심적 병역 거부자는 연평균 약 600명 내외일 뿐이므로 병역 자원이나 전투력의 감소를 논할 정도로 의미 있는 규모는 아니다.
>
> – 헌재 결정문 중 일부

위의 논증에서 주장은 (ㄴ) "양심적 병역 거부자에 대한 대체 복무제를 도입해야 한다."는 것이다. 이러한 주장의 이유로 (ㄱ)이 제시되었고, 이 이유를 뒷받침하기 위한 사실적 토대, 즉 근거 자료가 (ㄷ)에서 제시되었다. 대체 복무제 도입을 찬성하는 이유는 국방력 저하에 문제가 없다는 것이고, 국방력 저하에 문제가 없다는 사실을 (ㄷ)에 제시된 자료를 통해 뒷받침하고 있다. 이처럼 '이유–주장–근거'는 논증의 기본 구성이 된다.

그런데 위와 같은 논증을 제시했을 때 대체 복무제 도입에 반대하거나 국방력 저하에 대한 우려가 해소되지 않은 사람은 반대 의견을 제시할 수 있다. 또 양심적 병역 거부를 불법으로 규정하고 있는 상황과 그렇지 않은 상황이 다를 수 있음을 전제로 한 반론도 가능하다. 따라서 자신의 주장을 강화하기 위해서는 제기될 수 있는 반론을 예상하고, 이를 수용하여 다시 반박하는 과정이 필요하다.

> (ㄱ) 물론 대체 복무제가 도입됨으로써 처벌 및 그에 따른 불이익이 두려워 그동안 자신의 양심상의 확신을 외부로 드러내지 못했던 사람들이 대체 복무를 신청하여 종전보다 양심적 병역 거부자가 늘어날 수는 있을 것이다. (ㄴ) 그러나 뒤에서 보듯 공정하고 객관적인 심사절차, 현역 복무와 대체 복무 사이의 형평성 확보 등을 통하여 진정한 양심적 병역 거부자와 이를 가장한 병역 기피자를 제대로 가려낸다면, 양심적 병역 거부자의 숫자가 지금보다 다소 늘어나더라도 우리의 국방력에 영향을 미칠 수준에 이를 것이라고 보기는 어렵다.
>
> – 헌재 결정문 중 일부

(ㄱ)은 대체 복무제가 도입되면 대체 복무 신청이 늘어나서 국방력 저하의 문제가 생길 수 있다는 반대 의견을 수용하고 있는 부분이고, (ㄴ)은 이에 대해 보충 의견을 통해 반박하고 있는 부분이다. 양심적 병역 거부자가 늘어날 우려가 있다는 반론 제기에 대해 제도적 보완을 통해 해결할 수 있는 문제라는 재반박을 통해 자신의 주장을 유지하고 있다. 이처럼 '주장 – 이유 – 근거 – 반론 수용 – 반박'은 좀 더 보강된 논증의 구성이 된다.

2) 전제를 활용하여 논증 구성하기

전제는 주장과 이유를 이어주는 보편적 원칙이다. 즉 전제는 어떤 견해에 대해 정당성을 부여해 주는 근거를 의미한다. 따라서 보편적 원칙, 믿음, 가치 등이 전제가 될 수 있다. 만약 필자가 독자와 보편적 원칙이나 믿음, 가치 등을 공유한다면 전제를 기술할 필요가 없으나, 글이 바탕으로 하는 기본적인 경험과 가치가 독자의 경험과 가치와 다른 경우에는 중요한 가정, 가치, 정의를 전제로 기술하는 것이 필요하다.

> (ㄱ) 양심의 자유에서 보호하는 양심은 그 어느 것으로도 대체되지 아니하며, 그에 따라 행동함으로써 자기를 표현하고 인간으로서의 존엄과 가치를 확인하는 의미를 가지는 것이다. (ㄴ) 따라서 강요에 의하여 그러한 신념을 의심하고 그 포기 여부를 선택해야 하는 상황에 처하는 것만으로도 개인의 인격에는 큰 타격이 될 수 있다. 자신이 전인격을 걸고 옳은 것이라고 믿는 신념을 변경하지 않을 경우 형벌과 사회생활에서의 제약 등 커다란 피해를 입는 것이 예정되어 있는 상황에 처하면, 개인은 선택의 기로에서 자신의 인격적 존재 가치에 회의를 느끼지 않을 수 없고, 이는 결국 인간의 존엄성에 대한 손상으로 이어질 수밖에 없기 때문이다.
>
> – 헌재 결정문 중 일부

(ㄱ)은 '양심'의 특성과 가치에 대해 기술하고 있는데 이것이 위의 논증에서 전제가 된다. 이 전제를 기반으로 양심적 병역 거부에 의한 처벌이 인간의 존엄성에 대한 손상을 초래한다는 이유를 제시하여 자신의 주장을 뒷받침하고 있다. 이러한 전제는 '양심'의 정의에 대해 깊이 생각해 보지 못한 독자들에게 '양심의 자유'의 의미와 가치를 상기시킬 수 있다는 효과가 있다. 전제를 통해 양심적 병역 거부에 의한 처벌이 얼마나 심각한 결과를 낳을 수 있는지 이유를 제시함으로써, 양심적 병역 거부자에 대한 처벌을 반대하는 주장을 강화하고 있다.

이와 같이 논증에서는 전제와 이유를 통해 독자가 논증의 타당성을 평가하고 수용 여부를 결정하기 때문에 보편타당한 전제 제시가 중요하다. 다음의 예문을 통해 전제의 중요성과 효과에 대해 생각해 보자.

공포정치 옹호론

만일 평화 시 민중정부의 힘의 원천이 덕이라면 혁명 시 민중정부의 힘의 원천은 덕과 공포이다. 공포 없는 덕은 생명을 잃은 것이요, 덕 없는 공포는 무력하다. 공포는 신속하고 엄격한 무타협 정의 그 자체이다. 그러므로 그것은 덕의 발산이다. …(중략)… 그것은 우리나라의 가장 긴급한 필요성에 적용된 민주주의 원칙의 결과이다.

공포는 전제정치의 원리라는 말이 있다. 그렇다면 당신들의 정부는 전제주의를 닮았는가? 그렇다. 자유의 영웅들 손에서 번쩍이는 칼은 폭정의 추종자들이 무장한 칼과 비슷하다. 전제자로 하여금 짐승같이 날뛰는 백성을 다스리게 하여라. 전제자로서 그는 옳다. 자유의 적을 공포로써 굴복시킬 때 당신은 공화국의 창시자로서 옳은 것이다. 혁명정부는 폭정에 대항하는 자유의 전제이다. 힘은 범죄를 보호하기 위해서만 만들어졌는가?

사회는 단지 평화적 시민만을 보호할 책임이 있다. 공화국의 유일한 시민은 공화주의자들일 뿐이다. 왕당파나 음모자들은 다만 외국인들이거나 차라리 적이다. 폭정에 대항하는 자유에 의해 일어난 이 무서운 전쟁 - 그것은 불가분의 것이 아닌가? 안의 적은 밖의 적과 동맹한 자들이 아닌가? 우리나라를 갈기갈기 찢어놓는 암살자들, 민중의 명령을 지키는 양심을 돈으로 산 음모가들, 민중을 파는 반역자들, 민중의 대의명분을 불명예스럽게 만들기 위해, 대중의 덕을 죽이기 위해, 민심에 불화를 일으키기 위해, 정치적 반혁명을 준비하기 위해, 고용된 팜플렛 발행자들은 그들이 봉사하는 외국 폭군보다도 더 양심이 없거나 위험하지 않은가?

우리는 법정의 말로 혁명을 억누르려고 한다. 우리는 공화국에 대한 음모를 개인의 법정소송 같이 다루려고 한다. 폭정은 죽고 자유는 주장한다.

– 로베스피에르, 「국내 정책의 도덕적 정치적 원리」 연설 중 일부 재인용, 차하순, 『(새로쓴)서양사 총론2』, 탐구당, 2000, 706쪽.

위의 글은 프랑스 혁명 후 과격파 지도자인 로베스피에르의 「국내 정책의 도덕적 정치적 원리」라는 연설 중 일부이다. 여기에서 로베스피에르는 민중 정부의 힘의 원천이 '덕과 공포'라는 전제를 제시함으로써 자신의 공포정치를 합리화하고 있다. 구체적인 근거를 제시하기보다 자신이 제시한 전제가 현재의 상황에도 적용되고 있음을 보여줌으로써 논증이 구성된다. 즉 전제를 출발점으로 한 논증에서 전제는 매우 중요한 평가 기준이 된다. 따라서 전제가 많은 사람들에게 받아들여지기 어려운 경우라면 전제를 제시하는 것이 이데올로기를 공공연하게 강요하는 주장으로 보일 확률이 높기 때문에 주의가 필요하다.

지금까지 논증을 이루는 구조를 정리하면 다음과 같다.

논증의 구조

연습 문제 1

SNS에 '싫어요' 버튼이 필요한가?

1. "'SNS'에 '싫어요' 버튼이 필요하다."는 주장을 뒷받침할 수 있는 이유와 근거를 구성해 보고, 예상되는 반론을 수용하여 재반박해 보자.
2. 다음은 "'SNS'에 '싫어요' 버튼이 필요하지 않다"는 주장에 대한 논증이다. 다음의 주장을 반대하는 입장에서 반박의 논리를 기술해 보자.

〈보기〉 : 'SNS'에 '싫어요' 버튼이 필요하지 않다. '싫어요' 버튼은 콘텐츠에 대한 자신의 감정 표현을 넘어 타인에 대한 반대 및 혐오로 해석되어 갈등을 유발할 위험이 있다. 실제로 많은 악플과 '싫어요' 버튼으로 인해 스트레스와 불안 증세를 겪는 사람들이 다수 존재한다.

3. 2의 〈보기〉를 전제를 포함한 논증의 형태로 바꾸어 보자.

3. 논증의 실제

논증의 기본 구조는 글에서 다양한 방식으로 전개된다. 논증의 전개 방식을 결정하는 것은 글의 주제와 논증에서 활용하는 근거의 종류와 관련이 있다. 이 장에서는 다양한 논증의 예시를 통해 설득력 높은 글을 쓰는 방법을 익혀 보자.

1) 근거 구성의 실제

근거를 구성하는 가장 일반적인 방법은 관련된 법률 조항, 통계 자료, 해외 사례 등 구체적인 자료를 이용하는 것이다. 따라서 구체적인 자료에 의해 뒷받침될 수 있는 주제는 주장과 근거, 이유 등을 명확히 드러낼 수 있는 논증의 전개 방식을 따르는 것이 적절하다. 이럴 때 중요한 것은 자료를 정확히 분석하여 주장과 근거에 대한 이유를 설득력 있게 제시하는 것이다. 다음은 "설문조사나 통계 자료는 객관적인가"라는 질문에 대해 자신의 주장을 담은 학생 글의 일부이다.

(ㄱ) 이익 집단이나 연구자들은 자신에게 유리하고 이로운 결과를 얻는 것을 목표로 한다. 그렇기 때문에 설문조사를 시행하여 자신의 의견과 부합되는 자료를 얻어 그것을 바탕으로 의견을 주장하려고 한다. 이 때 설문조사에 사용되는 질문 항목을 구성하면서 의도적인 언어를 사용해 자신의 의도에 맞는 결과를 유도하는 등의 공정하지 않은 수법들을 쓰곤 한다. 그러한 예로 법무부가 사법시험 폐지 4년 유예 방침의 근거로 제시한 설문조사를 들 수 있다. 전문 조사 기관(리서치 앤 리서치)은 2015년 9월에 일반 국민 1,000명을 대상으로 전화를 통해 설문조사를 했다. 이는 완전히 기울어진 설문조사였다. 2번 문항을 보면 '누구에게나 응시 기회', '수십 년간 공정한 운영', '객관적 기준' 등 긍정적 표현들로 사법시험 존치론을 묘사하고 있다. 반면 1번 문항을 보면 사법시험 폐지론에 대해 '법조인이 이원화 · 계층화', '당시 사회적 합의와 현행법대로' 등 추상적인 표현들을 사용하고 있다. 이러한 점에서 이 설문조사는 사법시험 존치론 쪽으로 답변을 몰고 가려는 듯한 느낌을 준다. 3번 문항을 보면 '충분한 논의 없이 결정', '로스쿨 운영성과가 불확실' 등 사법시험 존치론의 타당성을 더 노골적으로 설득하는 의도마저 풍긴다.(설문조사 무슨 죄가 있나, 2017.) 이렇듯이 정부 부처마저도 질문 항목 자체에 답을 암시하는 불량 설문조사를 근거로 들어 국민 의견을 수렴했다고 주장한다.

– 학생의 글

(ㄴ) 이 세상에 있는 수많은 설문조사와 통계는 대부분이 전수조사가

아닌 표본조사이다. 한 집단 내의 모든 개체를 하나하나 조사하는 것은 그 집단의 크기가 아주 작을 때나 가능하기 때문이다. 그래서 한 집단의 크기가 작지 않을 때는, 집단 내에서 무작위로 표본을 뽑아 그 표본이 모집단과 같은 특징을 보인다고 가정하고 조사를 시작한다. 그런데 이 표본을 뽑는 과정에서 문제가 발생한다. 앞서 말한 가정과 실제가 어긋나지 않기 위해서는 표본이 대표하는 특성이 한쪽에 치우치지 않게 표본을 선정해야 하는데, 그게 쉽지 않다. 2019년 10월 13일 즈음에 단국대 공익프로젝트 그룹 FIXER팀에서 실시한, 도서관 좌석 PUSH 알림에 관한 의견을 조사하는 온라인 설문을 예로 들어보자. 이 설문은 도서관 좌석 사용 · 반납 시스템을 보다 편리하게 개선하기 위해 고안한 모바일 PUSH 알림 기능에 대한 학생들의 의견을 조사하려는 목적으로 만들어졌다. 이 설문은 강제성이 없는 설문이기 때문에 단국대 학생 전체가 참여하지는 않았을 것이다. 그리고 강제성이 없으므로 이 설문에 참여한 학생들의 대부분은 도서관 좌석 사용 · 반납 시스템에 대해 불만이 있고, 도서관 좌석 PUSH 알림이 필요하다고 생각하였기에 설문에 응하였을 것이다. 도서관 좌석 PUSH 알림에 대한 필요성을 느끼지 못하는 학생, 그리고 도서관 좌석 사용 · 반납 시스템 자체를 잘 모르는 학생들은 설문조사에 응하지 않았을 가능성이 높다. 이 상황에서 FIXER팀은 설문조사 결과를 토대로 통계를 내어 '설문조사 응답자의 대부분이 PUSH 알림 기능 개설에 찬성하였으므로, 단국대 학생들의 대부분이 이 기능을 개설하는 것에 대해 찬성한다'고 결론지을 수도 있다. 실제 단국대 학생들 일부의 의견이 전체 학생의 의견인 것처럼 보이는 것이다. 이런 식으로 설문조사와 통계에서는 표본의 특성이 모집단과 다르게 치우쳐질 가능성이 농후하다.

– 학생의 글

위의 글은 모두 주장–근거–이유를 통해 설문조사가 객관적이지 않다는 주장을 하고 있고 이를 뒷받침하기 위한 근거 자료로 실제 설문조사 예시를 들고 있다는 공통점이 있다. 그런데 이 두 글은 큰 차이가 있다. (ㄱ)은 설문조사 문항의 문제에 대한 분석 및 해석이 다른 자료의 인용을 통해 제시된 반면, (ㄴ)은 실제 시행된 설문조사를 직접 검토하고 분석하여 논증을 구성하고 있다. 즉 (ㄱ)은 근거와 이유를 모두 인용을 통해 제시한 반면, (ㄴ)은 대상 설문조사를 자료로 선정하고 직접 분석을 통해 이유를 구성하고 있다. 논증에서 독창성과 논리성을 확보하기 위해서는 적절한 자료를 근거로 찾고 여기에 자신의 해석과 분석을 통해 이유를 제시하여 논증을 강화하는 것이 필요하다. 구체적인 자료를 근거로 이용할 때 간혹 이유에 대한 충분한 기술 없이 주장-근거만으로 논증을 구성하는 사례를 볼 수 있는데, 이는 독자들에게 자신의 주장을 설득력 있게 전달하기 어렵기 때문에 주의가 필요하다.

다음 글은 기존 연구에서 제시된 연구 자료에 대한 분석을 통해 우리사회에 적용 가능한 문제를 도출하고 있다. 구체적인 자료와 데이터가 논증에서 어떤 방식으로 활용되는지 분석해 보자.

가난이 죽음의 불평등으로 이어져서는 안 된다.

1912년 4월 10일 당시 전 세계에서 가장 거대하다고 알려진 여객선이 영국을 떠나 뉴욕으로 출발합니다. 여객선을 만든 회사는 이 배를 '가라앉을 수 없는unsinkable'이라고 부르며, 그리스 신화에 나오는 거인족의 이름을 붙였습니다. 그러나 불과 5일 뒤, 빙하에 부딪쳐 배는 침몰하고, 배에 타고 있던 2,201명의 승무원과 승객 중 1,490명67.2%이 사망합니다. 타이타닉호의 침몰은 역사상 가장 비극적인 사고 중 하나로 기록되어 있습니다.

1986년 서호주대학의 웨인 홀Wayne Hall 교수는 이 비극 앞에 새로운 질문을 던집니다. '과연 타이타닉호에 탑승했던 사람들의 사망률은 평등했을까?' 중요한 질문입니다. 승객 1,490명이 사망했던 비극적인 사건으로 타이타닉호의 침몰을 기록하는 게 과연 충분한지, 압도적인 재난 앞에서 과연 죽음은 평등하게 모든 사람의 삶을 잠식하는지 묻는 것이기 때문입니다.

타이타닉호에는 구명보트가 20개밖에 없었고, 그 구명보트로 구할 수 있는 최대 인원은 1,178명이었습니다. 승객의 2,201명 중 절반에 해당하는 1,023명은 배가 침몰했을 때 죽을 수밖에 없는 상황이었지요. 그리고 그 죽음은 공정하지 않았습니다.

논문은 성별에 따라, 머물던 객실에 따라 사망률이 어떻게 달랐는지 보여줍니다. 아래의 〈표〉에서 볼 수 있듯이 1등실에 머물던 사람과 3등실에 머문 사람의 사망률을 비교했습니다. 1등실에는 총 325명의 승객이 타고 있었고, 그중 남성이 175명, 여성과 어린이가 150명이었습니다. 남성 중에서는 67.4%에 해당하는 118명이 죽었고, 여성과 어린이 중에서는 2.7%에 해당하는 4명만이 사망했습니다.

그러나 3등실의 사망률은 1등실과 확연히 다릅니다. 3등실의 남성 승객 462명 중에서는 83.8%에 해당하는 387명이, 여성과 어린이 승객 244명 중에서는 57.8%에 해당하는 141명이 죽었습니다. 1등실 승객과 비교할 때, 3등실 승객의 사망률은 남성의 경우 1.24배, 여성과 어린이의 경우 20.4배 높았습니다. 결코 받아들일 수 없는, 받아들여서는 안 되는 차이입니다. 더 많은 돈을 지불한 1등실 승객들이 더 나은 침대와 음식과 여가 시설을 구매한 것은 사실이겠지만, 목숨을 돈으로 산 것은 아닐 테니까요.

소득이 더 많은 사람이 더 큰 집에 더 좋은 차를 타는 것이 부당한 일이라고 말할 수 있을지는 모르겠습니다. 하지만 가난하다는 이유로 살아가는 시간이 더 짧아지고 아프고 병드는 일이 더 자주 반복된다면, 그것은 부당한 일이라 생각합니다.

건강은 사랑하고 일하고 도전하기 위한 삶의 기본 조건입니다. 건강이 누구에게나 평등해야 하는 이유입니다.

	1등실		2등실		3등실		선원		전체	
	남성	여성 어린이	남성	여성 어린이	남성	여성 어린이	남성	여성 어린이	남성	여성 어린이
승객수	175명	150명	168명	117명	462명	244명	862명	23명	1667명	534명
사망자수 (사망률)	118명 67.4%	4명 2.7%	154명 91.7%	13명 11.2%	387명 83.8%	141명 57.8%	670명 77.7%	3명 13.1%	1329명 79.7%	161명 30.2%

Hall, W., "Social class and survival on the S S Titanic", Soc Sci Med, 1986. 22(6): pp.687~690.

– 김승섭, 『우리 몸이 세계라면』, 동아시아, 151~153쪽.

2) 전제 구성의 실제

"예술 작품을 평가할 때 예술가의 행적이 고려되어야 하는가?"라는 질문에 대한 글을 쓰려고 할 때, 우선 예술 작품과 예술가의 관계가 어떠한지에 대해 고민해야 하고, 이를 위해서는 예술이 무엇인지, 예술 작품을 감상한다는 것은 무엇인지에 대해 생각해 보아야 한다. 이러한 고민의 결과는 위의 질문에 대한 해답의 전제가 된다. 이처럼 보편적 원칙이나 가치 등이 중요하게 다루어지는 주제의 글을 쓸 때 전제를 활용하여 논증을 구성할 수 있다. 다음은 전제를 활용한 학생 글이다.

(ㄱ) 칸트는 『판단력 비판*The Critique of Judgement*』에서 순수한 심미적 경험이란 모름지기 유용성이나 도덕성 등의 외적인 목적과는 무관하게 대상을 "사심 없이disinterested" 관조하는 행위에 있다고 언급한 바 있다. 나 역시 예술을 향유할 때 가장 경계해야 할 대상이 바로 '선입견'이라고 생각한다. 그 선입견이 부정적인 것이든 혹은 긍정적인 것이든 색안경이 쥐어진 순간 모든 예술 작품들이 같은 선상에서 공정하게 평가될 가능성이 현저하게 상실되기 때문이다. 나는 예술가의 행적을 도덕적 관점에 근거하여 고려하는 것 자체가 '순수한 미적 경험'을 불가능하게 만든다고 생각한다.

– 학생의 글

(ㄴ) 예술은 예술가로부터 나온다. 예술 작품에는 예술가의 사상과 사회에 대한 시각이 포함되어 필연적으로 예술작품은 예술가의 영향을 받게 된다. 따라서 예술가의 행적은 그의 작품과 무관하다고 보기 어렵다. 따라서 예술 작품을 감상하고 평가할 때 예술가의 행적이 고려되어야 한다.

– 학생의 글

(ㄱ)의 예시에서는 칸트의 말을 전제로 하여 예술가의 행적과 관련 없이 예술 작품이 평가 감상되어야 함을 제시하는 반면, (ㄴ)은 '예술은 예술가로부터 나온다.'는 일반 원칙을 전제로 하여 예술 작품을 감상할 때 예술가의 행적이 고려되어야 한다고 주장하고 있다.

하나의 주제를 다루는 글 안에서도 근거와 전제가 다양하게 활용될 수 있다. 앞서 보았던 양심적 병역 거부에 의한 대체 복무제 도입에 대한 논증에서, 대체 복무제로 인한 병력 손실이 없다는 이유에 대한 근거는 구체적인 통계 자료를 활용하는 한편, '양심'과 '양심의 자유'에 대한 논증은 '양심의 자유'의 정의와 가치를 전제로 하여 논증을 완성하고 있다. 이처럼 논증 글을 구성할 때에는 글의 주제와 근거의 성격에 따라 적절한 방식을 선택하는 것이 중요하다.

3) 논증의 창의적 활용

논증의 기본 구조를 응용하여 다양한 방식으로 논증을 구성할 수 있다. 많은 글에서 자주 활용되는 방식 중 하나가 유추이다. 유추는 유비추론이라고도 하는데, 논증하고자 하는 원인과 결과를 독자들이 쉽게 떠올릴 수 있도록 또 다른 원인과 결과와 비교하는 방식이다. 비교하는 대상들 사이에는 기능적 유사성이나 일치하는 내적 관련성이 있어야 한다는 전제가 있다. 다시 말해 우리가 잘 아는 내용을 기준으로 새로운 내용을 도입하는 것이다. 이렇게 했을 때 독자는 친숙한 내용을 바탕으로 새로운 내용에 좀 더 쉽게 접근할 수 있다. 다음 글을 읽고 이러한 논증 방식의 효과가 무엇일지 토론해 보자.

연애편지적 글쓰기

"연애는 인간을 성숙시킨다. 글쓰기도 그렇다. 일단 쓰면, 삶은 다른 옷을 입고 당신 앞에 나타날 것이다."

어느 날 내가 작가가 됐을 때, 가장 많이 받은 질문 중 하나는, 어떻게 습작을 했느냐는 것이었다. 그러니까 특별히 문학 수업 방법이 있었느냐는 질문이었는데, 그때마다 나는 이렇게 대답해왔다.

"연애편지를 많이 썼다는 것밖에는 별다른 게 없었습니다."

질문을 던졌던 사람들은 농담으로 생각했을 테지만 농담만은 아니었다.

연애편지는 우선 독자가 분명하다. 독자의 취향과 성격, 수준이 분명하다. 단 한 명의 독자만 만족시키면 되는 글, 그것이 바로 연애편지다–때로는 상대방의 친구나 부모까지도 겨냥하는 사람들이 있지만 그런 경우는 예외로 하자. 타깃 독자가 분명하다는 것은 글쓰기에 있어 매우 중요한 요소가 된다. 누가 읽을지 모르는 글을 쓰는 것만큼 힘든 일도 없다.

또한 연애편지는 목적이 분명하다. 연애편지는 대체로 '읽는 사람의 마음을 사로잡는다'라는 확실하고 명쾌한 목표를 가지고 있다. 목표가 분명해지면 글쓰기는 한결 쉬워진다. 작자는 독자의 마음을 사로잡기 위해서 다양한 비유와 인용을 동원하게 되며, 그것을 통해 점점 더 자신의 글을 발전시켜 나가게 된다. 반대로 목적이 불분명한 글은 쓰는 사람도 괴롭고 읽는 사람도 힘들다.

마지막으로 연애편지는 작자가 가지고 있는 역량을 총동원하게 만든다는 점에서 좋다. 그러니까 연애편지는 대충대충 쓸 수가 없는 글이라는 얘기다. 욕망이 너무 강하기 때문에, 그 욕망이 나로 하여금 아는 것 모두와 가진 재능 모두를 소비하게 만들었던 것이다. 사랑에 빠지면 뭔들 못하겠는가. 밤을 새워 가며 시집을 뒤지게 만들고 수십 번에 걸쳐 글을 고치게 만든다. 연애편지의 이런 특성은 글이 언급하고 있는 대상, 즉 화제話題를 사랑한다는 사실에서 비롯되는 것이다. 난을 정말로 사랑하는 사람의 글이라면, 그의 문재文才가 아무리 박약하다 해도 어쩔 수 없이 전해져 오는 따사로움이 있게 마련이다. 개를 싫어하는 사람이 단지 애견협회에서 청탁을 받았다는 이유만으로 개에 관한 글을 쓸 수는 있다. 그러나 그런 글로 사람들을 감동시키기는 어렵다.

나는 좋은 글을 쓰는 일이 연애편지를 쓰는 일과 결코 다른 것이라고 생각하지 않는다. 감동적인 연애편지에 해당하는 덕목들은 고스란히 멋진 글에도 들어맞는다. 그러니까 혹시 지금부터라도 글쓰기를 시작하려는 분들은 연애편지적인 글쓰기에 대해 한 번쯤 생각해보라고 권한다.

그러니까 이런 식이 되겠다. 우선, 독자를 한정한다. 연애편지처럼 한 사람이라도 좋고 아니면 가족이나 회사 동료도 좋다. 네루도 자기 딸에게 보내는 편지 형식을 빌려 『세계사 편력』이라는 명저를 완성한 바 있지 않은가.

두 번째로 글쓰기의 목표를 명확하게 정한다. '가족의 역사를 정리한다', '내 인생을 반성한다', '등산의 즐거움을 사람들에게 널리 알린다', '사람들을 울린다' 등등 무엇이든 좋다. 목표 없는 글쓰기처럼 공허한 것은 없다. 목표를 드러낼 필요는 없지만 적어도 글쓴이만큼은 확고한 목표를 가지고 있어야 한다. 김구의 『백범일지』나 이순신의 『난중일기』가 지금도 읽히는 것은 그들의 글이 독립정신 고취나 방어 임무 완수라는 분명한 목표를 가지고 있었기 때문이다. 반면 얼마 전 자살한 한 고위 공직자의 유서가 별다른 감동을 주지 못하는 것은 그 글이 궁지에 처한 자신의 처지를 변명한다는, 자기 스스로도 납득 못할 어설픈 목표를 가지고 있었기 때문이다.

연애편지적 작법의 마지막은 간단하면서도 어렵다. 자신이 사랑하는 대상을 택하라. 아이, 꽃, 나무, 자전거, 오토바이, 여배우, 뭐라도 좋다. 사랑하는 것에 대해서 쓰는 일은 일단 즐겁고 유쾌하다. 적어도 싫어하는 것에 대해서 쓰는 것보다야 얼마나 좋은가.

이 정도면 연애편지적 글쓰기의 요체는 다 정리된 셈이다. 이제는 그저 쓰기만 하면 된다. 아, 한 가지 빠트릴 뻔했다. 연애의 장점은 그 과정만으로도 인간을 성숙시킨다는 것이 아닐까. 글쓰기도 그렇다. 일단 쓰시라. 그러면 삶은 다른 옷을 입고 당신 앞에 나타날 것이다. 때로는 따귀를 날려 오는 경우도 있겠지만, 그것도 다 성숙의 길이 아니겠는가.

– 김영하 · 이우일, 『김영하 · 이우일의 영화 이야기』, 마음산책, 2003, 21~23쪽.

연습 문제 2

우리의 법은 형법을 위반하는 미성년자들의 행위에 대해 '소년법'이라는 특별법을 통해 규율하고 있다. 소년법은 소년의 성장가능성과 그에 따른 교화가능성을 바탕으로 '응보'보다는 '교화'에 초점을 두고 있다. 먼저 범죄를 저지른 만 14세 이상 19세 미만의 청소년에 대해서는 형사처벌과 소년보호처분 중 하나를 선택할 수 있다. 또한 소년법에 의해 형사처벌을 할 경우 징역형은 최대 15년까지만 가능하다(단, '특정 강력범죄 가중처벌에 관한 법률'이 적용되는 범죄는 예외적으로 20년까지 허용한다). 다음으로 만 14세 미만은 '형사무능력자'로 규정하고 있어서 형사처벌을 할 수는 없다. 대신 10세 이상 14세 미만의 소년이 범죄를 저지른 경우'촉법소년' 혹은 10세 이상 19세 미만이 범죄를 저지를 우려가 있는 경우'우범소년'에 보호처분을 할 수는 있다.

보호처분은 보호관찰처분이나 사회봉사명령, 소년원 송치 등으로 구성되는데, 이는 형벌의 성격보다는 교화를 위한 대안적 수단으로 이해된다. 결과적으로 소년법은 범죄를 저지른 소년들이 더 가벼운 책임을 지도록 만들고 있다. 이러한 제도에 대해 찬성하는 사람들도 있지만, 소년법을 폐지하거나 그 적용 범위를 줄여야 한다는 주장 역시 팽팽하다.

다음은 소년법상 '소년'인 연령의 하향 조정에 대해 찬성하거나 반대하는 근거로 활용할 수 있는 자료들이다. 이 자료를 바탕으로 소년법상 '소년'인 연령의 상한만 19세 또는 하한만 10세을 낮추는 것에 대한 입장을 정리하여 주장을 구체화한 다음 논증을 구성해 보자.

〈자료〉

1. 소년법은 "반사회성 있는 소년에 대하여 그 환경의 조정과 성행의 교정에 관한 보호처분을 행하고, 형사처분에 관한 특별조치를 행함으로써 소년의 건전한 육성을 기하려는 것"이라는 목적 아래 1953년 제정되었다.

2. 청소년의 시민 역량에 대한 IEA ICCS 연구
   - 한국 중학교 2학년의 민주 시민 역량 지수 2009년 551점 → 2016년 565점으로 상승

3. 대검찰청 범죄 분석 결과 : 10년간 소년범 사건 중 재범 사건의 비중
   - 2008년 30.9%, 2013년 46.1%, 2015년 48.4%로 증가

4. 2016년 소년범이 저지른 강력 범죄 중 '만 19세' 소년의 범행이 22.2%로 가장 큰 비중을 차지했다.

5. 소년범죄의 피해자는 대부분 학생이다.

6. 대검찰청 범죄 분석(2012) 자료에 의하면 소년범의 범행 동기에서 우발적 항목이 25.4%로 가장 많은 부분을 차지했고, 기타 항목인 28.4% 중에는 범죄 동기가 없이 범죄를 저질렀다고 보고하고 있다.

7. 전체 형사범죄 발생 비율은 지난 10년간 13% 증가했고, 그중 소년범죄자는 지난 10년간 14.2% 상승했으며, 51~60세 및 61세 이상의 경우 각각 29.7%, 88% 상승하였다.

8. 몽테스키외 : 한 사람이 다른 사람에게 권위적 행위를 할 때 절대적 필요에 의해 뒷받침될 수 없다면 그 행위는 전제주의적인 것이다.

9. 홍영오 외 2인, 「강력범죄의 재범률 및 재범예측에 대한 연구」, 한국형사정책연구원, 2014. : 재범자와 비재범자 간의 차이를 발생시키는 요소로 '부모의 양육 태도, 가족 간 의사소통 정도, 부모 등의 보호 의지 및 보호 능력, 가족 소득, 부모의 직업, 가출 경험 및 횟수' 등이 유의미하다고 분석되었다.

10. 최수형, 「청소년의 반복적 비행과 비공식적 낙인과의 관계: 남녀 차이를 중심으로」, 『사회연구』 통권16권, 2008, 147쪽. : 낙인이론적 논의에 따르면 비행을 저지른 청소년의 경우 낙인이 찍히지 않으면 아무런 문제가 없지만 사회적 낙인을 경험한 비행청소년은 부정적 자아를 형성하게 되어 비행을 반복하게 되고 비행 횟수가 증가하거나 과거에 비해 보다 심각한 비행을 저지르게 된다.

11. 해외 사례 : 해외 선진국들의 사례를 살펴보면 소년들에 대해 소년사법을 적용할 수 있는 나이가 대부분 10세 이상이며, 12세를 넘는 경우도 많이 발견된다. 아울러 형사책임능력을 낮게 설정하고 있던 캐나다, 이스라엘, 영국 등의 경우에도 UN이 형사 책임 능력의 연령을 상향 조정하도록 권고함으로써 각각 12, 12, 10세로 연령 하한을 높였다.

〈참조 통계 자료〉

1. 대검찰청 범죄 분석 결과

연도	재산범죄		강력범죄(흉악)		강력범죄(폭력)		교통범죄	
	발생비	증감률	발생비	증감률	발생비	증감률	발생비	증감률
2008	332.4	-	29.4	-	282.3	-	227.3	-
2009	434.8	30.8	34.7	18.1	292.2	3.5	182.6	-19.7
2010	400.7	20.5	33.7	14.7	250.5	-11.2	150.9	-33.6
2011	403.0	21.3	38.1	29.7	265.2	-6.1	136.3	-40.0
2012	442.4	33.1	34.7	18.1	310.0	9.8	115.1	-49.3
2013	430.9	29.6	34.4	17.2	215.4	-23.7	96.2	-57.7
2014	367.4	10.5	32.0	8.9	196.0	-30.6	93.7	-58.8
2015	332.9	0.1	28.2	-4.1	181.4	-35.7	89.4	60.7
2016	352.9	6.2	35.7	21.4	207.7	-26.4	99.4	-56.3
2017	319.3	-3.9	38.1	29.6	231.2	-18.1	105.8	-53.5

2. '미성년 범죄 처벌' 소년법에 대한 국민여론, 리얼미터

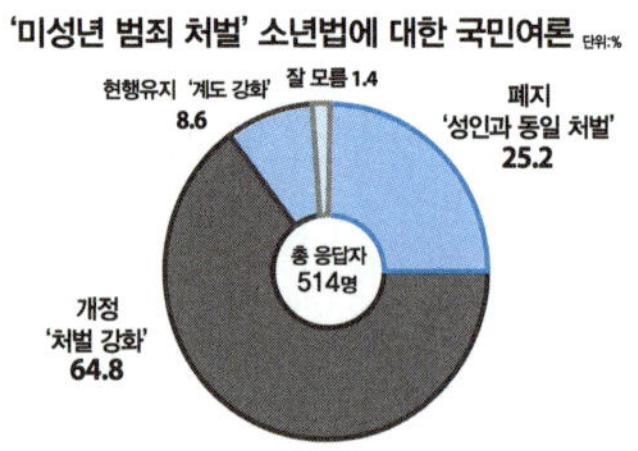

	처벌 강화 개정	소년법 폐지	현행 유지(계도 강화)
20대	65.0%	25.4%	8.5%
30대	60.9%	37.4%	1.7%
40대	69.9%	20.3%	9.8%
50대	59.3%	29.7%	10.3%
60대 이상	67.8%	16.9%	10.9%

3. 주요 범죄 유형별 범죄자 연령 구성비 추이(2014년~2018년), "2018 범죄통계", 경찰청

범죄유형	연령	2014	2015	2016	2017	2018
		인원수	인원수	인원수	인원수	인원수
전체범죄	18세 이하	77,226	79,262	75,679	72,337	65,784
	19~30	299,645	319,669	336,457	312,506	287,591
	31~40	356,845	355,459	372,957	324,427	290,204
	41~50	451,195	451,239	455,404	397,805	359,201
	51~60	374,514	392,989	410,792	379,739	364,528
	61세이상	150,902	170,604	193,277	196,911	209,095
강력	18세 이하	2,610	2,374	2,407	2,310	2,267
절도		25,994	25,901	22,502	19,963	16,873
폭력		19,990	20,014	20,389	21,938	20,617
교통		9,241	9,009	9,297	9,315	7,391

연습 문제 3

'(대학글쓰기 수업) 성적 평가에 출석을 반영해야 하는가?'라는 질문에 대한 해답을 주장으로 하여 전제를 포함한 논증 글을 구성해 보자.

연습 문제 4

교재 161~165쪽의 '우리와 그들'의 논증 구조를 분석하고, 변증법적 논증 방식의 효과와 방법에 대해 토론해 보자.

〈참고 문헌〉

경찰청, 범죄 통계, https://www.police.go.kr/portal/main/contents.do?menuNo=200529.

김나현, 「[리얼미터 여론조사] 국민 90% "소년법 개정 · 폐지해야"」, 『머니S』, 2017.09.11.

김성돈, 「형법상 미성년자 연령 설정과 소년법상 소년보호처분제도와의 관계」, 국회입법조사처, 2012.

김승섭, 『우리 몸이 세계라면』, 동아시아, 2018.

김영하 · 이우일, 『김영하 · 이우일의 영화 이야기』, 마음산책, 2003.

대검찰청 범죄 분석 결과, https://www.data.go.kr/dataset/2838943/fileData.do, 2019.08.05.

로버트 루트번스타인 · 미셸 루트번스타인, 『생각의 탄생』, 박종성 옮김, 에코의 서재, 2007.

사고와표현편찬위원회, 『사고와 표현』, nosvos, 2013.

설문조사에 무슨 죄가 있나, http://www.freedomsquare.co.kr/3192, 2017.09.19.

장근영 외, 「청소년 역량지수 측정 및 국제비교 연구:IEA ICCS 2016-총괄보고서」, 『한국청소년정책연구원 연구보고서』, 한국청소년정책연구원, 2017.

조셉 윌리엄스 · 그레고리 콜럼, 『논증의 탄생』, 윤영삼 옮김, 홍문관, 2008.

차하순, 『(새로쓴)서양사 총론2』, 탐구당, 2000.

최수형, 「청소년의 반복적 비행과 비공식적 낙인과의 관계: 남녀 차이를 중심으로」, 『사회연구』 통권16권, 2008.

헌법재판소, 「2011헌바379 등 헌재결정문」, 2018.06.28.

홍영오 외 2인, 「강력범죄의 재범률 및 재범예측에 대한 연구」, 한국형사정책연구원, 2014.

제 3 부

읽기와 쓰기 연습

제1장

어떻게 살 것인가

오늘날 우리가 살고 있는 세상은 매일같이 25경 바이트2.5 quintillion bytes의 정보를 쏟아내고 있다. 그 가운데에는 단순 착오로 인한 잘못된 정보도 있고 특정 목적을 전제로 한 가짜 뉴스, 허위 정보도 포함되어 있다. 때문에 우리가 접하는 그 많은 정보들 가운데 과연 어떤 정보가 정확한 정보이고 가치 있는 정보인지를 가려내 합리적 판단에 이를 수 있도록 하는 지적 여과 장치intellectual filter를 갖추는 일, 그러한 판단 능력을 기르는 일이 그 어느 때보다 중요해졌다(Kanelos, 2018 ; Anders, 2017).

이처럼 지적인 판단 능력을 기르는 일이 중요하지만, 아는 것을 실제 삶에서 이행할 수 있도록 하는 문제, 즉 지행합일知行合一의 문제는 더욱 중요한 과제가 아닐 수 없다. 누구나 법을 어겨서는 안 된다는 것을 알지만 실제 현실에서는 범법자가 있기 마련이고, 도덕적으로 또는 윤리적으로 바른 선택을 해야 하고 행동을 해야 한다는 것을 누구나 알지만 실제 현실 속에서는 부도덕한 사람들, 비윤리적인 사람들이 헤아릴 수 없을 만큼 많다.

孟子, BC372~BC280

맹자는 일찍이 사람에게는 누구나 목숨보다 더 간절히 바라는 것이 있으며 죽기보다 싫은 것이 있다고 했다. '사생취의捨生取義', '살신성인殺身成仁'이라고 하는 것이 그것이다. 그러나 그것은 누구나 할 수 있는 것이지만, 아무나 할 수 있는 것은 아니라고도 하였다(『맹자』, 「고자장구 상」). 실상 선하게 사는 사람이 언제나 복을 받는 것은 아니고, 악하게 산다고 해서 언제나 벌을 받는 것도 아니다. 그래서인가? 우리말에는 '하늘도 무심하시지'라는 말이 있고, 사마천司馬遷은 그 옛날 '하늘'이 존재하는지, 과연 '천도天道'가 존재하는지를 묻기도 하였다(『사기』, 「백이열전).

그럼에도 불구하고 우리는 항상 윤리적 선택과 도덕적 판단에 이르고자 고뇌하고, 이를 삶에서 실천하기 위해 노력한다. 또한 그렇게 하지 못해 부도덕하고 비윤리적인 길을 선택해 간 사람들을 비판하고 비난한다. 이 글에서는 이와 관련한 몇 가지 문제를 제기하고 생각할 거리를 제공하여 우리의 삶과 연관되어 있는 문제들을 돌아보고 스스로의 마음을 다잡는 기회를 갖도록 하고자 한다. 특정 주제에 대한 글쓰기를 통하여 그러한 다짐을 더욱 새롭게 하고자 하는 것이다.

1. 이야기 속 우리의 자화상

이순원의 소설 「얼굴」의 주인공인 김주호는 은행원이다. 그는 이튿날 아침 일찍 출근을 해야 하지만 밤마다 비디오를 보느라 잠을 이루지 못한다. 1980년 5월 광주의 상황을 담은 비디오에 자신의 얼굴이 잡혔을까 불안해서이다. 군에 입대하면서 공수부대 요원으로 차출되어 1980년 계엄군으로 광주에 투입되었던 김주호는 제대 후 광주에 대한 기억을 잊으려고 노력한다. 그는 직장 생활을 하면서도 이와 같은 자신의 이력이 알려질까 두려워한다.

그러던 중 김주호는 중소기업 경리를 보던 박영은을 알게 된다. 결혼을 하게 된다면 그녀와 같은 여자와 할 것이라고 생각하던 그는 그녀가 광주에서 여고를 나왔다는 이야기를 듣게 되고, 그녀의 부모는 여전히 광주에 살고 있으며, 당시 대학교 3학년이었던 그녀의 오빠는 1980년 광주에서 목숨을 잃었다는 사실을 알게 된다. 그 순간 그는 이

것이 그녀와의 마지막이겠구나 하는 것을 직감한다.

이 일이 있고 난 후, 김주호는 하루에도 수백 명씩 드나드는 고객 가운데 혹시라도 자신의 얼굴을 기억하는 사람이 있을까 걱정이 되어 평소 쓰지 않던 안경을 쓰게 된다. 창구에 앉아 있기가 두려워진 김주호는 인사 담당자를 찾아가 상담한 끝에 본점 고객관리부로 자리를 옮긴다. 그러나 직장 예비군 훈련을 받게 되면서 그가 공수부대 출신이라는 사실이 동료들에게 알려지게 된다. 불안한 마음에 매일 밤을 새워가며 광주 청문회를 지켜보았던 그는 동료들이 텔레비전을 보았느냐고 물어도 못 보았다고 답한다. 이상한 눈초리로 자신의 얼굴을 바라보는 동료들의 시선을 견디다 못한 그는 이민을 생각하기까지 한다.

> "김형도 그거 봤지요?"
>
> 다음날 회사에 나가자 먼저 나와 기다렸다는 듯이 그 동료가 물었다.
>
> "거기 김형 얼굴은 안 나오던가요?"
>
> 그때에도 그는 아무 말도 하지 못했다. 만약 당신이 나처럼 그렇게 차출되어 그 자리에 서 있었다면 어떻게 했겠어요. 그는 그 말을 가까스로 눌러 참았다. 어쩌면 평생을 두고도 입 밖으로 쏟아 내지 못할 말인지도 모른다. 그리고 무엇보다 얼굴 …….
>
> 아마 그때부터였을 것이다. 그는 월부로 자기 방에 놓아 둘 텔레비전과 비디오 세트를 구입하고, 구할 수 있는 대로 광주 비디오를 구해 복제하기 시작했다. 뒤이어 나온 KBS의 '광주는 말한다'를 볼 때도 그는 내내 거기 어디엔가 있을지 모를 자신의 얼굴을 찾아보았다. 없었다. 어느 곳에도. 그는 안심했다. 그리고 그 안심을 다짐하듯 생각날 때마다 어쩌다 한번씩 오랫동안 묵혀 두었던 기계를 점검하듯 테이프를 꺼내 그것들을 확인했다.
>
> 그러던 어느 날, 그는 그 테이프를 확인하는 기간이 점점 빨라지고 있음을 느낌과 동시에 문득 그 속 어딘가에 자신의 얼굴이 화면 바깥

에서 안으로 튀어나올지도 모른다는 생각이 드는 것이었다. 그리고 그 불안은 얼굴 없는 테이프를 확인하면 할수록 점점 더 눈덩이처럼 커지기 시작하는 것이었다. 광주 문제로 사사건건 부담을 주던 그 동료가 지방 영업점으로 발령을 받아 나가던 날에도 그는 오래도록 테이프를 보았었다. 그러나 그가 없다고 하여, 그리고 끝내 어느 테이프에도 내 얼굴이 나오지 않는다고 하여 끝까지 그 일과 나는 상관이 없을 수 있을 것인가.

– 이순원, 「얼굴」, 『한국소설문학대계』 96, 동아출판사, 1995, 286~287쪽.

우리는 이와 같은 김주호를 어떻게 받아들여야 하는가? "그때 거기에 간 건 내가 아니라 나라의 부름을 받고 군에 입대한, 더럽게도 운이 없어 그곳으로 차출된 한 익명의 공수부대원이었다고 생각하자. 그리고 그렇게 차출되어 그 자리에 서게 되면 집단적인 무의식 속에 누구라도 그런 짐승 같은 행동을 했을 것이라고 생각하자."라고 생각하는 김주호를 어떻게 이해해야 하는가? 사실을 털어놓지 못하고 불안에 시달리며 밤을 지새워야 하는 김주호, 동료들 속에 자연스럽게 녹아들어가지 못하는 김주호를 향해 무슨 이야기를 해 주어야 할 것인가? 김주호와 같이 그때 거기 가야했던 아들을 두었던 어머니, 아버지들은 또 어떻게 이해해야 할 것인가?

연습 문제 1

1. 위에서 제기한 물음들에 대하여 자신의 생각을 정리하는 글을 써 보자.

2. 한승원의 소설 「어둠꽃」을 읽고, 주인공 종남이 아내 순애의 아픔을 끌어안고 살아가고자 하는 모습을 어떻게 이해해야 하는지 자신의 생각을 글로 적어 보자.

2. 역사 속 인간의 민낯, '악의 평범성'

제2차 세계대전 중 아돌프 아이히만은 나치스가 제도적으로 추구한 '최종 해결책'을 열정적으로 실행에 옮겼다. 그는 수백만 명에 이르는 남녀와 아이들을 상당한 열정과 세심한 주의를 기울여 죽음으로 내몰았다. 그 결과 그는 유대인 대량학살이라는 인류 역사상 최악의 끔찍한 결과를 초래하였다. 그럼에도 불구하고 그는 양심에 가책을 받은 적이 없었느냐는 질문에 도리어 자신이 명령받은 일을 하지 않았다면 양심에 가책을 받았을 것이라고 답하였다. 오히려 자기 자신을 '희생자'라고 일컬었다. 그의 변호를 맡았던 로베르트 세르바티우스Robert Servatius는 "아이히만은 신 앞에서는 유죄라고 느끼지만 법 앞에서는 아니다."라고 하기도 하였다. 무죄 주장의 근거는 다음과 같았다. 아이히만은 당시 존재하던 나치 법률 체계 하에서는 아무런 잘못도 하지 않았고, 그가 기소당한 내용은 범죄가 아니라 '국가적 공식 행위'였으므로 여기에 대해서는 어떤 다른 나라도 재판권을 행사할 수 없다는 것이었다. 명령에 복종하는 것이 그의 의무였고, '이기면 훈장을 받고 패배하면 교수대에 처해질' 행위를 했을 뿐이라는 것이다.

Adolf Eichmann, 1906~1962

그러나 우리는 생각하지 않고 시키는 대로 따라 한 결과가 얼마나 끔찍한 결과를 초래할 수 있는지를 아이히만을 통해 확인할 수 있었다. 한나 아렌트는 이와 같은 비극이 초래된 원인 가운데 하나로 아이히만이 타인의 입장에서 생각하는 데 무능했던 점을 들었다. 그리고 여기에서 말과 사고를 허용하지 않는 '악의 평범성banality of evil'이라는 교훈을 이끌어냈다. 타인의 입장에서 생각하지 못한다는 것은 자기만의 세계에 갇혀 지내는 것을 말한다. 다른 세계와 소통하지 못하고 자기만의 고정된 세계 속에 갇혀 지내는 것은 결국 판단의 근거가 되는 정보가 제한될 수밖에 없다는 점에서 예기치 않은 오류를 범할 가능성을 배태한다. 그 극단적인 사례를 우리는 아이히만에게서 보는 것이다.

Hannah Arendt, 1906~1975

피고는 전쟁 기간 동안 유대인에게 저지른 범죄가 기록된 역사에 있어서 가장 큰 범죄라는 것을 인정했고, 또 피고가 거기서 한 역할을 인정했습니다. 그런데 피고는 자신이 결코 사악한 동기에서 행동한 것이 결코 아니고, 누구를 죽일 어떠한 의도도 결코 갖지 않았으며, 결코 유대인을 증오하지 않았지만, 그러나 그와는 다르게 행동할 수는 없었으며, 또한 죄책감을 느끼지 않는다고 말했습니다. 우리는 이러한 것이 전적으로 불가능한 것은 아니지만 그러나 믿기가 어렵다고 보았습니다. 이러한 동기와 양심의 문제에서 합당한 의심을 넘어선 것으로 입증될 수 있는 당신에 대한 증거는 비록 많지는 않지만 일부 존재합니다. 피고는 또한 최종 해결책에서 자신이 맡은 역할은 우연적인 것이었으며, 대체로 어느 누구라도 자신의 역할을 떠맡았을 수 있으며, 따라서 잠재적으로는 거의 모든 독일인들이 똑같이 유죄라고 말했습니다. 피고가 말하려는 의도는 모든 사람, 또는 거의 모든 사람들이 유죄인 곳에서는 아무도 유죄가 아니라는 것입니다. 이것은 실로 상당히 일반적인 결론이기는 하지만 우리가 피고에 대해 기꺼이 내주고 싶은 결론은 아닙니다. 그리고 만일 피고가 우리의 거절을 이해하지 못한다면 우리는 성서에 나오는 두 이웃하는 도시인 소돔과 고모라의 이야기에 주목해 볼 것을 권합니다. 이 두 도시는 거기에 사는 모든 사람들이 똑같이 죄가 있었기 때문에 하늘로부터 내려온 불로 인해 파괴되었습니다. 이것은 말하자면 '집단적 죄'라는 최신식 개념과는 무관합니다. 이 개념에 따르면 그들 자신이 행하지 않았더라도 그들의 이름으로 행해진 일그들이 참여하지도 않았고 또 그로부터 이익을 얻지 않은 일에 대해서는 유죄로 추정한다는 것, 또는 죄책감을 느낀다는 것입니다. 다른 말로 하자면 법 앞에서의 유죄와 무죄는 객관적인 본질의 것이지만, 그러나 비록 8,000만 독일인이 피고처럼 행동했다 하더라도 그것이 피고에 대한 변명이 될 수 없을 것입니다.

운 좋게도 우리는 그만큼 멀리 나갈 필요는 없습니다. 피고 자신은 전

대미문의 범죄를 저지르는 것이 주된 정치적 목적이 된 국가에서 산 모든 사람의 편에 서서 그 죄가 현실적으로가 아니라 오직 잠재적으로만 유죄라고 주장했습니다. 그리고 내적이고 외적인 어떠한 우연적 상황을 통해 피고가 범죄인이 되는 길로 내몰렸는지 간에, 피고가 행한 일의 현실성과 다른 사람들이 했을지도 모르는 일이라는 잠재성 사이에는 협곡이 있습니다. 우리는 여기서 오직 피고가 한 일에만 관여할 뿐, 피고의 내적 삶과 피고의 동기에서 가능한 비범죄적 본성 또는 피고 주위에 있는 사람들의 범죄적 가능성에는 관여하지 않습니다. 피고는 피고의 이야기를 불운에 찬 이야기로 만들어 들려주었습니다. 그리고 그러한 상황을 알고 있는 우리는 어느 정도까지는 만일 상황이 보다 유리했더라면 피고는 우리 앞이나 또는 다른 형사재판소로 나오지 않았을 가능성이 상당히 있다는 점도 당신에게 인정해 줄 용의가 있습니다. 논증을 위해서 피고가 대량학살의 조직체에서 기꺼이 움직인 하나의 도구가 되었던 것은 단지 불운이었다고 가정을 해봅시다. 피고가 대량학살 정책을 수행했고, 따라서 그것을 적극적으로 지지했다는 사실은 여전히 남아 있습니다. 그리고 마치 피고와 피고의 상관들이 누가 이 세상에 거주할 수 있고 없는지를 결정한 어떤 권한을 갖고 있는 것처럼 이 지구를 유대인 및 수많은 다른 민족 사람들과 함께 공유하기를 원하지 않는 정책을 피고가 지지하고 수행한 것과 마찬가지로, 어느 누구도 즉 인류 구성원 가운데 어느 누구도, 피고와 이 지구를 공유하기를 바란다고 기대할 수 없다는 것을 우리는 발견하게 됩니다. 이것이 바로 당신이 교수형에 처해져야 하는 이유, 유일한 이유입니다.

– 한나 아렌트, 『예루살렘의 아이히만』, 김선욱 옮김, 한길사, 2006, 380~382쪽.

연습 문제 2

1. '집단적 죄'의 개념을 원용하여 아돌프 아이히만의 행적을 논단하는 글을 써 보자.

2. 소설 또는 영화 〈쉰들러 리스트〉를 읽거나 보고, 그 속에 등장하는 오스카 쉰들러의 행동을 아돌프 아이히만과 비교해 보자. 그리고 그 결과를 정리하여 한 편의 글로 작성해 보자.

3. 우리 역사 속 교훈

崔南善, 1890~1957

3·1운동 당시 「기미독립선언서」를 초하였던 육당 최남선은 우리 민족을 대표하는 최고의 지성 가운데 한 사람이었다. 그는 1908년 신문관新文館을 설립하고 종합월간지 『소년』을 발간하였으며, 1910년 조선광문회朝鮮廣文會를 설립하여 고문헌 보존과 보급에 힘썼다. 그는 또한 「해에게서 소년에게」로 대표되는 신시新詩 실험에 앞장섰으며, 창작시조집 『백팔번뇌』, 수필집 『심춘순례』, 『백두산근참기』를 남기기도 하였다. 그는 1926년 3월 3일부터 7월 25일까지 77회에 걸쳐 「단군론」을 연재하기도 하였는데, 이는 일본 학자들의 단군 말살론을 정면으로 비판한 것이었다. 때문에 그에게 거는 우리 민족의 기대는 그 어떤 사람에 대한 것보다 컸다.

그러던 그가 끝내 민족의 기대를 저버리고 변절함으로써 역사에 오명을 남겼다. 조선사 편수위원, 중추원 참의, 만주 건국대학 교수를 지낸 최남선은 「나가자 청년학도야」, 「아시아의 해방」, 「신세계 건설의 도화선」 등 일본의 전쟁 수행을 지지하는 글을 썼으며, 일본의 조선인 유학생에게 학병學兵 지원을 권유하는 연설을 하기도 하였다. 그는 대동아전쟁의 진두에 서는 것이야말로 조선 사람의 입장에서 보면 '마음의 고향'을 발견하는 것이요, '잠자는 혼을 깨우쳐 우리들 본연의 자태로 돌아가는 길'이라고 선동하였다(임종국 1987). 광복 후 반민족행위특별조사위원회에 체포된 최남선은 자신의 과오에 대한 진술서라고 할 수 있는 「자열서自列書」를 작성하였다.

나는 분명히 일평생 외길을 일심으로 매진한 것을 자신하는 자이다.

> 중간에 간난艱難한 환경, 유약한 성격의 내외 양인兩因이 서로 합병하여서 내 의상에 흙을 바르고 내 행리行履에 올가미를 씌웠을지라도 이는 그때 그때의 외적 변모일 따름이요, 결코 내 심여행心與行의 번전변환飜轉變換은 아니었다. 이 점을 밝히겠다 하여 이 이상 강변强辯스런 말을 더 하지 않거니와, 다만 조선사 편수위원·중추원 참의·건국대학 교수 이것저것 구중중한 옷을 열 벌 갈아입었으면서도, 나의 일한 실제는 언제고 시종 일관하게 민족정신의 심토深討, 조국 역사의 건설, 그것밖에 벗어진 일 없었음은 천일天日이 저기 있는 아래 감연敢然히 명언明言하기를 꺼리지 않겠다.
>
> 그러나 또 나는 분명히 조선 대중이 나에게 기대하는 점, 어떠한 경우에서고 청고淸高한 지조志操와 강렬剛烈한 기백氣魄을 지켜서 늠호凜乎한 의사義士의 형범型範이 되어 달라는 상식적 기대에 위반하였다. 내가 변절變節한 대목, 곧 왕년에 신변의 핍박한 사정이 지조냐 학자이냐의 양자 중 그 하나를 골라잡아야 하게 된 때에, 대중은 나에게 지조를 붙잡으라 하거늘, 나는 그 뜻을 휘뿌리고 학업을 붙잡으면서 다른 것을 버렸다. 대중의 나에 대한 분노가 여기서 시작하여 나오는 것을 내가 잘 알며, 그것이 또한 나를 사랑함에서 나온 것임도 내가 잘 안다. 그러나 나의 어리석음이 저의 걷고 싶은 길을 걸어서 수사위원修史委員 이하의 많은 오점汚點을 몸에 찍었다. 그런데 그것이 금일 반민법反民法 저촉의 조건임이 명백한 바, 이 법의 처단을 받기에 무슨 비겁한 체를 할 것이냐. 도리어 준엄한 수형受刑 하나에 저의 책임의 경감을 기期함이 당연할 것이다.
>
> – 최남선, 「자열서自列書」, 『육당최남선전집』 10, 고려대학교 아세아문제연구소, 1974, 533쪽.

오로지 자신은 학자로서 민족정신의 탐구와 조국 역사의 건설에 일평생을 매진했다고 하는 그의 진술을 우리는 어떻게 읽어야 하는가? 한국 근대사에 그가 남긴 족적은 그 어떤 것으로도 가릴 수 없을 만큼 크다는 점에서, 그에 대한 평가는 더더욱 유의하지 않을 수 없다. 최남선의 행적은 이순원의 소설

속 주인공 김주호의 행적과는 전혀 다른 것이었다. 최남선이 처했던 상황은 아돌프 아이히만이 처했던 상황과 달랐으며, 법정에서 취한 태도 역시 둘은 달랐다. 최남선은 허구가 아닌 역사 속 인물이었으며, 그의 행적은 다른 나라 역사에서가 아니라 우리나라 역사에서 있었던 일이었다. 이 문제에 대한 우리의 판단은 좀 더 분석적이고 정확하며 냉정해야 한다. 그에 대한 판단은 그와 관련된 과거의 역사적 사실 하나에 그치는 것이 아니라 지금도 여전히 살아 있는 문제이기 때문이다.

연습 문제 3

1. 김주호와 아돌프 아이히만, 최남선이 각각 선택한 삶의 모습을 비교 서술하면서 이들에 대한 자신의 생각을 종합적으로 정리하는 글을 써 보자.

2. 에리히 프롬 Erich Pinchas Fromm, 1900~1980**은 일찍이 『자유로부터의 도피』에서 자유로운 인간이 되지 못하고 '자동인형' 같은 인간이 되고 싶어 하는 근대인의 모습을 경계한 바 있다. 그럼에도 불구하고 우리는 여전히 집단 속에서 자신의 목소리를 드러내기보다 무언의 동조자로 살아가고 있는 우리 자신을 발견할 때가 종종 있다. 이와 같은 문제의식을 일깨워줄 수 있는 사례를 역사나 사회 현실 속에서 찾아내 과연 나는 어떻게 살 것인가에 대한 생각을 정리하는 글을 써 보자.**

〈참고 문헌〉

『맹자』.

사마천, 『사기』.

이순원, 「얼굴」, 『한국소설문학대계』 96, 동아출판사, 1995.

고려대학교 아세아문제연구소, 『육당최남선전집』 10, 현암사, 1974.

임종국 편, 『친일논설선집』, 실천문학사, 1987.

에리히 프롬, 『자유로부터의 도피』, 김석희 옮김, 휴머니스트, 2012.

한나 아렌트, 『예루살렘의 아이히만』, 김선욱 옮김, 한길사, 2006.

Andres, George, *YOU CAN DO ANYTHING ; The Surprising Power of a "Useless" Liberal Arts Education*, Little, Brown and Company: New York · Boston · London, 2017.

Kanelos, Panayiotis, An Ancient Approach to Education for the Post-Modern World, *2018 International Forum on Liberal Education*, 교육부 · 한국대학교육협의회 · 한국교양기초교육원, 2018.11.20.~11.21, 롯데호텔 서울.

제2장

어떻게 타자와 함께 살 것인가

1. 공존의 윤리를 찾아서

'차이'를 '차별'하지 말라, '다름'은 '틀림'이 아니다……. 이런 명제들은 이제 우리에게 전혀 낯선 것만은 아니다. 삶의 다양성과 문화의 풍요로움을 긍정한다면, 차이와 다름을 억압과 편견의 대상으로 차별할 것이 아니라 오히려 존중해야 마땅하다. 차이를 인정하고 다름을 존중하는 태도는 더불어 함께 사는 사회의 구성원들에게 요구되는 공존의 윤리이기도 하다. 그러나 이 지당한 윤리가 삶의 행동 차원에서 실제로 실천되기란 쉬운 문제가 아니다. 혐오사회에서 증오와 혐오에 자양분을 공급하는 에너지원은 차고 넘친다. 공존의 윤리가 미담과 덕담에 그치지 않고 실제 삶의 현실이 되기 위해서는 무엇이 더 필요한가? 진정 우리에게는 어떤 태도가 필요한 것인가? 이런 문제들을 성찰하는 것은 평소 우리가 자연스럽게 여겼던 우리 안에 도사린 폭력들과 마주하는 불편한 일이기도 하다는 점을 먼저 긍정하면서 출발해야 한다.

2. 타자란 무엇인가

'차이'와 '다름'은 '같음'과의 구별에 의해 정의된다. 즉 우리가 무엇'이다'라는 정체성의 형식은 무엇이 '아니다'라는 구별짓기와 경계짓기의 결과이다. 그런데 이 구별짓기와 경계짓기는 단지 판별 행위를 넘어 갈등과 대립 그리고 분열을 조장하면서 구별과 경계의 외부에 존재하는 것을 배제하고 억압하는 폭력이 될 수도 있다는 데 문제가 있다. 서양 현대 철학사의 인식론에서 획기적인 개념으로 평가받고 있는 '타자他者'라는 개념은 대체로 이런 폭력 행위를 통해서 탄생한다. 타자란 무엇인가? 어떤 사람, 집단, 제도를 타자로 그 특성을 규정하기 위해서는 그 자신이 속하는 규범 또는 관습convention 체계 외부에 그것들을 위치시켜야 한다. 그러한 식의 행위를 어떤 이론가들은 타자화하기라는 동사의 형태로 표시한다(호손 2003, 498). 타자화하기를 통해 타자화된 인간은 심지어는 인간이 아니라는 취급을 받기도 한다.

> 나는 보이지 않는 인간이다. …(중략)… 사람들은 내게 다가올 때 내 주변의 것이나 혹은 자신들의 상상 속에서 꾸며진 것만을 본다. 그야말로 그들은 모든 것을 빠짐없이 다 보면서도 정작 나의 진정한 모습은 보지 않는다.
>
> – 랠프 엘리슨, 『보이지 않는 인간 1』, 조영환 옮김, 민음사, 2008, 11쪽.

Ralph Ellison, 1914~1994

20세기 흑인 소설의 고전으로 평가받고 있는 랠프 엘리슨의 『보이지 않는 인간』에서 흑인 주인공은 보이지 않는 인간이다. 살과 뼈와 체액의 인간임에도 불구하고 그는 보이지 않는 인간이다. 그는 백인 주류 사회에서 소외된 타자이다. 있어도 없는 것과 마찬가지인 인간이다. 이렇게 보이지 않는 인간은 과연 인간인가? '인간'이라고 할 수 있는 인간인가를 작가는 묻는다.

우리 눈에는 무엇이 보이고, 무엇이 보이지 않는가. 내 눈에는 무엇이 보이고, 무엇이 보이지 않는가. 소외된 외국인 노동자가 보이는가, 쉽게 멸시의 대상이 되는 성소수자는 보이는가, 지구상 어디에도 오갈 데 없는 난민이 보이는가. 혹 이들이 보여도 보이지 않는 것처럼 애써 외면하고 주류 사회에서 잘 나가는 것만 보려고 안달하고 있지는 않은가. 『보이지 않는 인간』을 미국

내 흑인의 독특한 상황으로만 한정해서 읽을 일은 아니다. 낯설고 이질적인 것들에 대한 거부를 '혐오'라는 표현도 모자라 '극혐'으로 표현하는 현대사회 속에서 소외되어 가고, 타자화되어 가는 사람들의 고독과 존엄성을 생각하면서 읽을 일이다.

연습 문제 1

소설 『보이지 않는 인간』이 결국 "나의 진정한 모습"을 찾아가는 정체성[Identity] 탐구의 서사물이라면, 영화 〈디 아더스[The Others]〉는 정말로 보이지 않는 타자들의 시위를 통해 날카로운 정체성의 물음을 던지고 있는 작품이다. 이 영화를 보고 타자란 과연 무엇인가를 말해 보자.

연습 문제 2

고종석의 「'우리'와 '그들'」을 읽고, '우리'의 배타적인 정체성 추구에는 어떤 위험과 문제가 있을 수 있는지 성찰해 보자.

> 사람은 누구나 친숙한 것 앞에서는 편하고, 낯선 것 앞에서는 불편하다. 그러나 우리가 맞닥뜨릴 수밖에 없는 낯선 것들 앞의 그 불편함을 존재의 조건으로 받아들이지 않고 배제의 정치학을 통해서 해소하려고 할 때, 세상사의 잠재적 갈등은 더욱 뒤엉키고 자칫 분쟁으로 치닫기 쉽다. 우리와 다른, 혹은 다르다고 생각되는 사람들과 함께 사는 법을 배우는 것은 그래서 중요하다.
>
> 지난 1992년 대통령 선거를 전후해서 유행한 "우리가 남이가?"라는 말은 경남 출신의 후보가 당선되는 데 적지 않은 기여를 했다. 그 말을 처음 발설한 경북 출신의 정치인에게 경북과 경남을 아우른 영남 지방의 주민 집단과 그 지역 출신의 정치인들은 '우리'였고, 그 이외의 지

역, 특히 호남 지방의 주민 집단과 그 지역 출신 정치인들은 '남' 곧 '그들'이었다. "우리가 남이가?"라는 말이 그토록 큰 힘을 지닐 수 있었다는 것은 '우리'와 '그들'의 이분법이 한국 사회 지역주의의 심리적 자양분이라는 뜻이다. 그리고 그것은 다소 비대칭적이기는 하지만, 호남 사람들이 영남 사람들을 대하는 데서도 작동하는 심리적 기제다. 실은 지역주의만이 아니다. '우리'와 '그들'의 양분법은 학연이나 혈연을 포함한 무수한 '줄'로 한국 사회를 꽁꽁 옭아매고 있는 각종 연고주의의 심리적 자양분이다. "줄이 없으면 되는 일이 없고 줄이 있으면 안 되는 일이 없다."는 말을 우리는 흔히 듣는데, 그것은 연고주의가 우리 사회에 그만큼 깊게 뿌리내려 있다는 뜻이겠다. 그렇다면 그 연고주의를 떠받치고 있는 '우리/그들' 이데올로기는 한국적 비합리주의의 바탕인 셈이다.

세상은 '우리'와 '그들'로 나누는 양분법은 당연히 나라 바깥의 사람들이나 문화를 바라보는 데서도 작동한다. 외국인 노동자들이 우리 사회에서 겪는 고난은 이미 악명 높은 것이 되었다. '우리'는 '그들'을 깔보고 학대하고 착취한다. '그들'은 앞으로 점점 더 '우리' 사이에 들어올 텐데 말이다. 우리는 흔히 일본 사회에서 한국인들이 받는 차별에 대해 분개한다. 그리고 유럽이나 미국 사회에서 제3세계 출신 사람들이 당하는 차별에 대해 목소리를 높인다. 차별이 존재한다는 것은 그 사회가 충분히 열려 있지 않은 사회라는 뜻이다. 이런 점에서 일본은 말할 것도 없고 유럽이나 미국도 충분히 열려 있는 사회는 아니다. 그러면 한국은 어떤가? 외국인 노동자들에 대한 학대에서도 드러나듯 한국 역시 닫힌 사회다. 그리고 그 닫힘의 정도는 서양은 물론이고 일본보다도 더하면 더했지 못하지는 않다. 한국은 중국의 인접국이면서도 화교 커뮤니티가 뿌리내리지 못한 희귀한 나라이고, 혼혈아가 정상적으로 자라나게 내버려 두지 않는 폭력적 사회다. 요컨대 한국은 강한 인종주의 사회다. 우리는 우리보다 못하다고 생각되는 민족만을 차별하는 것이 아니다. 정도의 차이는 있지만, 우리는 우리보다 경제적 · 문화적 · 정치적 여건이 낫다고 생각되는 제1세계 사람들도 차별한다. 백인 며느리를 들인다거나, 일본인 사위를 맞는 데에는 아직도 커다란 결단이 요구된다. '그들'은 '우리'가 아니기 때문이다.

실은 '우리'와 '그들'의 이분법은 한국만이 아니라 세계 어디에서고 분쟁의 점화 장치로 작용하고 있는 심리적 기제다. '우리'와 '그들'을 나누는 데 적용되는 가장 흔한 기준은 민족이나 인종이지만, 그것들이 기준의 전부는 아니다. '우리/그들'의 이분법은 이념이나 종교의 차원에서도 작동해 흔히 분쟁의 땔감이 된다. 한국 전쟁에서는 '우리'와 '그들'을 나누는 기준이 정치적 이념이었고, 북아일랜드 분쟁에서는 종교였으며, 체첸이나 코소보에서는 인종 또는 민족이었다. 또 그 기준이나 차원들은 곧잘 시루떡처럼 중첩된다. 북아일랜드의 종교 분쟁은 앵글로색슨족과 켈트족 사이의 민족 분쟁 위에 얹혀 있고, 코소보의 민족 분규도 세르비아 정교와 이슬람교 사이의 종교 분쟁 위에 포개져 있다. 물론 이 모든 분쟁의 배후에는 권력에 대한 인간의 욕망, 좀더 커다란 몫에 대한 욕심이 파닥거리고 있다.

'우리'가 '그들'을 만나는 방식에는 두 가지 상반된 태도가 있을 수 있다. 첫 번째는 '우리'와 '그들' 사이의 차이는 없앨 수도 없고 없앨 필요도 없다는 태도다. 이것은 특수주의 또는 문화적 상대주의라고 부를 만한 태도다. 두 번째는 '우리'와 '그들' 사이의 차이는 무시해도 좋을 만큼 피상적인 것이며, 인간의 본질과는 아무 상관이 없다는 태도가 있을 수 있다. 이른바 보편주의적 태도다.

그러나 이 두 태도 모두 '우리'와 '그들'의 이분법에 대한 적절한 처방이 되지 못한다. 언뜻 생각하기에는 흔히 휴머니즘과 한 묶음으로 거론되는 보편주의가 그 처방이 될 수 있을 듯하다. 그러나 보편주의는 그 실천적 국면에서 모든 것을 획일화함으로써 실제로는 자기중심주의로 귀착하기 쉽다. 특히 유럽인들이 내세웠던 보편주의는 흔히 제국주의와 식민주의의 당의糖衣로 작용했다. 유럽의 보편주의자에게는 자신들의 기준만이 보편적이었고, 그래서 그들은 그 보편적 기준에 따라 '원시적'이거나 '야만적'인 세상을 계몽하고 교화하는 이른바 '백인의 짐 White man's burden'을 지고자 했다. 그들에게는 자신들의 가치가 가치 그 자체였던 것이다. 자신에게 낯선 것을 보편에서 제외시키는 이 자기중심주의는 휴머니즘의 탈을 쓰고 야만인들을 교화하기 위한 식민주의로 발전한다. 또 보편주의는 과학주의와 등을 맞대고 있다. 과학주의란 과학적 지식이 보편적 도덕을 정초할 수 있다고 생각하는 이데올로기다. 이 과학주의에 따르면 모든 문화적 차이는 이성의 제단 앞에서 말살돼야 한다. 그러나 과학주의는, 부당하게도, 흔히 사실을 가치와 동일시한다. 20세기의 가장 흉측한 체제였던 나치 체제와 스탈린 체제는 이런 과학주의에 바탕을 두고 구축되었다. 한쪽에선 우생학이 과학이었고, 다른 쪽에선 역사적 유물론이 과학이었다. 과학주의에서 전체주의까지는 그리 먼 걸음이 아닌 것이다.

그렇다고 해서 문화적 상대주의가 '우리'와 '그들'을 화해시킬 수 있는 것은 아니다. 문화적 상대주의는 인종적·문화적 집단이나 개인들 사이의 차이를 지나치게 부각시킴으로써, 일종의 신인종주의로 귀결한다. 상대주의자들이 빠지기 쉬운 유혹은 다양한 문화적 차이, 곧 사람의 다양한 정체성에다가 서열화된 가치를 부여하는 것이다. 이때 '차이의 권리'는 교묘하게도 '권리의 차이'로 전복된다. 이것은 '선의의' 식민주의자들이 지닌 순진한 보편주의보다 더 위험하다. 인류의 단일성과 가치의 보편성을 부정하며 차이를 특권화함으로써, 그들은 자아로의 퇴각과 소통의 부재와 타인의 배제를 부추긴다. 그러니까 '우리'와 '그들'을 화해시키기 위해서는 상대주의자가 되는 것만으로는 부족하다. 상대주의자들처럼 보편적 가치들을 포기하는 순간, 화해의 기본 원리인 톨레랑스나 상호 존중이 존재 근거를 잃을 것이기 때문이다.

'우리'가 '그들'을 대하는 바람직한 지점은 보편주의와 상대주의의 중간 어디엔가 있을 것이다. 그것은 보편적 가치들을 포기하지 않으면서도 구체라는 것의 끈을 놓지 않는 태도다. 결정론과 추상성과 자기 중심주의에서 해방된 이런 보편주의를 열린 보편주의라고 부를 수도 있을 것이다. 이 열린 보편주의는 인간을 문화로도 생물로도 환원시키지 않고, 거기서 무한한 가능성과 자유 의지를 읽는다.

그러나 이런 이론적 곡예에서 벗어나 '그들' 앞에서 '우리'가 취할 수 있는, 실천적으로 가장 효과적인 태도는 순수 또는 순결에 대한 열망을 포기하는 것일 것이다. 순수한 민족피, 순결한 이념, 순수한 교리 따위에 대한 집착은 흔히 광신자들을 낳고, 광신자들은 언제 어디서고 이단異端과 불순분자와 인민의 적과 민족의 원수를 발견해서 그들에게 성전聖戰을 선포하기 때문이다. 불순함에 대한 옹호가 필요한 것은 그래서다. 불순함을 옹호하는 정신은 너그러움을 옹호하고 실천하는 정신이다. 그것은 나와는 다른 사람과 더불어서 살겠다는 정신이고, '우리' 속에도 수많은 '그들'이 있다는 것을 인정하는 정신이다. 그것은 새로운 세기의 시대 정신이다.

– 고종석, 「우리와 그들」, 『코드 훔치기』, 마음산책, 2000, 35~40쪽.

연습 문제 3

고종석의 이 글은 논증의 글로도 뛰어난 글이다. 무엇보다도 이 글은 변증법의 논리 구사가 모범적으로 수행된 경우라고 할 수 있다. 변증법을 논증의 논리로 단순화시켜 말한다면 하나의 주장, 즉 테제thesis, 正에 대하여 그것과 모순되는 테제anti-thesis, 反가 생겨나 다른 관점에서 있을 수 있는 반론의 가능성을 검토하다가 그 두 가지를 종합/지양止揚하는 새로운 테제syn-thesis, 合로 발전해 가는 방법이라고 정리할 수 있다. 이처럼 기본 공식에서 보자면 안티테제는 너무나 기계적일 수 있고, 자명할 수 있지만, 실제 글쓰기에서 안티테제가 단순하게 정반대를 이루는 경우는 흔치 않다. 그러니까 정확하게 말하자면, 글쓰기의 논리에서 일반적으로 통용되는 변증법 논리는

변증법 그 자체라기보다는 변증법적인 것이라고 말할 수도 있겠다. 안티테제는 테제의 정반대라기보다는 테제의 불완전성이 조정되고 다른 명제로 대체되는 사고의 과정 속에 있는 것이 일반적이다. 위의 고종석의 예문에서도 마찬가지이다. 윗글에서는 테제/안티테제/신테제가 각각 단락 단위로 구사되고 있는 경우이다. 테제/안티테제/신테제의 단락을 본문 속에서 찾아 보자.

3. 여성은 남성의 타자인가

"여자는 본질적인 것에 대하여 비본질적인 것이다. 남자는 '주체'이고, '절대'이다. 그러나 여자는 '타자他者'이다"(보부아르 2009, 15). 페미니즘의 고전으로 읽히고 있는 시몬느 드 보부아르의 유명한 저서 『제2의 성』에 쓰여 있는 말이다. 『제2의 성』은 남성들의 시각에서 제외되고 억압받아야 했던 여성성을 재발견하게 만든다. 인류 문명사의 전개에서 볼 때, 여성은 남성에게 타자화된 존재라고 할 수 있다. 다음 글도 타자화된 여성, 여성의 몸을 다시 생각하게 만든다.

> 여성의 몸은 병이나 거부반응, 생체조직의 죽음을 유발시키지 않고 자기 안에 생명이 자라도록 관용하는 특수성을 지닌다. 불행히도 문화는 타자에 대해 존중하는 이 구조의 의미를 거의 뒤바꾸어 놓았다. 문화는 모자관계를 종교적 우상으로까지 맹목적으로 숭배하였으나, 이 관계가 나타내는 자기 안에서 타자를 관용하는 모델에 대해서는 전혀 이해하지 못하였다. 여성의 몸은 실제로 남성 염색체와 여성 염색체가 만나 수태됨으로써 아들과 딸에게 동등한 생명의 기회를 허락한다.
>
> 남성끼리의 문화는 반대로 작용한다. 남성 위주의 문화는 다른 성이 가져온 것을 사회에서 배제해 버린다. 여성의 몸은 차이를 존중하는 반면, 가부장제 사회라는 거대한 몸은 차이를 배제하고 계급서열상으

로 구성되어 있다. 타자로서의 여성은 이러한 사회 구조에서 자연적 기반, 즉 관계상의 의미에서 그 중요성이 모호한 채로 남아 있는 기반으로 머물러 있어야 한다.

– 뤼스 이리가라이, 『나, 너, 우리: 차이의 문화를 위하여』, 박정오 옮김, 동문선, 1996, 47쪽.

연습 문제 4

자신의 몸 안에서 타자에게 생명과 성장을 허용하는 여성은 오히려 남성들만이 세운 질서로부터 배제된다고 할 때, 어떤 남성중심적 질서로부터 배제되는 것인지 구체적인 사례를 들어 말해 보자.

연습 문제 5

여성 정체성이 재구축되어야 한다고 할 때, 남성중심적 가부장제 질서에서 모녀 간의 정체성을 바탕으로 관계를 어떻게 개선할 수 있는지도 큰 문제 가운데 하나이다. 모녀 관계를 발전시키기 위한 실천 방안 가운데 하나로 생명과 음식에 대해 존중하는 마음을 다시 배우자는 태도가 있을 수 있다. 생명과 음식에 대해 존중하는 마음이란 무엇이고, 그것을 배운다는 것이 왜 여성 정체성을 재발견하는 데에도 도움이 되는지 말해 보자.

4. 동물은 인간의 타자인가

인류 문명사는 자연을 착취하고 이용하는 자연 정복사이기도 했다. 우리 곁에 비근한 자연으로 동물이란 존재가 있다. 오늘날 '반려동물'로 가정 안으로 들어온 동물들도 있지만, 대체로 인간에게 동물은 타자화된 존재로서 억압과 차별의 대상이었다. 인간이 동물에게 배타적 권리를 천부적으로 타고난 존재처럼 여기는 것을 우리는 당연시했던 것이다.

연습 문제 6

타자화된 동물이라는 맥락에서 다음 텍스트를 읽어보고, 인간에 타자화된 동물이 어떻게 인간 세상에서 복권될 수 있는지를 상상해 글로 써 보자.

테레사는 조용히 그녀의 무릎에서 잠든 카레닌의 머리를 쓰다듬는다. 그녀는 다음과 같이 숙고한다. 이웃 사람들에 대해 성식한 태도를 취하는 것은 별것이 못 된다. 테레사는 마을 주민들에 대해 나무랄 데 없는 처신을 했다. 그렇지 않을 경우 그녀는 마을에서 살 수 없을 것이기 때문이다. 뿐만 아니라 토마스에 대해서도 그녀는 그를 필요로 하기 때문에 다정한 태도를 가져야 한다. 다른 사람들에 대한 우리의 관계라는 것이 어느 정도가 우리들 감정의, 우리들 사랑의, 우리들 불쾌의, 우리들 호의의, 혹은 우리들 악의의 결과인가 하는 것을, 그리고 그것이 어느 정도 개개인 간의 역학관계를 통해 확정되어 있는가 하는 것을 우리는 결코 확실하게 확정지을 수 없다.

참된 인간의 친절이 절대적인 순수성과 자유를 지니고 나타날 수 있는 것은 오직 어떠한 힘도 갖지 않은 사람들에 대해서뿐이다. 인류의 참된 도덕적 시험, 가장 근본적 시험은이것은 인간 내면에 그토록 깊은 곳에 닻을 내리고 있어 우리들의 눈에는 보이지 않는다. 인간들에게 내맡겨져 있는 것들, 즉 짐승들에 대한 인간의 관계에서 나타난다. 바로 여기에서 근본적인 인간의 기능장애가 나타났다. 이 기능장애는 너무도 근본적인 것이어서 모든 다른 것들은 여기에서 추론될 수 있다.

…(중략)…

계속 내 눈앞에는 테레사가 나무 그루터기에 앉아서 카레닌의 머리를 쓰다듬고, 인류의 기능장애를 생각하는 모습이 보인다. 동시에 또

> 다른 형상이 떠오른다. 즉 니체가 투린에서 그가 묵었던 호텔을 떠난다. 그는 자기 앞의 말과 마부를 본다. 마부는 말에 채찍질을 하고 있다. 니체가 말에게로 다가가 마부가 보는 앞에서 두 팔로 말의 목을 껴안고 운다.
>
> 그것은 1889년이었다. 니체는 그때 이미 사람들에게서조차 소외된 상태였다. 달리 말하면 바로 그 시점에 그의 정신병이 돌발했다. 그러나 바로 그 때문에 그의 행동은 데카르트를 대신하여 말에게 사죄하기 위해 왔던 것이다. 그의 정신착란 혹은 인류와의 단절은 그가 말을 애도하여 우는 순간에 시작된다.
>
> 그런데 바로 이것이 내가 좋아하는 니체다. 꼭 마찬가지로 자기의 무릎 위에 죽을 병이 걸린 개의 머리를 올려놓고 있는 테레사를 나는 좋아한다. 나는 이 두 사람이 나란히 있는 것을 본다. 두 사람은 인류가 '자연의 주인이자 소유주'로서 앞으로 행진하고 있는 길에서 이탈하고 있다.
>
> –밀란 쿤데라, 『참을 수 없는 존재의 가벼움』, 이재룡 옮김, 민음사, 2009, 352쪽.

위 인용문 『참을 수 없는 존재의 가벼움』에서 테레사는 여성이고 카레닌은 개다. 왜 밀란 쿤데라는 병든 개를 무릎 위에 올려놓고 인간중심주의에 대해 깊은 반성적 사유를 하는 주체로 테레사를 선택했을까. 왜 남자 주인공 토마스 대신 테레사가 이 역할을 맡을까. 깊이 생각해볼 문제이다. 타자화된 존재라는 점에서 여성과 동물 사이에는 어떤 모종의 함수관계가 있을 수도 있다. 그 함수관계라는 것이 구체적으로 어떤 맥락으로 이해될지 수 있는지를 『계몽의 변증법』의 저자들은 다음과 같이 제시한다.

> 그렇지만 이성을 가진 동물이 이성 없는 동물을 돌보는 것은 소일거리에 불과하다. 서구 문명은 그런 일을 여자에게 맡겼다. 여자는 문명을 낳은 '유능함'에 주체적으로 참여하지 못한다. 적대적인 세계로

나가 싸우고 생산하는 것은 남자다. 여자는 '주체'가 아니다. 여자는 폐쇄적인 가정경제라는 오래 전에 사라진 시대의 살아 있는 기념비로서, 자신이 직접 생산하기보다는 생산하는 자를 돌보아준다. 남자에 의해 강요된 노동분업은 여자에게는 별로 유리하지 못했다. 생리적인 기능을 담당하는 여자는 자연-이것을 억압함으로써 문명은 자랑스러운 훈장을 달게 되었던-의 이미지를 갖게 된다. 우주를 끝없는 사냥터로 만들려고 하는 무제한한 자연지배는 수천 년 동안 인간이 소망해온 꿈이었다.

– 호르크하이머/아도르노, 『계몽의 변증법』, 김유동 외 옮김, 문예출판사, 1995, 337쪽.

연습 문제 7

동물을 돌보는 자연 이미지로서의 여성은 본래적인 여성성에 기인하는 것인가, 아니면 만들어진 신화에 불과한 것인가 토론해 보자.

5. 어떻게 소수자와 함께 살 것인가

그렇다면 우리는 어떻게 소수자와 함께 살아갈 것인가? 다음 글을 통해 이 문제에 대해 생각해보자.

연습 문제 8

타자의 문제는 소수자minority의 문제와 함께 사유되어야 할 문제이기도 하다. 다음 지문을 통해 소수자의 문제를 사유하면서 Ⓐ 앞에는 어떤 글의 전개가 와야 타당한지 상상해 보고, 그것을 한 단락의 글로 써 보자.

Ⓐ 그래서 우리는 소수자를 다룰 때 질quality적인 관점을 고려해야만 한다. 질적인 관점에서의 소수자란 사회에서 그 수가 많고 적음에 관계없이 사회적 약자로 분류될 수 있는 경우를 말한다. 그들은 육체적 또는 문화적 특성 때문에 자신들이 살고 있는 국가나 사회로부터 불평등한 대우를 받는 자들이며, 경우에 따라서 그들은 집단으로 차별을 당하기도 한다. 차별을 당하고 있다는 것은 상대적으로 높은 사회적 지위와 더 많은 특권을 누리고 있는 지배 집단이 존재하고 있다는 것을 의미한다. 나아가 소수자가 된다는 것은 결국 사회생활에의 완전한 참여의 배제를 의미하는 것과 마찬가지이다. 이상과 같이 정의한다면 위에서 열거한 다양한 집단과 개인들은 소수자의 범주에 포함될 수 있게 된다.

소수자를 규정할 수 있는 또 다른 조건은 바로 '역사성'과 '주변부성'이다. 역사성이란 소수자가 소수자라는 이유만으로 이전 세대로부터의 차별과 편견을 그대로 이어받게 된다는 것이다. 따라서 여성은 여성이라는 이유만으로 그 어머니의 어머니 때부터 그 딸의 딸을 거쳐 생활세계와 정치 및 경제 영역 곳곳에서 편견과 차별을 당하게 된다. 또 다른 범주의 소수자도 소수자란 이유만으로 세대를 거쳐 지속적인 편견과 차별의 대상이 되어버린다. 주변부성이란 소수자라는 이유로 사회의 주류에 포함되지 못하고 수용과 비수용의 경계선에 위치하며, 경우에 따라 수용되기도 하고 배제되기도 하는 특수한 지위를 갖게 되는 것을 말한다. 예컨대 어떤 여성이 기업에 입사해서 능력을 크게 발휘하여 높은 지위에 오를 수 있다고 하자. 하지만 그것은 그 여성이 가부장적으로 유지되는 가족 내에서 인정을 받는 것과는 별개의 문제여서, 오히려 여성이 성공하고 출세했다는 이유만으로 질투와 혐오의 대상이 되기도 한다.

– 이남석, 「소수자와 다수자의 아름다운 공존」, 학술단체협의회, 『사회를 보는 새로운 눈』, 한울, 2008, 280~81쪽.

6. 구체적으로 소수자를 상상하기: 장애 여성의 몸

소수자 범주로 분류되는 소수자의 종류는 일일이 헤아리기 어려울 정도로 많지만, 우리 시대의 한 대표적인 소수자로서 장애여성을 꼽을 수도 있다. 사회적 약자이자 소수자로서의 장애여성에 대해 우리는 어떤 차별적 시선과 편견을 가지고 있는가를 다음 글을 읽으며 생각해 보자.

연습 문제 9

특히 이 문제를 장애여성의 몸과 관련해 생각해 보고, 이를 글로 표현해 보자.

때론 공포의 대상인 몸

장애여성네트워크에서 2009년 10월 14일~19일에 장애여성의 몸을 주제로 '장애여성 이야기가 있는 사진전–몸으로 말하기' 전시회를 열었다. 장애여성의 일상적인 몸을 사진에 담아 장애여성의 경험과 차이를 보여주어 장애여성의 삶을 긍정하려는 시도였다. 이 사진전에서는 '앨리슨 래퍼, 행동하는 비너스'와 '킴 푹 스토리' 영상 전시와 함께 소수자적 관점에서 작품활동을 하고 있는 정선아, 이남희, 황태원 3인의 작가 외에도 장애여성의 일상을 주제로 한 당사자들의 작품, 총 서른 아홉 점이 전시되었다.

전시회 작품 중에 '스튜디오'라는 제목의 작품이 있었다. 사진전을 주최했던 우리들은 이 작품에 '방송국 작가로 일하고 있는 장애여성의 일터에서의 자연스런 일상'을 담고자 하였다. 의족을 하거나 긴 바지로 절단된 부위를 감추지 않고 한쪽 다리만 드러낸 채 짧은 스커트를 입고 있는 당당한 그녀의 모습은 우리들이 원하던 결과물 바로 그 자체였다.

하지만 그 작품을 보고 자신의 몸을 있는 그대로 긍정하는 자연스러움을 느낀 것이 아니라 '너무 무서웠다'는 의외의 반응을 보인 비장애여성이 있었다. 그녀는 휠체어를 이용하는 지체장애여성의 활동보조인으로서 예순이 넘은 분이었다.

사진을 통해 '장애여성은 의존적이거나 무기력하다'는 사회통념과는 달리, 실제로는 경제활동에 적극적으로 참여하고 있는 장애여성이 꽤 많고, 참여하고 싶은 의지도 강하다는 메시지를 전달하고자 했던 우리로서는 적잖이 당황스런 반응이었다.

더구나 자세히 들여다보지 않으면 절단장애가 눈에 잘 들어오지도 않을 정도의 보통의 직장여성과 다를 바 없는 사진을 보고 왜 무서움을 느꼈을까, 한참 열띤 토론이 이어졌다. 물론 무서웠다는 느낌을 표현한 당사자와 깊이 있는 대화를 나누어봐야 알 일이겠지만 우리로서는 익숙하지 않은 모습이라는 것 외에 달리 해석할 길이 없었다.

전시작품 중에서 가장 의외의 반응이 나왔던 사진은 시각장애여성이 뜨개질하는 장면을 담은 작품이었다. 자신이 직접 뜬 스웨터를 입고 의자에 다소곳이 앉아 뜨개질을 하는 장애여성의 사진을 보고 대부분의 관객들은 그녀의 장애를 짐작하지 못했다. 전시회를 앞두고 사진으로 소통하는 데 오히려 방해가 될 수 있다는 생각에서 구구절절이 작품 설명을 달지 않았던 까닭이었다.

그런데 장애인과 비장애인 사이의 간극은 예상보다 훨씬 컸다. 스태프가 시각장애가 있는 여성의 사진임을 알려주었을 때 관객들 대부분은 충격을 받은 것 같았다. 우선은 시각장애가 있는 사람이 뜨개질을 할 수 있다고는 상상조차 하지 못한 데서 오는 충격이 가장 컸으리라. 그리고 시각장애여성인 줄은 몰랐는데, 왠지 사진 속 인물의 표정이며 분위기에서 무서운 느낌이 들었다는 고백도 있었다. 장애가 있는 몸은 그렇게 친근하고 익숙하기보다 낯설고 이질적이고 때로는 공포스럽게 받아들여지곤 한다.

우리 안의 다름

대부분의 사람은 장애를 경험으로서가 아니라 이미지로 받아들이는 경향이 있다. 장애인을 사회참여에서 배제하는 환경으로 인해 학교에서나 직장에서나 장애인과 가까이할 기회가 거의 제한되어 있기 때문이다. 물론 그 이미지는 실제일 수도 있고 매체에 의해 한번 걸러진 이미지일 수도 있을 것이다.

단 한 번 한순간에 접한 그러한 이미지들은 실제이든 만들어진 것이든 간에 진짜 혹은 전부가 아닐 가능성이 높다. 하지만 매우 낯설고 때론 충격적이기 때문에 상당히 강렬하게 사람들의 뇌리에 박히게 마련이다. 장애가 있는 나 역시 예외가 아니어서 나와 다른 장애가 있는 몸에 대해 거의 피상적으로만 이해하고 마치 다 알고 있는 듯 착각하고 있다가 한 번씩 뒤통수를 얻어맞는 경험을 하고 있는 것이다.

장애인이 장애가 있다는 이유로 격리 또는 분리되지 않고 비장애인과 장애인, 장애인 중에서도 서로 다른 장애를 가진 사람들이 서로 섞여 살며 서로에 대해 깊숙이 알아갈 때 장애가 있는 우리들의 몸이 더 이상 낯설지 않게 될 것이다. 그래서 장애인들은 한결같이 통합교육을 원하고 있다. 장애인들끼리 공부하는 특수학교의 장점도 있음을 부정하긴 어렵겠지만, 어릴 적부터 장애가 있는 아이들과 비장애 아이들이 자연스럽게 어울릴 수 있어야 서로를 이해할 수 있게 된다. 학교 다닐 때 같은 반에 청각장애 친구가 있어 친하게 지내면서 장애가 친근하게 느껴진다거나, 오랫동안 장애인과 함께 지내다 보니 그 사람의 장애가 별로 의식되지 않는다는 사례는 얼마든지 있다.

물론 이 말은 장애가 별로 의식되지 않는다고 해서 장애인을 비장애인으로 봐주는 것이 올바르다는 뜻은 아니다. 한 사람의 부분일 뿐 전체가 아닌 '장애'라는 몸의 조건을 있는 그대로 이해하기 위해서는 앞으로도 많은 노력이 필요할 것 같다. 여러 유형의 장애여성들과 접촉할 기회가 많다는 점에서 내가 수많은 다름을 이해하기 매우 좋은 조건에 있다는 것은 그나마 다행이다.

–김효진 외, 『모든 몸은 평등하다』, 삶창, 2012, 39~44쪽.

〈참고 문헌〉

고종석, 「우리와 그들」, 『코드 훔치기』, 마음산책, 2000.

김효진 외, 『모든 몸은 평등하다』, 삶창, 2012.

랠프 엘리슨, 『보이지 않는 인간 1』, 조영환 옮김, 민음사, 2008.

뤼스 이리가라이, 『나, 너, 우리: 차이의 문화를 위하여』, 박정오 옮김, 동문선, 1996.

밀란 쿤데라, 『참을 수 없는 존재의 가벼움』, 이재룡 옮김, 민음사, 2009.

시몬느 드 보부아르, 『제2의 성』, 이희영 옮김, 동서문화사, 2009.

이남석, 「소수자와 다수자의 아름다운 공존」, 『사회를 보는 새로운 눈』, 학술단체협의회, 한울, 2008.

호르크하이머 · 아도르노, 『계몽의 변증법』, 김유동 외 옮김, 문예출판사, 1995.

제3장

교육이란 무엇이고, 무엇을 할 수 있는가

1. 교육은 무엇을 할 수 있는가?

'개천에서 용 난다.'라는 속담은 미천한 신분에 있는 사람이 끊임없이 노력하면 사회적으로 성공할 수 있다는 뜻을 함축하고 있다. '형설지공螢雪之功'과 같이, 누구나 노력하면 성공할 수 있다는 믿음과 맹모孟母의 '삼천지교三遷之教'와 같이 부모로서 자녀들에게 좋은 교육 환경을 만들어 주어야 한다는 믿음은 동서양을 막론하고 존재해 왔다. 이러한 믿음은 한국의 '교육 만능주의 사상'을 가져오기도 하였다. 특히 1910년 국권 침탈의 위기를 겪으면서, 교육 부재가 한국의 위기를 가져왔다는 생각이 만연하고, 그로 인해 교육은 모든 문제를 해결할 수 있다는 사상이 일반화되었다. 이러한 생각은 이광수의 소설 「무정」에서 잘 표현되었다.

> 일동의 정신은 긴장하였다. 더구나 영채는 아직도 이러한 큰 문제를 논란하는 것을 듣지 못하였다. '어떻게 하면 저들을 구제하나?' 함은 참 큰 문제였다.
>
> 이러한 큰 문제를 논란하는 형식과 병욱은 매우 큰사람같이 보였다. 영채는 두자미杜子美며 소동파蘇東坡의 세상을 근심하는 시구를 생각하고, 또 오년 전 월화와 함께 대성학교장의 연설을 듣던 것을 생각하였다.

그때에는 아직 나이 어려서 분명히 알아듣지는 못하였거니와 '여러 분의 조상은 결코 여러분과 같이 못생기지는 아니하였습니다.' 할 때에 과연 '지금 날마나 만나는 사람은 못생긴 사람들이다.' 하던 생각이 난다.

영채는 그 말과 형식의 말에 공통한 점이 있는 듯이 생각하여다. 그러고 한 번 더 형식을 보았다. 형식은,

"옳습니다. 교육으로. 실행으로 저들을 가르쳐야지요. 인도해야지요! 그러나 그것은 누가 하나요?"

하고 형식은 입을 꼭 다문다.

세 처녀는 몸에 소름이 끼친다. 형식은 한 번 더 힘있게,

"그것을 누가 하나요?"

하고 세 처녀는 골고루 본다.

세 처녀는 아직도 경험하여 보지 못한 듯, 말할 수 없는 정신의 감동을 깨달았다. 그리고 일시에 소름이 쪽 끼쳤다. 형식은 한 번 더,

"그것을 누가 하나요?"

하였다.

"우리가 하지요."

–이광수, 『무정』, 글로벌콘텐츠, 2014, 632쪽.

이 작품은 1917년 이광수가 『매일신보』에 연재한 장편 '무정無情'의 결말 부분이다. 주인공 형식은 민중을 구제하는 유일한 방편이 '교육'이며, 교육은 피폐한 민중을 구제하는 만능의 수단임을 강조한다. 이러한 의식은 1960년대 이후 산업화 과정에서 "우리가 갖고 있는 유일한 자원은 인적 자원"이라는 믿음이나 1980년대 민주화 운동에서 "삼천만 잠들었을 때, 우리는 깨어"라고 외치며, 사회 운동가들은 무지한 대중을 계도하는 책임을 져야 하며, 그것이 그들의 유일하고 자랑스러운 사명이라는 신념을 산출하는 근거가 되었을지도 모른다.

그러나 교육은 정말 인간을 자기의 문제를 해결하고 자기의 운명을 개척할 수 있는 주체로 만들 수 있는 적절한 수단일까? 이에 대해서 미셸 푸코는 교육이 대중을 명령과 규칙에 순응하는 수동적인 주체로 만든다고 주장하였다. 미셸 푸코의 『감시와 처벌』은 이른바 '훈육'이라는 명칭 아래 교육이 피교육자를 억압하는 효과적인 메커니즘에 대해 잘 보여주고 있다.

> 감시는 생산 도구에 내재해 있는 부품인 동시에, 규율과 징계의 권력 안에서 작동하는 특정한 톱니바퀴인 한 경제의 결정적인 작용 요소가 된다.
>
> 이와 같은 움직임은 초등 교육의 재편성 과정에서도 마찬가지인데, 그것은 바로 감시의 특정화와 교육적인 관련 사항들의 통합이다. 본당 성당 학교의 발달, 그 학생 수의 증가, 학급 전체의 활동을 동시에 규제할 수 있는 방법의 결여, 그것으로 인한 무질서와 혼란 등의 여러 문제들 때문에 통제의 정비가 필요하게 되었다. 교사의 보조역으로 바탕쿠르Batencour는 우수한 학생들 중에서 총감독, 관찰, 지도, 복습, 기도의 낭송, 글씨 쓰기, 잉크 수취, 시혜물 분배와 방문 등의 일을 전담하는 일련의 '사관 생도'들을 선발하였다. 이렇게 정해진 역할은 두 종류로 나뉘는데, 한 쪽은 물건에 관한 일을 담당하고, 다른 한 쪽은 감시에 속하는 일을 맡는다. 예를 들면, "관찰 담당은 누가 자기 자리를 떠나는가, 누가 잡담하고 있는가, 누가 묵주와 기도서를 갖고 있지 않은가, 누가 미사 때 자세가 나쁜가, 누가 길에서 단정치 못한 행동을 하고, 실없는 이야기를 하고 떠들어 대는가."를 기록해 두어야 한다. 규율 지도 담당은 수업 시간에 얘기하거나 시끄럽게 떠드는 학생들, 필기를 하지 않고 장난을 치는 학생들을 주의하여 살피는 역할을 하고, 방문 담당은 결석하거나 중대한 과오를 범한 학생들에 대해서 가정을 방문하여 조사한다. 총감독은 이 모든 담당자들은 감시한다. 복습 담당만이 교육적인 역할을 하여, 학생들에게 두 명씩 나지막한 소리로

읽기 연습을 시킨다. 그런데 수십 년 후에, 드미아Demia는 똑같은 형태의 위계 질서적 감시를 그대로 받아들이긴 했지만, 이제는 감시의 기능이 거의 교육적 역할을 겸비하도록 했다. 예를 들면, 한 조교가 펜을 쥐는 법이나 손을 움직이는 방법을 가르치고, 잘못을 고쳐주는 동시에 '말다툼이 벌어질 때 잘못을 기록'해 두는 일을 하고, 다른 조교는 읽기 수업에서 똑같은 일을 담당한다. 다른 모든 역할의 담당자를 통제하고, 전반적 행실을 감시하는 감독관은 또한 '신입생을 학교의 여러 행사에 익숙하게 하는' 일도 맡고 있다. 10명 단위의 반장은 학과를 암송시키는 한편, 그 학과를 모르는 학생들을 '기록하는' 것이다. 여기서 우리는 '상호' 교육의 형태를 띤 제도의 개략을 살펴볼 수 있는데, 즉 단 하나의 장치 속에 세 가지 과정이 통합되어 있는 것이다. 그 세 가지는 엄밀한 의미에서의 교육과 교육적 행위의 연습을 통한 지식의 습득, 상호적이며 위계 질서화된 관찰이다. 즉 부가적이거나 부수적인 부품의 요소로서가 아니라 교육 현실에 내재해 있으면서 교육적 효과를 넓히는 구조적 요소로서이다. 연속적이고 기능적이며 위계 질서화된 감시는 아마도 18세기의 위대한 기술적 '발명'의 하나라고 할 수는 없겠지만, 이 감시의 교묘한 확장이 갖는 중요성은 확장과 더불어 생긴 권력의 새로운 구조에 기인하는 것이다. 이 감시 덕분에 규율 중심적 권력은 행사되는 장치의 경제성과 목적이 내부적으로 결합되어 있는 '통합된' 조직이 된다. 또한 그 권력은 다양하고 자동적이며, 익명인 권력으로 조직된다. 왜냐하면 감시가 개개인을 대상화한 것은 사실이지만, 감시의 운용은 상부에서 하부로, 또한 어느 정도까지는 하부에서 상부로, 또한 측면적으로 이루어지는 관계망으로 된 운용이기 때문이다. 이러한 관계망이 전체를 지탱해 주며, 상호적으로 지원해 주는 권력의 여러 효과를 통하여 전체의 구석구석을 가로질러 간다.

–미셸 푸코, 『감시와 처벌』, 오생근 옮김, 나남출판, 1999, 265~266쪽.

푸코는 교실의 역사를 일종의 감옥의 역사처럼 묘사했다. 교육을 통해 습득되는 지식이나 행동 양식은 그 자체로서 통합된 조직을 유지하는 역할을 한다는 생각은 푸코뿐만 아니라 교육의 기능을 비판하는 일부 학자들이 지지하는 견해이기도 하다. 즉 이들은, 교육이 기존의 문화와 계급을 유지하는 역할을 할 뿐, 그 자체로서 개인의 창의성과 발전에 기여하는 것은 아니라고 부정적으로 생각한다.

Michel Paul Foucault, 1926~1984

이처럼 교육 만능주의와 교육에 대한 비판적 견해가 공존한다는 것은, 그만큼 교육의 역할을 규정하기 어렵다는 뜻이기도 하다. 이 점에서 우리는 교육은 과연 무엇을 할 수 있는가를 진지하게 고민해 보아야 할 것이다.

연습 문제 1

다음 글을 읽고 주어진 활동을 하여 보자.

(가) 『뉴스위크』는 1994년 10월 26일자에서 "아이큐IQ, 그것은 숙명인가?"라는 제목으로 특집을 냈습니다. 심리학자인 찰스 머레이C.Murray와 하버드 대학의 리처드 헌스타인R.Herrnstein이 공저한 『종형곡선*Bell Curve*』이라는 책이 이 특집의 배경이 되었죠. 이 책은 기존의 아이큐에 관해 존재하던 논쟁에 새로운 자료를 가지고 불을 붙인 책입니다.

책의 골격을 한마디로 이야기하면 인간의 지능, 즉 똑똑한 사람과 똑똑하지 않은 사람은 태어날 때 이미 결정이 된다는 것입니다. 그러므로 현재의 사회 경제적 지위도 태어날 때의 지능 차에 의해 설명됩니다. 여기서 한 걸음 더 나아가면 어떤 결과가 빚어질까요? 여러 가지 사회적 불평등 문제를 교육이나 복지 제도 등의 사회 정책을 통해 해결하려고 하는 것은 기본적으로 불가능한 것이고 바람직하지도 않다는 주장이 나타나게 됩니다.

이런 주장은 곧바로 미국 사회의 골칫거리 가운데 하나인 인종문제와 연관됩니다. 결국 이들의 주장은 흑인이 열등하게 태어났기 때문에 그 수준만큼 사회 경제적 지위를 누린다는 것입니다. 따라서 흑인에게 다양한 복지와 교육 혜택을 주는 것은 아무런 실효성이 없는 것이죠. 또 그런 혜택을 주는 것이 정말 흑인을 위하는 것도 아닙니다. 오히려 흑인들에게 허황된 꿈을 심어주어 삶을 더욱 고달프게 만들 수 있기 때문입니다. 따라서 흑인들의 지능 수준만큼 사회 경제적 지위를 누리도록 하는 것이 오히려 바람직하다는 것입니다.

– 문용린, 「불평등의 사회문화적 이해」, 『현대사회와 과학문명』, 나남출판, 1997, 110~111쪽.

(나) 인간의 본성은 사회의 문제를 해결할 수 있는 자질 면에서 부족하지 않다. 인간은 원래 다른 인간들과의 유기적 관계 속에 주어졌다. 그리고 자연적 충동으로 말미암아 인간은 타인들의 욕구가 자신의 그것과 상충될 때조차 그들의 욕구를 고려한다. 고등 포유동물들과 마찬가지로 인간도 자손에 대해 깊은 관심을 기울인다. 그래서 어린아이의 장기간의 유아기는 인류 역사의 초창기에 있어 유기적인 사회집단의 구성을 위한 기초가 되었다.

지성과 상상력 그리고 사회적 갈등의 필요성들은 점차 이러한 집단의 규모를 확대시켰다. 직접적인 가족관계보다는 느슨한 혈연관계가 사회적 연대의 바탕이 되면서, 자연적 충동은 세련되고 확장되었다. 이때부터 인간 협동의 단위들은 그 규모가 계속 커지고, 단위들 간의 중요한 관계들의 영역도 마찬가지로 확대되었다. 그럼에도 민족적 단위의 갈등은 일시적인 성격의 관계이기보다는 영구적인 것으로 남아 있다. 그리고 각각의 민족적 단위는 그 내부의 공동 생활에서 평화나 정의를 유지하는 것이 점점 더 어려워지고 있음을 알아가고 있다.

지성은 자애로운 충동을 증대시킬 수 있고, 그 결과 인간으로 하여금 자신과 유기적이고 자연적인 관계에 의해 얽혀 있는 사람들 이외에, 다른 사람들의 욕구와 권리를 고려할 수 있도록 해 주는 반면, 평범한 사람들의 능력에는 한계가 있기 때문에 그들이 스스로에게 요구하는 것을 다른 사람들에게 부과한다는 것은 전혀 불가능한 일이다. 18세기 이후의 교육가들이 설사 자발적인 협력에 의한 정의가 보다 더 보편적이고 적절한 교육 사업에 의해 이루어진다는 환상에 빠지기를 좋아했다손 치더라도, 자비심과 사회적 선의지善意志는 결코 순수하거나 강력하지 않다는 것, 그리고 우리 자신의 권리나 욕망에 비추어 다른 사람들의 권리와 욕망을 고려할 수 있는 합리적인 능력이 그렇게 충분히 발달되어 있지 못하기 때문에 지성적 혹은 종교적 도덕주의자들의 사회적 유토피아인 무정부주의적 천년 왕국을 실현하지 못할 것이라는 사실을 믿을 만한 충분한 이유가 있다.

–라인홀드 니버, 『도덕적 인간과 비도덕적 사회』, 이한우 옮김, 문예출판사, 1994, 21~22쪽.

1) (가)와 (나)의 공통점과 차이점을 근거로, 교육 만능주의와 교육에 대한 비판적 견해의 타당성을 토론해 보자.

2) 1)의 활동을 토대로, '인간의 사회생활에서 교육이 할 수 있는 역할'을 주제로 한 편의 글을 써 보자.

2. 교육의 사회적 역할은 무엇인가

우리는 흔히 "정의란 무엇인가?" 또는 "문학이란 무엇인가?"와 같은 방식의 추상적인 질문을 던질 때가 많다. 얼마 전 소설가 김훈과의 만남은, 필자가 이러한 질문 방식이 얼마나 무모한 것인가를 깨닫는 계기가 되었다. 그분은 "What is justice?"라는 영어 표현과 "정의란 무엇인가?"라는 한국어 번역에는 큰 차이가 있음을 날카롭게 지적하였다. 그에 따르면 "What is

Justice?"라는 영어 문장은 "무엇이 정의인가?"로 번역되어야 한다는 것이다. 김훈의 지적처럼 '정의란 무엇인가?'라는 질문에는 '정의'에 대한 추상적 관념이 전제되어 있다. 이에 비해 '무엇이 정의인가?'라는 말은 우리가 따져 보아야 할 여러 가지 현상들이 과연 정의에 부합하는가를 묻고 있는 셈이다.

오늘 우리가 다루고자 하는 문제는 '교육은 과연 평등한가?', '우리 사회에서 교육은 정의로운가?' 또는 '어떻게 하는 것이 올바른 교육인가?' 등과 같은 현실적이고 구체적인 문제들이다. 다음 논설을 살펴보자.

> 우리나라는 생겨난 이래 귀족 정치의 국가였다. 정승의 자제와 판서判書의 후손이 주요 요직을 차지하고, 정권을 잡아 내부 각 관청은 세습하는 사람들로 가득 찼고, 외부 각 도와 군을 살펴보면 대대로 물려받은 땅만 가득하다. 귀족 자제의 풍습과 살진 음식만 먹는 사람들이 손가락 하나 움직이지 아니하고, 어떤 일이든 이치에 맞게 하지 않으면서 들어가면 금관옥대金冠玉代요, 나오면 높은 깃발을 휘두른다. 종이 한 장에 모든 물건이 저절로 들어오고, 곤장 한 대 때리면 만금萬金이 저절로 생겨나니, 배부르고 따뜻함이 풍족하며 편안하기가 극에 달한다. 평생의 재능은 벼슬을 얻는 것뿐이요, 한 폭의 의리義理는 시비를 논하는 것뿐이다. 오직 하나 학문은 보학원류譜學源流로, 이와 같은 기질과 습관으로 어찌 국가의 일을 담당할 역량과 백성을 구제하는 생각이 있겠는가. 다만 문벌을 세우고 자신을 영화롭게 하는 정신으로 세월을 보내다가 갑자기 시국이 변천하고 사무가 번잡한 시대를 당한 것이다. 이에 지방 인사가 시대를 각성하고, 세계 문명을 수입하여 국가와 사회사업을 진보進步하기 위해 청년자제를 해외에 파견하여 유학을 권면하니, 귀족 여러 사람들이 이에 두려운 마음이 들어 장래를 생각해 보니, 과연 학문과 재주와 식견이 없다면 옛날과 같이 공공의 업무를 사사로이 소유하지 못하고, 백성의 물건도 사사로운 주머니로 여길 수 없을 듯하다. 이에 비단 옷과 이불을 몰래 갖추어 자제들을 해외 만 리海外萬里에 유학하

도록 명했으니, 우리는 그조차 크게 다행한 일로 여겼다.

그런데 근래 유학계의 소식을 들으니 가히 절규絕叫하고 뒤집어질 만한 일이 있었다. 감사원경監査院卿 신기선申箕善 씨의 아들이 공부가 필요함을 깨닫고, 장래 실제 사업을 행할 생각으로 '공업학교工業學校'에 입학했는데, 그가 이 말을 듣고 크게 성내어, "양반의 자식이 정치나 법률을 공부할 것이지, 공업이 무엇이냐."라고 하면서 즉시 소환했다고 한다. 기타 대관들도 또한 그 자제들에게 명령하기를 '정치 · 법률 이외에는 배우지 말라.'라고 하므로, 그 자제들이 '학문의 자유'를 얻지 못해 한탄하고 돌아오는 자도 있다고 한다. 괴이하다. 그대들의 사상이여. 그 자제를 해외에 유학하게 하는 뜻이 불과 그대들의 사사로운 이익으로 벼슬의 허영虛榮을 자제들에게 전수傳授하고자 함이며, 조금도 공익을 위하거나 국가를 위하는 사상이 아니다.

이로 볼지라도 그대들의 마음이 어디에 있는지 가히 불을 보듯 뻔하다. 또 이와 같은 가르침이 사실은 그대들의 집안에도 유익하지 못한 일이 될 것이다. 다른 대관은 그만두고 신기선 씨는 책을 만 권이나 읽고 여러 가지 글을 남긴 뛰어난 재상이다. 세상 형편도 조금을 들어 알고 있을 터이며, 옛날 사람들의 역사도 이미 섭렵했을 것이다. 그럼에도 생각한 바와 지식이 어찌 이와 같은가.

–「이재(異哉)라, 귀족가(貴族家)의 교육(敎育)」, 『황성신문』 1909.1.31.

이 논설은 국권 침탈에 따른 애국 계몽사상이 활발했던 1900년대의 교육 실태를 보여주는 논설이다. 이 글에 나타난 것과 같이, 근대 이전의 한국 교육은 양반 귀족의 지위 세습 방편으로 작용한 것이 많았다. "종이 한 장에 모든 물건이 들어오고, 곤장 한 대에 만금이 저절로 만들어진다."는 것은 관료들의 탐학을 상징하며, '오직 하나, 학문은 보학원류'라고 하는 것도 전근대의 교육이 갖는 부당함을 지적한 표현이다. 그런데 신기선申箕善, 1851~1909의 사례에서 보듯이, 지식이 증장增長하고 개화의식이 발달하며, 유학생을 해외에 파견하는 상황에서도 이러한 의식이 변화하지 않고 있음을 나타낸다. 사실 신기선은 갑신정변 당시 개화 정권에서 이조판서 겸 홍문관 제학으로 임명되었고, 갑오개혁 이후 학부대신을 거쳐 재일 유학생 감독관까지 지냈던 인물이다. 비록 유교를 근본으로 삼는다는 입장을 내세웠으나 근대의 학문 발달 과정에서 신학문을 수용하고, 신구사상新舊思想을 통일할 목적으로 '대동학회大同學會'까지 설립했던 인물이다. 그럼에도 그는 아들이 공학을 공부하는 것을 용납하지 않았다. 그 이유는 '정치 · 법률'과 같이 '벼슬길을 얻는 학문'이 아니었다고 생각했기 때문이다.

이와 같은 문제는 오늘날의 한국 교육 현실에서도 결코 사라지지 않았다. 한국 사회의 고질적인 병폐의 하나로 일컬어지는 학벌 중심 사회나 대학 서열화, 지방대 차별 등과 같은 다양한 교육 문제는 100년 전 조선사회가 직면했던 문제와 큰 차이가 없다. 다음 글을 살펴보자.

> '군벌', '문벌', '족벌', '학벌'의 공통점은 모두 '벌'이 들어간다는 점입니다. '벌閥'이란 '파벌'의 준말로 출신이나 이해관계가 같은 사람들끼리 뭉친 세력이나 집단을 말합니다. 그러니까 군벌은 군인들의 파벌이고 문벌이나 족벌은 가문의 파벌입니다. 마찬가지로 학벌은 출신 학교에 따라 형성된 파벌입니다. 어느 학교를 나왔느냐에 따라 사회적인 지위나 등급이 일종의 신분으로 결정됩니다. 봉건사회의 양반이나 상민처럼요. 과거에는 고졸자와 대졸자 간의 신분 차이만 있었다면 대학 진학률이 80%에 육박하는 지금은 어떤 대학을 나왔느냐가 평생을 따라다닙니다. 봉건사회에서 항상 차고 다녀야 했던 호패처럼요. 이른바 명문대 학벌은 끼리끼리 밀어주어 자신들의 당파적인 이익을 추구합니다. 어떤 대학을 나왔느냐는 사회생활을 할 때 취업 · 승진 · 사회적 대우, 심지어 결혼에까지 영향을 미치는 요소가 됩니다. 그리고 신분제 사회의 중요한 특징인 세습이 학벌에서도 이루어집니다. 좋은 학벌이 자손에게 대물림되어, 예전에는 "개천에서 용 난다."라고 했지만 이제

는 "개천에서 미꾸라지 난다."라고 합니다. 정말로 우리 사회의 학벌은 사회적 대우나 세습에서 봉건사회의 신분제도나 다름 없습니다.

네티즌들 사이의 지질한 대학 서열화 놀이도 학벌 사회의 씁쓸한 면을 잘 보여줍니다. 스카이SKY는 서울대, 고려대, 연세대의 영문 머리글자입니다. 뭐 우연의 일치지만 들어가기가 하늘만큼 어렵다는 뜻으로 해석된다네요. 또 수도권 집중 현상이 심화되면서 서울에 있는 대학과 지방에 있는 대학 사이에도 넘을 수 없는 벽이 생기는데, '인서울'과 '지잡대'가 그것을 대표하는 말입니다. '인서울'은 서울에 있는 대학을 가리키는 말로, 대부분의 대입 수험생들은 인서울 대학을 마지노선으로 잡습니다. '지잡대'는 '지방의 잡스러운 대학'을 줄인 말로 지방 대학을 아주 비하하는 말입니다. 옛날 같으면 삼류대라고 했을 텐데, 이제는 노골적으로 잡스러운 대학이라고 부릅니다.

– 최훈, 『불편하면 따져 봐』, 창비. 2014, 189~190쪽.

하지만 윗 글에서 제시된 교육의 현재 상황은 교육이 본질적으로 목표하는 것은 아니다. 교육은 근본적으로 인간의 지적, 정의적, 도덕적, 신체적 능력을 변화시켜 긍정적으로 활용하는 데 목표가 있다. 그럼에도 시대와 사회적 환경에 따라 다양한 형태의 차별이 존재하는 것이 현실이다. 다음 글을 살펴보자.

한국직업능력개발원은 11일 전국 300개 학교에서 무작위로 선정한 중3 · 고3 학생 6,000명과 학부모 6,000명, 담임교사 1,200명 등 1만 3,500명을 대상으로 '학생 성적에 영향을 미치는 주요 요인'을 조사한 결과를 발표했다.

지난 4월부터 8월까지 국내에서 처음으로 실시된 대규모 면접조사를 통해 가구의 소득 수준, 부모의 학력과 교육열, 문화생활 빈도, 사교육 실시 여부 등과 의미있는 상관관계가 있음을 확인했다. 개발원은 이들

학생의 학업 성적과 진로, 미래 직업 등을 최장 15년 동안 조사한다.

상위 71% 부모가 자녀 희망 전공 알아

부모가 자녀의 고민, 희망 전공과 직업을 알수록 자녀의 성적도 좋은 것으로 확인됐다. 중학생의 경우 부모가 자녀의 희망 전공을 알고 있는 비율은 상위권이 71.8%로 중위권 61.2%, 하위권 51.3%보다 높았다. 희망 직업을 아는 부모도 상위권이 70.2%로 하위권 43.1%에 비해 많았다. 자녀의 개인적 고민을 알고 있는 부모도 상위권 집단에서 53%로 절반이 넘었다. 부모와 자녀의 관계가 원만할수록 성적이 좋았다. 중학교의 경우 가정생활에 만족하는 비율이 상위권은 76.2%였고, 일반고에서도 69.5%로 나타났다.

책이 많은 가정과 연극 · 영화 · 뮤지컬, 박물관과 미술관을 많이 관람하는 자녀일수록 성적이 높다. 중학생이 고교생보다 문화적 접촉 빈도에 따른 성적 차이가 큰 것으로 나타났다.

중학생은 책 보유권수가 300권 이상인 가구의 비율이 성적 상위권에서는 24.4%, 중위권 12.5%, 하위권 6.8%였다. 영화, 연극, 뮤지컬 등을 전혀 관람하지 않는 가구의 비율은 상위권은 38.5%였지만 중위권 51%, 하위권 58.6%로 절반 이상을 차지했다. 일반계 고교도 유사한 상관관계를 나타냈다.

교육 '신분 상승'에서 '계층 재생산' 수단으로….

상위권 중학생 집단에서 부모가 자녀의 교육을 위해 이사, 이민, 유학 등을 고려한 경우가 24.2%로 하위권 12.9%의 두배 가까이 높았다. 정부의 교육정책에 관심이 있다고 응답한 부모의 비율은 상위권에서는 68.1%로 중위권 59%, 하위권 45.9%보다 높았다. 상위권 고교생 집단에서도 교육정책에 관심을 보인 부모의 비율이 66.2%로 하위권 58.4%보다 더 많았다.

부모의 소득 수준과 학력이 일정 부분 영향을 미치는 것으로 나타났다. 즉 가구소득이 높고 부모의 학력이 높을수록 자녀들의 학업성적이 높다는 점이다. 교육이 '계층 재생산'의 수단이 되고 있음을 엿보게 한다. 특히 가구소득 및 부모의 학력에 따른 격차는 중학교에서 더 크게 작용했다.

중학교 3학년생의 경우, 성적 상위 30% 512명 가운데 한달 가구소득이 300만 원 이상인 비율은 44.1% 226명를 차지했다. 중위권에서는 31%, 하위권은 26.5%로 나타났다. 일반고는 한 달 소득 300만 원 이상이 전체 상위권 410명 중 47.1% 193명이었지만, 중위권이 39.4%, 하위권이 35.6%로 고른 분포를 보였다. 반면 실업고 3학년생의 경우 고소득층 상위권은 428명 중 16.6% 71명에 불과했다.

부모 학력도 자녀 성적과 상관관계

아버지의 학력이 4년제 대졸 이상인 가구의 비율도 상위권에 더 많이 분포하고 있다. 상위권은 37.6%, 중위권 25.7%, 하위권 15.8%로 하위권으로 갈수록 낮다. 상위권에서 어머니의 학력이 대졸 이상인 경우는 22.5%로 하위권보다 3배 가까이 많았다. 어머니의 학력에 따른 자녀의 성적 차이가 더 컸다.

사교육을 받은 중학생의 상위권 비율은 국어가 60.6%, 수학 80.6%, 영어 80.8%로 비교적 높게 나타났다. 상위권의 수학 사교육 비율은 중위권 67%, 하위권 49.1%보다 각각 13.6% 포인트, 31.5%포인트가 높았다. 영어의 경우 사교육을 받은 상위권의 비율은 중위권 65%, 하위권 48.9%보다 각각 15.8%포인트, 31.9%포인트 높아 주요 교과목 가운데 가장 차이가 컸다. 하지만 성적 상위권 집단에서도 사교육을 받지 않는 비율이 적지 않았다. 상위권 일반고교생의 경우 국 · 영 · 수 과목에서 사교육을 받지 않는 비율도 각각 59.2%, 38.9%, 53.4%로 나타났다.

한편 자녀의 성적이 상위권인 부모일수록 '평준화 정책'에 반대했다. 중학생 학부모의 경우 상위권에서는 36%가 평준화에 반대해 중위권 16%, 하위권 13.3%보다 높았다. 그러나 전체적으로는 찬성 의견이 많았다. 중 · 고교 학부모 가운데 각각 53.4%, 47.6%가 평준화에 찬성했다.

–「부모 소득 · 학력 높을수록 중고생 자녀 성적도 높아」, 『서울신문』, 2004.11.12.

이 기사는 학력과 가정 환경의 상관 관계에 관한 구체적인 조사 사례를 담고 있다. 사실 이 문제는 1970년대 영국 사회에서도 많은 논란이 되었던 문제이다. 그 당시 마이클 영이라는 교육학자는 영국 사회에서 부모의 소득과 자녀의 학력이 깊은 상관관계를 맺고 있음을 증명하였다. 즉 부모의 소득이 높으면 자녀의 성적도 좋아진다. 달리 말해 잘 사는 부모를 둔 학생은 그만큼 더 다양한 교육 혜택을 받게 된다.

이상과 같은 다양한 교육 차별에도 불구하고, 인간 집단이 존재하는 곳에서 교육이 없을 수는 없다. 그렇다면 진정한 교육의 역할은 무엇일까? 쉬운 듯하지만, 이 문제는 사실 정답을 찾기 어렵다. 그렇기에 우리는 지성인으로서 진정한 교육의 의미를 끊임없이 되물어야 한다.

연습 문제 2

다음 글을 읽고 주어진 활동을 하여 보자.

(가) 대학大學은 진리眞理를 탐구하는 일에 종사하는 학자와 학생들의 집단이다. 대학은 그 운영 수단이 기부금, 오랜 자산권, 또는 국가, 그 어느 것으로부터 얻어지든 상관없이, 혹은 대학 최초의 공식 인가公式認可가 로마 교황敎皇의 교서敎書, 제국 헌장, 또는 지방이나 국가의 법률, 그 어느 것에 의해 이루어졌든 상관없이, 스스로의 업무를 집행해 나가는 단체이다. 어느 경우를 막론하고, 대학의 자주적인 존재는 그 창설자의 입장에서 볼 때 뚜렷한 소망과 끊임없는 인내를 반영한다.

교회와 마찬가지로, 대학은 초자연적이고 전 세계적인 성격을 지닌 불멸의 이념으로부터 그 자율성을 부여받는다. 그 자율성은 국가도 존중하는 것이며, 그것이 바로 학원의 자유이다. 이것이야말로 대학이 요구하는 것이고, 또한 당연한 대학의 권리이다. 학원의 자유란 진리를 가르쳐야 한다는 의무를 수반하는 특권이며, 대학의 외부나 내부에서 그 특권을 박탈하려는 자들을 도외시한다.

대학은 하나의 학교이다. 그러나 매우 특수한 종류의 학교이다. 대학은 교육을 위한 곳만이 아니다. 그보다도, 학생들은 적극적으로 연구에 참가하고, 그 연구의 경험으로부터 일생을 통해서 지니게 될 지적知的 수양修養과 교양을 얻게 된다. 이상적으로 말하자면, 학생들은 자율적으로 사고하고 비판적으로 들으며 자기 자신에 대해 책임을 진다. 그들은 배울 자유를 갖고 있다.

– 야스퍼스 저, 『대학의 이념』, 민준기 옮김, 경희대학교출판부, 1985, 1~2쪽.

(나) 언론사 대학평가에 대한 대학의 입장: 대학평가는 교육 및 연구의 질을 높이고, 대학의 사회적 책무성을 확보하는 데 목적이 있다. 따라서 평가 과정과 결과는 대학의 교육과 연구의 질을 높이고, 경쟁력 강화 등 대학 발전에 실질적인 기여를 할 수 있어야 한다. 또한 대학교육의 세계화 및 대학교육 질 보증에 대한 국가 사회적인 요구가 높아지고 있는 시점에서, 대학평가는 그 본래의 목적과 역할을 다해야만 한다. 그러나 우리나라에서 지금까지 시행되고 있는 언론사의 대학평가는 그 평가 내용, 방법과 절차, 결과 활용 등의 측면에서 대학교육의 질 보증이나 향상에 기여하기보다는 오히려 부작용을 낳고 있다. 구체적으로 언론사의 대학평가는 다음과 같은 심각한 문제점을 지니고 있다. 첫째, 언론사의 대학평가는 평가의 전문성 및 타당성이 부족하다. 특히, “평판도” 부문의 일부 지표들의 타당성이 부족하며, ‘양적 평가’에 치중하여 ‘교육의 질’을 간과하고 있다. 또한 점수집계방식에 있어서 총점평정방식을 채택함으로써 어느 한 영역이 최저점수를 받더라도 최종적으로 높은 순위를 받을 수 있는 방식이기 때문에, 평가결과로서의 타당성을 확보하지 못하고

있다. 둘째, 언론사의 대학 평가는 대학의 획일화를 조장하고 있다. 각 대학의 특성을 반영하지 않는 획일적인 평가 지표를 적용함으로써 대학의 특성화를 저해하고 있다. 셋째, 언론사의 대학 평가는 대학의 서열화에 치중하고 있다. 평가지표에 이론적 근거가 뒷받침되지 않는 가중치를 적용하여 산출한 점수로 그 순위를 발표하는 것은 대학교육의 질 제고에 결코 도움이 되지 않는다. 넷째, 언론사 평가는 순위 발표를 통해 대학 간 과도한 경쟁을 불러일으킬 뿐만 아니라, 교육력의 낭비를 초래하고 있으며, 그 결과는 광고 효과를 올리는 것으로 귀결되고 있다. 이러한 언론사 평가의 문제점들은 대학의 특성화 및 차별화를 저해함으로써 대학 경쟁력 강화는 물론 대학교육의 질 개선 어느 것에도 도움이 되지 않는다. 이에 따라 한국대학교육협의회는 2010년 하계대학총장세미나에서 대학평가대책위원회의 회의를 통하여 회원대학의 의견을 모아 대학에 대한 모든 평가가 다음과 같이 실시되기를 촉구한다.

1. 대학평가는 평가의 전문성 및 타당성을 확보하여야 한다.
2. 대학평가는 개별 대학의 특성을 고려하여 평가함으로써 대학을 특성화하고 대학교육의 경쟁력 강화에 기여하여야 한다.
3. 서열화하는 대학평가에 협조할 수 없으며, 순위발표를 인정하지 않는다.

한국대학교육협의회는 대학교육의 질을 향상시키고, 개별 대학의 특성화를 이루도록 하기 위하여, 다음 사항에 역점을 둔 평가인증제를 시행하고자 한다.

1. 서열화를 조장하는 순위 평가가 아닌 질적 평가를 지향한다.
2. 맞춤 평가를 통해 대학의 특성을 최대한 반영하고 대학의 발전에 기여한다.

3. 대학정보공시 등 실제 자료를 중심으로 한 평가로 대학의 부담을 최소화한다.

4. 대학의 발전을 위한 컨설팅 평가를 지향한다.

2010. 10. 전국대학 총장 일동

– 『대학저널』, 2010.10.14. http://www.dhnews.co.kr.

1) (가)에 나타난 대학의 기능을 요약하여 보자.

2) 교육 차별과 학력 차별의 문제점을 전제로, 대학 평가에 대한 (나)의 입장에 대하여 찬반 토론을 해 보자.

3) 〈보기〉의 관점에서 '교육은 정의를 실현할 수 있는가?'라는 주제로 한 편의 글을 써 보자.

John Rawls, 1921~2002

롤즈는 사회적 우연성에 의해서 생겨나는 자연적 우연성을 가능한 한 제거하기 위해서 사회적 영향을 조정하고, 이로써 최대한 자연적 우연성까지도 제거하려는 제3의 길을 취하고자 합니다. 여기서 롤즈의 두 가지 정의의 원칙이 나오게 됩니다.

첫 번째 원칙은 최대의 평등한 자유 원칙입니다. 롤즈의 정의론은 자유주의적 전통을 일단 받아들입니다. 모든 사람에게 자유를 평등하게 최대한 주라는 것이지요.

두 번째 원칙은 차등의 원칙입니다. 차등의 원칙은 두 부분으로 나누어 있는데, 하나는 최소 수혜자를 가장 우선적으로 고려하는 원칙이고, 다른 하나는 공정한 기회 균등의 원칙입니다. 여기서 공정한 기회의 원칙은 특별히 새로운 것이 아닙니다. 많은 사람들이 강조하고 있으니까요. 그러나 롤즈는 공정한 기회 균등의 전략이 정의의 문제를 해결하는 데 지극히 불완전하다는 점을 누누이 지적하고 있습니다. 따라서 그는 최소 수혜자를 우선적으로 고려하는 원칙을 제시합니다. 최소 수혜자란 공정한 기회 균등이 완벽하지 못해 가장 불리한 위치에 있는 계층을 말하는 것입니다. 이들을 가장 우선적으로 고려함으로써 공정한 기회 균등의 전략을 보완할 수 있다는 것이지요.

– 황경식, 「존 롤즈의 정의론」, 『현대사회와 과학문명』, 나남출판, 1999, 65~66쪽.

3. 앞으로 교육을 통해 무엇을, 어떻게 배울 것인가

예부터 교육 사상가들은 아동이 배워야 할 것과 배우지 말아야 할 것을 엄격히 구분하였다. 이에 대한 옛 사상가들의 생각이 잘 표현된 용어가 바로 '이단異端'이다. 이익은 『성호사설(星湖僿說)』에서 '이단'에 관하여 다음과 같이 말하고 있다.

공자의 말에 "이단을 전공하면 해로울 뿐이다."라고 했으니, 비록 전공하는 것을 금지했으나 엄중히 배척하지는 않았은즉, 오히려 "적은 도道라도 볼 만한 것이 있다."는 범위에 속하는 것이다.

맹자는 양주楊朱와 묵적墨翟을 배척하기를 홍수洪水와 맹수猛獸에 비유하여, 홍수는 사람을 빠뜨리고 맹수는 사람을 해치므로 몰아내고야 말 것을 약속했던 것이다. 또 정자와 주자는 불교와 도교를 배척하기를, 기름이 사람의 의복을 더럽히듯 두려워한 것은, 그것이 이치에 근사하지만 참된 이치를 크게 어지럽힌다고 보았기 때문이다.

성군이 나오지 않고 승평한 정치가 이룩되지 못하여 백성의 곤궁이 극도에 달했으니, 인인仁人과 군자가 구제할 방책을 강구하는 것이 지금 제일 급선무이다. 그 원인을 추구해 보면 이단의 폐단만은 아닌 듯하다.

한퇴지韓退之, 한유가 '원도原道'를 지어 노자와 불교를 배척했는데, 그 말에 "농가는 1인데 곡식을 먹는 집은 6이요, 상업과 공업도 모두 그러하다."라고 했으니, 이는 아마 지엽枝葉에 지나지 않는 듯하다. 세상이 말세가 되고 정사는 어지러워짐에 편안히 앉아 먹는 자도 있으며, 위력으로 토색질하는 자도 있어, 저 전묘田畝의 백성들을 편안히 살지 못하게 하고, 생업에 힘쓸 수도 없게 하며, 또 힘써 얻은 곡식을 마음 놓고 먹지도 못하게 하는 것이 노 · 불老佛과 무슨 관계가 있다는 말인가? 애석하게도 한퇴지의 논설은 통론이 못 된다.

– 이익, 「이단異端」, 『성호사설』 제14권; 민족문화추진회 편역, 『국역 성호사설』 5, 민족문화문고, 1976, 262~263쪽 재수록.

'이단異端'은 자기가 믿는 것 이외의 다른 것을 일컫는다. '수기치인修己治人'을 학문의 도로 생각하고, 입지立志와 성심誠心을 강조했던 유가儒家의 질서 하에서 유학자들은 양주楊朱의 도가 철학이나 묵적의 겸애설, 노장 사상과 불교 철학은 배워서는 안 될 것으로 간주하였다. 엄밀히 말하면 성호의 '이단'은 전통적인 유학자들의 '이단'이 잘못된 생각임을 밝히고자 하는 데 목적이 있었다. 그렇기 때문에 그는 그 당시의 문제가 이단의 폐단만은 아닌 듯하다고 서술한다. 그는 노불老佛의 학문이 물욕을 끊고 청정함을 귀하게 여기는 학문이므로, 보통 사람은 즐길 바가 아니나 그것이 유학자의 도를 흐리게 하는 것은 아니라고 생각하였다.

'배워야 할 것'과 '그렇지 않은 것'을 구별하는 사상은 교육이 제 기능을 담당하지 못할 때 빈번히 출현한다. 실학가들 사이에서 '이단'을 논하고, 기존의 관념을 빈번히 변증辨證하고자 했던 이유는 그 당시의 학문과 교육이 제 기능을 다하고 있지 못하다고 믿었기 때문이다. 그러한 사례의 하나로 19세기 운화론運化論을 제창한 최한기崔漢綺를 들 수 있다.

지식에는 허실虛實이 있으니, 기氣를 따라 경험하고 추측한 것은 실다운 지식이다. 역상曆象, 지지地志, 수학數學, 물리物理는 운화運化의 실적實跡을 얻은 것이고, 경전經典, 사책史策은 인도人道의 경상經常을 얻은 것이니, 이것이 천하의 백성들에게 시행해야 할 사무事務이다. 만약 일신 운화一身運化를 모르고 심리心理를 표준으로 삼거나 또는 기氣의 형질을 모르고 신령神靈을 조물

造物로 삼는다면 그런 사람이 평생 연구하고 찾아낸 것은 허망한 지식이다. 이런 자는 일에 닥쳐서는 지난날의 지식이 미진했음을 한탄하고, 옛것을 탐구할 때는 신식神識에 이르지 못함을 읊조리게 된다.

– 최한기, 「운화론運化論」; 민족문화추진회 편역, 『국역 인정』 3, 민족문화문고, 1984, 53쪽 재수록.

배움에 따라 사람을 써야 한다는 논리를 담고 있는 이 글에서, 최한기는 '실질적인 지식'과 '허황된 지식'을 구별하였다. '수양修養'의 학문을 중시하던 성리학적 전통에서 점차 실용 학문을 강조하는 실학시대를 거쳐, 근대의 학문과 지식 체계가 확립되어 가는 과정에서, 교육의 대상도 반드시 윤리적인 수양에만 머물지 않게 된 것이다.

이처럼 교육 담론에서 '무엇을 배울 것인가'가 체계화된 시점은 1880년대 이후의 일이다. 우리나라 최초의 근대식 학교라고 일컫는 '육영공원育英公院'의 학교 규칙에서도 '무엇을 가르쳐야 할 것인가'의 문제가 잘 드러나 있다.

대저 천하가 동문同文을 숭상한다. 온 세계 열방이 지구상에 늘어서 있고 강역이 멀고 활달하며 풍교가 돌고 다르나 글이 같고 문文이 같지 않으나 말 또한 지방에 따라 음이 다르니 각국에 어학이 있어 학교를 설치하니 지금 우리나라의 육영공원이 그것이다. 우리 조정이 문명 법치로 정치를 바르게 하고 누차 광명을 드리운 지 오백 년에 무릇 인류원로방지, 圓顱方趾가 머리를 이고 이를 머물러 선왕의 법을 말하고 성현의 바른 학문을 배우며 일상 강령을 근본으로 삼아 연마하고 예의로써 해외에 드러낸 일이 널리 들린다. 지금 부내 여러 나라가 모두 외인의 주거舟車를 불러들여 교섭하고 인접한 나라와 강화하고 조약을 맺으나 말을 다하여 준비하지 않을 수 없으니 바야흐로 음성과 기운을 서로 통하도록 하는 것이 금일의 급선무이다.

국가를 위한 심오하고 원대한 계책으로 미국 소학 교사를 초청하는 명을 받았으니 또한 국중 총민한 수재를 선발하여 그 재능에 따라 공부를 하게 하는 것은 언어 문자만 전문으로 하는 것이 아니라 농상農桑, 의약醫藥, 공업기술工技, 상무商務의 이용후생을 전문으로 하여 각기 그 업을 다하고 조례에 따라 힘쓰도록 한다. 모든 생도가 부지런히 공부하고 힘써 선린善隣의 보배로서 국가의 흥성을 떨치도록 하면 어찌 바라는 일이 아니겠는가.

– 단국대학교 일본연구소 HK+사업단, 『지식의 구조와 한중일 지식 지형 변화의 탐색』, 경진출판, 2019, 202쪽.

근대에 이르러 성리학적 전통의 유학뿐만 아니라 실용 지식을 가르쳐야 한다는 주장은 곳곳에서 찾을 수 있다. 육영공원의 설립 목적도 성현의 학문뿐만 아니라, 각 분야의 실용 지식을 가르쳐야 할 필요에서 비롯된 것이다. 이러한 경향은 1900년대나 일제 강점기를 거쳐 현대에 이르기까지 지속되어 왔다. 특히 현대의 학문이 전문화 · 세분화를 거듭함에 따라 '무엇을 배울 것인가'의 문제도 쉽게 결론을 내지 못하는 경우가 많다. 그렇기 때문에 '교양이 우선인가, 아니면 전문 분야가 우선인가'의 논란은 그치지 않는다. 그뿐만 아니라 과학기술의 발전과 정보 혁명이 급속히 이루어지는 현대 사회에서 전문기술이 먼저인가 아니면 인간 교육이 먼저인가에 대한 논란도 그치지 않는다. 이 모든 문제에 정해진 답이 존재하는 것은 아니다. 이는 그 자체로서 우리가 끊임없이 고민하고, 토론하고, 해결하고자 시도해야 할 문제일 뿐이다.

연습 문제 3

다음 글을 읽고 주어진 활동을 하여 보자.

(가) 대학의 학과 조직은 어느 하나의 원칙에 의하여 지배되지 않는다. 공업의 분업처럼 전체 상황을 고려하여 이러한 분류를 계획해 온 것도 아니다. 반대로 지적 활동이 각각 분리되어 일어나 지식 전체를 향하여 개별적으로 나아갔다. 학문들은 각각 그러한 독자적인 것으로서 남게 되

었다. 그러나 서로 캐비닛의 서랍처럼 분리되어 놓여 있는 것이 아니라 서로 겹치고 또 반드시 뒤섞이지 않은 채 서로 연결되어 있다.

그 학문들은 지식이라는 무한하게 거대한 단일적 본체本體에 대한 비전으로 이끌어져 서로 섞이지 않으면서 소통한다. 대학의 본질은 구체화된, 그러나 획일화되지 않은 활동이며, 변화로 가득하다. 전체성이라는 이념에 의해 고취된 생활이고, 많은 학과의 협동인 동시에 독립이다.

오늘날 쓰이고 있는 분과제分科制는 중세부터 시작된 것이다. 상위上位의 학부는 신학 · 법학 · 의학이었으며, 그 외 네 번째로 좀 하위 학부로서 오늘날 철학부인 인문과학부가 추가되었다.

이러한 학부들은 학문의 체계를 충실히 반영할 것을 주장한다. 또한 인간이 지닌 지식 전체를 나타낸다. 학부는 지적 업무에 있어 실제적으로 필요하기 때문에 생겨난 것이며, 학문의 분류를 위한 이론적 계획에서 생겨난 것이 아니다. 수세기 동안 우리의 환경, 지식, 연구의 급진적 변화를 겪은 오늘날에도 이러한 학부가 계속하여 타당성을 지니고 있다는 사실은 그 원개념이 지닌 진리를 증명해 준다.

– 야스퍼스, 『대학의 이념』, 민준기 옮김, 경희대학교출판부, 1985, 118~119쪽.

(나) 지식 융합과 인공지능, 기계의 발달은 제4차 산업혁명 시대 개인의 역할에 대한 의구심과 두려움을 불러일으키는 대표적인 요인이다. 그렇기 때문에 제4차 산업혁명 시대를 맞이하는 개인의 태도에 대한 성찰적 접근이 더욱 필요하다. 여기서 주목할 점은 인간의 존엄성을 위협하는 인간 외적인 요소를 바라보는 태도이다. 이 또한 오랜 역사를 갖고 있는 문제의 하나인데, 제1차 산업혁명기 '기계파괴운동'이나 감시의 역사를 대변하는 '판옵티콘', 데릭 젠슨과 조지 드래핀의 『웰컴 투 머신』에 등장하는 머신토피아는 현실과 비현실을 넘나들지라도 인간 외적 조건이 인간 개인을 감시하고 억압하는 메커니즘을 대변한다. 이러한 환경에서 개인의 역할에 대한 철학적 성찰은 '인공지능', '로봇' 등이 인간과 대립하는 '새로운 타자인가?'라는 근본적 물음을 제기하게

만든다. 이는 마치 정서적 교감이 가능한 애완동물을 인간과 동급으로 취급하고자 하는 입장과 유사하다. 인간의 감정을 인식하고 자동으로 반응하는 다양한 형태의 기계들을 독립된 타자로 인정할 경우, 인간은 인간 이외의 또 다른 존재와 교섭해야 하며, 사회적 · 윤리적 · 법적 차원에서 새로운 타자와의 관계를 설정해야 할 것이다. 그럼에도 아직까지 제4차 산업혁명 시대의 지적 담론에서는 인간 개인을 고려하지 않는 또 다른 타자를 수용해야 한다는 견해는 나타나지 않고 있다.

이러한 흐름은 제4차 산업혁명에 의해 변화할 사회 구조를 바라보는 시각도 크게 다르지 않다. 융합과 네트워크를 기반으로 하는 미래 사회가 인터넷의 '개방성, 집합성, 협동성'을 본질로 하는 디지털 정보의 특성상 수많은 사회 문제가 발생하고 있으며, 그 영향도 광범위하다. 미래 사회의 윤리 문제에서 정보의 공공성을 중시해야 한다는 다양한 견해가 지속적으로 제기되는 것도 이러한 맥락으로 볼 때 지극히 자연스러운 현상이다. 정보의 공공성은 디지털 정보를 공공이 이용할 수 있도록 하는 문제뿐만 아니라, 가상공간에서의 윤리 문제에 이르기까지 다양한 논의를 포함한다.

– 유헌식 외, 『제4차 산업혁명시대 과학기술의 혁신적 성과에 대한 철학적 성찰』, 한국과학기술평가원 보고서, 2019, 78쪽.

1) '배워야 할 것'과 '그렇지 않은 것'은 시대와 사회에 따라 달라질 수 있음을 전제로, 성리학자들의 '이단설'과 실학자들의 학문관, (가)에 나타난 대학의 학문 분화가 갖는 의미를 설명해 보자.

2) (가)에 나타난 대학 지식 체계의 변천 과정을 바탕으로, (나)에 나타난 제4차 산업혁명시대를 살아가기 위한 개인의 바람직한 삶의 태도에 관하여 토론해 보자.

3) 2)를 바탕으로 '현대 사회에서 무엇을 어떻게 배울 것인가'라는 제목으로 한 편의 글을 써 보자.

〈참고 문헌〉

단국대학교 일본연구소 HK+사업단, 『지식의 구조와 한중일 지식 지형 변화의 탐색』, 경진출판, 2019.

라인홀드 니버, 『도덕적 인간과 비도덕적 사회』, 이한우 옮김, 문예출판사, 1994.

문용린, 「불평등의 사회문화적 이해」, 『현대사회와 과학문명』, 나남출판, 1997.

미셸 푸코, 『감시와 처벌』, 오생근 옮김, 나남출판, 1994.

민족문화추진회, 『국역 성호사설』Ⅲ 성호사설 제8권 '인사문', 민족문화문고, 1976.

민족문화추진회, 『국역 성호사설』Ⅴ 성호사설 제14권 '인사문', 민족문화문고, 1976.

민족문화추진회, 『국역 인정』Ⅲ(選人門), 민족문화문고, 1984.

야스퍼스, 『대학의 이념』, 민준기 옮김, 경희대학교출판부, 1985.

유헌식 외, 『제4차 산업혁명시대 과학기술의 혁신적 성과에 대한 철학적 성찰』, 한국과학기술평가원 보고서, 2019.

이광수, 『무정』, 글로벌콘텐츠, 2014.

이반 일리치, 「탈학교 사회」, 『민중교육론–제3세계의 시각』, 양한수 옮김, 한길사, 1980.

파울로 프레이리, 「문화적 행동으로서의 교육」, 『민중교육론』, 채광석 옮김, 한길사, 1980.

황경식, 「존 롤즈의 정의론」, 『현대사회와 과학문명』, 나남출판, 1999.

「이재(異哉)라, 귀족가(貴族家)의 교육(敎育)」, 『황성신문』, 논설, 1909.01.31.

『대학저널』, http://www.dhnews.co.kr, 2010.10.14.

『서울신문』, https://news.v.daum.net, 2004.11.12.

제4장

미래를 어떻게 대비할 것인가

1. 4차 산업혁명 시대의 전략

2016년 스위스 다보스에서 개최된 제46회 다보스 포럼은 '4차 산업혁명의 이해Mastering the Fourth Industrial Revolution'라는 주제로 개최되면서 세계의 주목 대상이 되었다. 이 회의에서 세계경제포럼WEF의 클라우스 슈밥Klaus Schwab 회장은 4차 산업혁명을 여러 글로벌 경제적 위기상황들을 극복할 수 있는 대안으로 제시하면서, 4차 산업혁명이라는 특이점을 통과하며 발생하게 될 사회구조의 혁명적 변화에 주목할 것을 제안하였다. 산업혁명의 제1차 시기는 증기기관의 발명을 바탕으로 한 공장의 기계화로 진행되었으며, 제2차 시기는 전력을 활용한 대량생산의 시대였다고 평가할 수 있다. 뒤를 이은 제3차 산업혁명이 PC와 인터넷의 보급으로 진행되었다면 제4차 산업혁명은 AI와 빅데이터 등의 첨단 기술을 바탕으로 한 산업의 확대로 진행될 것이다. 그는 4차 산업혁명을 주도하는 것은 인공지능을 비롯한 로봇공학, 사물인터넷, 자율주행차, 3D프린팅 기술, 바이오 기술 등이 될 것이며, 이러한 변화를 바탕으로 향후 4년 동안 전 세계에서 710만 개의 일자리가 사라지고 200만 개의 일자리가 새로 생길 것으로 예상한다. 이 포럼의 보고서에서 사라지게 될 일자리가 '화이트칼라 사무직'이 67%(476만 개)로 절대적 비중을 보였다는 점에서 충격적이다. 새로 고용이 창출될 200만 개의 일자리는 '경영, 재무 분야'

가 25%(49만 개), '컴퓨터와 수학 분야'가 20%(41만 개), 건축, 엔지니어 분야 17%(34만 개) 등이었다. 줄어드는 일자리에 비교해 늘어나는 일자리가 부족해서 전체 일자리가 감소할 것은 당연할 것이다. 특히 이 보고서는 여성 일자리가 크게 줄어들 것으로 예상하였는데, 그것은 STEM과학, 기술, 엔지니어링, 수학 분야에서 가장 빠르게 일자리가 늘어날 것으로 보기 때문이다. 보고서는 '남성은 4개의 일자리를 잃어버리는 동안 하나의 일자리가 생기지만, 여성은 29개의 일자리를 잃어버리는 동안 하나의 일자리를 얻게 될 것'이라고 경고했다. 이러한 분석은 비교적 단기적인 전망이었다. 따라서 향후 인공지능의 발전으로 저숙련 단순 노동뿐만 아니라 중급 수준의 일정한 숙련이 필요한 반복 업무 영역들이 인공지능의 발전으로 더 빨리 사라지게 될 것이라는 것을 충분히 예측할 수 있다. 이것은 노동자들 간의 빈부격차를 심화시킬 뿐만 아니라 국가 간의 빈부 격차도 심화시킬 수 있다는 점에 문제의 심각성이 있다.

이 보고서에서는 4차 산업혁명에 비교적 잘 대응할 것이라 예상되는 국가들의 순위도 분석하고 있는데 한국은 분석 대상인 139개국 중에서 25위로 나타났다. 한국의 국가 경쟁력을 고려한다면 미래에의 전망이 매우 암울한 것이라 예상된다. 이러한 분석의 지표는 노동시장의 유연성, 기술의 숙련도, 교육 시스템, 사회 인프라, 법적 보호 등에 관한 것이며, 각각의 점수를 산정하고 가중평균을 산출하여 순위를 매기는 방법으로 순위가 결정되었다. 각각의 지표는 4차 산업혁명을 국가 정책적으로 어떻게 준비하고 대응해야 하는지에 대한 방법을 알려주는 것이다. 현재 우리 사회에서 가장 큰 관심의 대상이 되는 노동 유연성의 문제는 미래 산업 혁신의 문제와 연계되어 추진되지 않는다면 국가 경쟁력을 더욱 악화시키는 요인이 될 것이다. 이 보고서에서 지표상 높은 순위를 보이는 국가들은 대부분 선진국이거나 기술 기반의 신흥국이다. 물론 이러한 기술 격차를 좁히지 못한다면 현재의 예상 순위보다 더 비관적인 순위가 현실이 될 수도 있다. 4차 산업혁명을 선도할 여러 기술 중에서 인공지능은 산업혁명의 역사에서 파괴적 기술Distructive Technology로 일컬어지는 '바퀴의 발명'과 같은 기술에 비교된다. 인류의 삶에 '바퀴의 발명'만큼이나 거대하고 급속한 변화를 가져올 것으로 예측되기 때문이다. 인공지능은 4차 산업의 거의 모든 분야에 영향력을 가지는 기술이다. 드론, 로봇, 자율주행차, 사물인터넷 등 빅데이터에 기반하고 있는 모든 기술은 인공지능의 딥러닝 기술을 바탕으로 하고 있기 때문이다.

이러한 4차 산업혁명*이 우리의 미래를 어떻게 바꾸어놓을 것인가에 대해서는 낙관론과 비관론이 공존한다. 특히 노동시장 분야에서 로봇과 인공지능이 인간을 대체하는 현상은 이미 진행 중이지만 기술발달로 그 속도는 더욱 가속화될 것이라고 보기 때문에 비관론은 힘을 얻고 있다. 하지만 이러한 신기술이 새로운 직업을 창출하고 과도기를 거치면서 인류의 미래를 좀 더 풍요롭게 할 것이라는 낙관론도 늘어나고 있다. 중요한 것은 이러한 격변의 시대에 제대로 준비하고 대응한다면 낙관론이 현실이 될 수 있지만, 그러한 대응에서 뒤처진다면 힘들게 얻은 현실의 경쟁력은 결국 뒤처지게 될 것이라는 점이다.

* 2019년에 열린 다보스 포럼은 '4차 산업혁명'이라는 같은 의제를 선택하고 협력 방안을 논의했다.

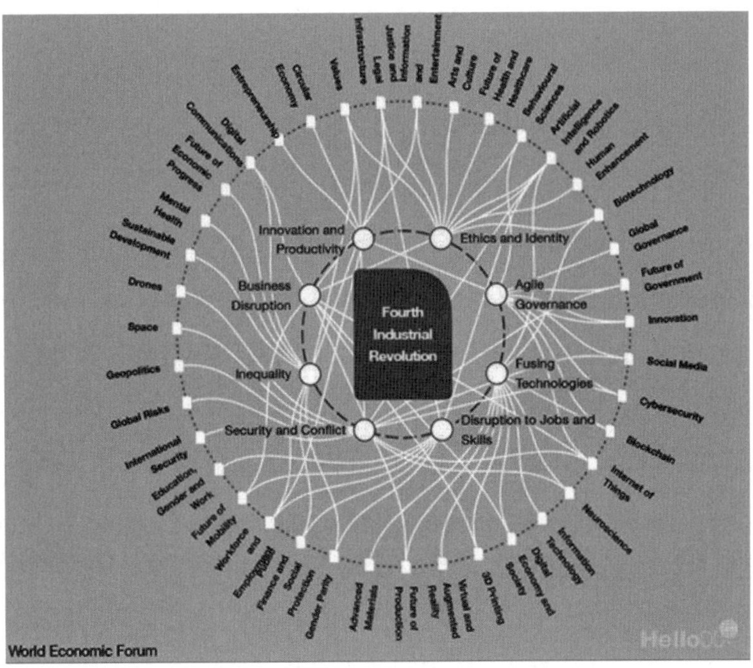

다보스 포럼 홈페이지의 4차 산업혁명에 관한 이해도

그렇다면 4차 산업혁명의 시기를 어떻게 준비해야 할 것인가? 4차 산업혁명은 이미 진행 중이고 그 영향력은 가속화될 것이지만 이에 대한 준비가 없다면 암울한 미래가 현실이 될 것이다. 그중에서 교육 패러다임은 어떻게 대응을 준비하고 있을까? 4차 산업혁명의 시기에 반복과 암기를 통해 숙련도를 높이는 산업사회의 교육 패러다임은 4차 산업사회에서는 필요 없는 능력이 된다. 이러한 숙련은 인공지능이나 로봇 등으로 쉽게 대체되기 때문이다. 4차 산업혁명의 시기에 대응하는 전략으로서의 교육 목표는 이전 시기의 교육 목표와 같을 수 없다. 이제는 직업의 종류와 형태가 지속적으로 변화하고 노동자들은 평생에 걸쳐 공부해야 하는 시기가 되며, 인간은 평생에 걸쳐 다양한 직업을 가지게 될 것이다. 3차 산업 시기의 '평생직장'이라는 패러다임은 더는 유효하지 않다. 4차 산업혁명 시기의 학습은 이제 파편적 정보의 습득과 이들 간의 불연속적 의미 관계를 파악하여 비순차적, 비선형적으로 사고하는 과정이 되어야 할 것이다. 하나의 관점을 중심으로 생각하는 심화학습이 이전까지 학습의 중심이었다면, 이제는 각각 다른 관점들을 연결하고 평가하는 과정을 통한 확장적 학습이 4차 산업시대의 학습 메커니즘이 되어야 한다.

기술 발전 시대에도 인간의 욕망은 기술과 연관되어 확장될 것이다. 그리고 이 시대에 인간의 욕망 충족을 위한 일을 담당할 주체도 인간일 수밖에 없다. 중요한 것은 기존의 직업들이 소멸하고 새로운 직업들이 창출되는 과정에서 산업의 지능화와 자동화는 인간의 일자리를 소거하는 것이 아니라 새로운 일자리가 생겨난다는 것을 받아들여야 한다는 것이다. 물론 새로운 일자리가 만들어지고 기술발전이 가속화되는 과정에서 일자리를 잃고 미래에 대한 전망을 상실하는 사람들은 늘어날 수밖에 없다. 따라서 이들에 대한 사회적 안전망을 갖추는 동시에 미래 일자리와 사회 변화에 대응하는 전략을 국가적 차원에서 어떻게 수립하느냐가 중요할 수밖에 없다.

2. 인공지능의 저작권과 창의성

논의 주제 설정과 논점 만들기

글을 쓰거나 토론을 할 때 너무 큰 주제는 논의의 깊이나 유용성과 관련하여 좋은 주제가 아니다. 예를 들어 '4차 산업혁명이란 무엇인가'나 '인공지능은 필요한가'와 같은 주제는 일반적인 논거 자료밖에 거론할 수가 없어 깊이 있는 논쟁이 되기 어렵다. 좋은 글쓰기와 토론을 위해서는 주제와 관련된 시사성 있거나 쟁점을 포함한 논점을 중심으로 주제를 잡는 과정이 필요하다. 쟁점을 포함한 논점은 그 논점과 관련된 소주제들을 통하여 현실적 대안을 제시하는 글쓰기와 토론으로 이어질 수 있다.

4차 산업혁명의 시대에 변화하는 패러다임과 관련하여 아래의 두 가지 주제를 중심으로 논의해보자. 첫 번째 주제는 '인공지능에게 저작권을 주어야 하는가'의 문제이고, 두 번째 주제는 '자율주행차의 윤리적 딜레마'이다. 인공지능의 문제는 4차 산업혁명 시기의 모든 기술과 관련된 핵심적인 논점이며, 자율주행차는 인공지능의 윤리적 문제와 직결된 주제이므로 현실적 관점에서 가장 먼저 직면하게 될 문제이기 때문이다.

인공지능에게 저작권을 주어야 하는가

인공지능artificial intelligence은 인간성이나 지성을 갖춘 존재, 혹은 시스템에 의하여 인공적으로 만들어진 지능을 의미한다. 일반적으로는 인간이 컴퓨터를 작동할 때, 컴퓨터가 필요한 일을 수행하는 지능을 의미하며, 컴퓨터가 업무 수행을 위해 스스로 인식하고 자율적으로 행동하는 것을 뜻하기도 한다. 이러한 행위는 시각적 인식이나 음성인식, 의사 결정 및 언어 간의 번역과 같이 일반적으로 인간의 지능을 필요로 하는 작업을 수행하는 컴퓨터 시스템을 일컫는다. 우리나라에서는 최근 구글의 딥마인드DeeoMindTechnologies Limited가 개발한 인공지능 프로그램인 알파고AlphaGo가 이세돌 9단과 바둑 대결을 벌인 것을 계기로 인공지능과 관련한 문제가 주목받게 되었다. 알파고는 이세돌과의 대전에서 승리한 후 더욱 발전하여 인터넷 바둑에서 세계적 고수들을 대상으로 60전 전승을 기록하고, 중국의 바둑 기사 커제까지 제압한 후 바둑계 은퇴를 선언했다. 알파고의 등장은 역설적으로 학습을 통한 발전의 위대함을 보여주는 사례가 될 것이다.

그렇다면 인공지능이란 도대체 어떻게 정의될 수 있을까? 인공지능의 수준을 인정하는 기준으로는 영국의 수학자이자 암호 해독가인 알란 튜링의 '튜링 테스트'가 널리 쓰이고 있다. 튜링은 1960년대에 철학 학술지인 '마인드'지에 게재한 논문인 '계산 기계와 지능'에서 '만약 컴퓨터의 반응을 진짜 인간의 반응과 구별할 수 없다면 그 컴퓨터는 생각할 수 있는 것으로 보아야 한다'는 기준을 제시했다. 인공지능을 판별하는 과학계의 기준이라 간주해 온 이러한 '튜링 테스트'를 통과한 첫 사례가 영국 레딩대university of Reading에서 개최한 '튜링 테스트 2017' 행사에서 나왔다. 레딩대는 영국 왕립학회에서 레딩대 시스템공학부와 유럽연합의 재정 지원을 받는 로봇기술 법제도 연구 기관인 '로보로'가 개최한 대회에서 '유진 구스트만'이라는 슈퍼컴퓨터 프로그램인 '유진'이 이 기준을 통과했다고 발표했다. 유진은 5분 길이의 텍스트 대화를 통해 심사위원 중 33% 이상에게 '진짜 인간'이라는 확신을 줬다고 한다. 유진은 2001년 러시아 상트페테르스부르크에서 첫 버전이 나온 프로그램으로 우크라이나의 13살 소년인 것처럼 사용자들과 대화를 나누었다.

이처럼 발전된 인공지능을 통하여 인간의 고유 영역이라 간주되어 온 창작물에 도전하는 작업은 이미 여러 나라에서 현실화하고 있다. 소니 컴퓨터 과학 연구소Sony Computer Science Laboratory의 인공지능 프로그램인 플로우 머신즈Flow Machines는 비틀즈 스타일로 작곡된 노래인 'Daddy's Car'와 미국 작곡가 어빙 벌린과 듀크 엘링턴 스타일의 'The Ballad of Mr. Shadow'를 발표했다. 2016년에 발표된 이 곡들은 인공지능 시스템이 입력된 데이터를 바탕으로 이용자가 요청하는 스타일에 맞춰 작곡한 곡들이다. 플로우 머신즈가 작곡한 곡들은 최종적으로 프랑스 작곡가인 브느와 까레Benoît Carré가 일부 편집하고 가사를 써서 완성했다고 한다. 플로우 머신즈는 LSDB[Lead Sheet Database]라 불리는 데이터베이스에 저장한 1만 3천여 곡의 음악을 바탕으로 작곡을 한다. 저장한 1만 3천여 곡의 음악은 각기 다른 장르이며 다른 작곡가가 작곡한 곡들이다. 작곡가가 플로우 머신즈로 스타일을 고르고 주 멜로디와 화음을 만들면, 플로우 머신즈는 작곡가가 고른 일부 곡으로 하나의 음악을 만든다. 그러면 작곡가가 마무리 편집 후 완성하는 방식이다. 플로우 머신즈는 학습 능력도 있어서 다양한 스타일의 곡을 만들어 낼 수 있다고 한다. 소니는 플로우 머신즈의 노래들을 모아 음반으로 발매할 예정이다. 물론 아직은 작곡가의 마무리 편집이 필요하지만, 곧 진화하는 인공지능의 발전 속도를 고려한다면 인간에게 감동을 주는 창작물들을 인공지능이 만들어 낼 것이라는 사실을 부정할 수 없다.

2016년에 IBM의 인공지능인 왓슨[Watson]은 리들리 스콧 감독의 새 SF 영화 '모건'의 트레일러 영상을 하루 만에 만들었고, 같은 해, 일본에서는 AI 시스템이 쓴 소설이 문학상 1차 심사를 통과했다. 일본에는 유명 SF 작가 호시 신이치[星新一]를 기념하는 '호시 신이치' 문학상이 있다. 이 문학상 공모전에 총 1,400여 편의 작품이 응모했는데, 이 중 단편 소설 '컴퓨터가 소설을 쓴 날'이라는 작품이 1차 심사를 통과했다. 이 작품은 인공지능이 단어를 조합하여 쓴 작품이다. 마쓰바라 진[松原仁] 공립 하코다테미래[はこだて未來]대 교수 연구팀은 4년간 추진해 온 '소설을 쓰는 AI 개발 프로젝트' 보고회를 토쿄에서 개최했는데, 이날 소개된 4편의 단편소설은 최종 수상은 못했지만, 이 중 한 편이 1차 심사를 통과한 것이다. 당시 심사위원이었던 소설가 도노 쓰카사[東野司]는 "이만한 작품이 나올 줄 몰랐다. 이야기를 잘 반죽해 넣으면 더 높은 전형을 통과할 가능성도 충분히 있다고 생각한다."며 "SF 작품을 쓰는 입장으로서 언젠가는 AI가 AI를 위한 소설을 쓰는 날이 올 것으로 기대하고 있다"라고 말했다.

"그날은 구름이 드리운 잔뜩 흐린 날이었다. 방안은 언제나처럼 최적의 온도와 습도. 요코씨는 그리 단정하지 않은 모습으로 소파에 앉아 시시한 게임으로 시간을 보내고 있다." 1차 심사를 통과한 인공지능으로 제작한 응모작의 한 부분이다. 사토 사토시佐藤理史 나고야名古屋대 교수가 개발한 소설창작 인공지능으로 작품을 창작하기 위해서는 먼저 이용자가 '언제', '어떤 날씨에', '무엇을 하고 있다'는 등의 요소를 소설에 포함하도록 지시한다. 하지만 구체적인 상황을 제시하진 않는다. 그러면 AI가 관련된 단어들을 자동으로 골라내 "흐리다, 방안은 쾌적하다"는 식으로 문장을 완성한다. 만약 AI가 강한 날씨를 선택한 경우엔 "창문을 꽁꽁 닫아둔 방" 등 문맥상 자연스러운 표현이 이어진다. AI는 이렇게 연관성 있는 단어를 골라 문장을 반복하면서 한 편의 소설을 완성하는 것이다. 소설을 창작하기 위해서는 이야기를 구성하는 능력, 각 사건을 묘사하는 문장력이 있어야 한다. 이번 응모작의 인공지능은 아직 스토리를 구상하지는 못하고 문장만을 선택할 수 있다고 한다. 하지만 사토 교수의 연구팀은 곧 스토리까지 자동으로 만들어내는 인공지능을 개발할 수 있다고 본다.

이처럼 AI 시스템이 작곡을 하며, 음반 프로듀싱이 가능하고, 데이터를 기반으로 곡에 맞는 가사를 쓸 수 있으며, 영상을 기획하고 편집하는 기능 등의 복잡한 창작 활동에 필요한 기능들이 갖추어진 인공지능이 완성된다면 이제 음악, 소설, 미술 등 인간의 고유 영역이라고 여겨졌던 창작의 영역에서조차 인공지능이 인간을 대신하게 될 것이다. 하지만 플로우 머신즈와 같은 인공지능에 의해 만들어진 곡들이 발매된다면 이들 곡에 대한 저작권 등록은 가능할까? 가능하다면 그것은 인공지능 자체가 저작권자가 될 수 있다는 의미일까? 아니면 이러한 인공지능에 데이터를 입력한 사람일까? 혹은 프로그램의 제작자일까? 아니면 이러한 인공지능의 이용자일까? 마찬가지로 인공지능에 의해 만들어진 음악 이외의 예술작품의 저작권은 누가 가질 수 있을 것인가? 이러한 인공지능에 의해 만들어진 창작물들에 저작권을 부여해야 한다면 그 기준은 어떠한 관점에서 고려되어야 할 것인가? 이러한 질문은 '과연 인간이란 무엇이며, 인간과 인공지능의 재능의 기준은 어떻게 규정되어야 할 것인가?'의 문제로 확대될 수 있다.

이에 대해서는 나라마다 서로 다른 기준을 바탕으로 저작권에 대한 법적 규정을 제시하고 있다. EU와 영국은 저작권자가 반드시 사람이어야 한다고 규정하지는 않는다. 인공지능의 경우 프로그램 개발자가 저작권자가 될 수도 있고, 이용자가 저작권자가 될 수도 있다. 미국의 경우 저작권의 등록은 사람만이 가능하다고 규정되어 있다. 일본에서는 이미 1972년부터 인공지능 저작물에 대한 논의가 시작되었다. 일본은 인공지능 창작물을 저작권의 보호대상으로 보고 있기는 하지만 아직은 인공지능이 도구로 사용되었을 경우에 한정하고 있다. 인공지능을 이용하여 만들어진 창작물에 대한 저작권을 판별하기 위한 중요한 논점으로는 어떤 것을 들 수 있을까? 그리고 이러한 논의를 위해 필요한 사례들로는 어떤 것을 들 수 있을까? 우리나라에서 인공지능 저작권에 대한 법적 기준은 어느 정도로 논의되고 있을까? 위의 논점들을 바탕으로 인공지능이 저작권을 비롯한 인간에게 한정되었던 권리를 가질 수 있을까에 대해 논의해 보자.

연습 문제 1

위의 글을 읽고 아래의 문제에 대해 답하시오.

1. '인공지능에게 저작권을 주어야 하는가'라는 주제와 관련된 논점들로 어떤 주장들을 구성할 수 있는가?

2. '인공지능의 저작권' 문제와 관련된 '인공지능'의 딜레마는 어떤 대주제와 연관되는가?

3. 현재의 인공지능의 수준을 뛰어넘는 완벽한 수준의 인공지능이 가능해진다면 '저작권'과 같은 권리의 문제는 어떤 논점과 연결될 수 있는가?

연습 문제 2

다음 사례를 통해 인공지능의 창의성에 관해 논의해 보자.

성공 확률 90% – 음원 히트 가능성을 예측하는 AI

미국을 대표하는 재즈 가수 노라 존스Nora Jones와 그녀 못지않은 인기와 실력을 겸비한 록밴드 마룬 파이브Maroon five, 오늘날 미국 음악계를 대표하는 이들 아티스트에게는 공통점이 있다. 이들의 성공에 AI가 한몫했다는 점이다.

이를 개발한 사람은 마이크 맥크레디Mike McCready, 그는 AI를 사용해 성공 가능성이 있는 음원을 분석하고 선별하는 스타트업 뮤직 엑스레이Music Xray의 대표다. 뮤직 엑스레이를 세우기 전인 2002년 무렵, 한 레코드 회사로부터 의뢰를 받아 AI로 음원을 분석한 것이 시작이었다고 한다.

노라 존스가 발표한 앨범에 수록된 음원을 조사한 결과, AI는 12곡 중 10곡이 90% 이상의 확률로 히트할 것이라는 결과를 내놨다. 노라 존스의 앨범은 출시 초기에는 판매율이 평범했지만, AI의 분석 결과가 언론에 보도되면서 주목을 받아 결국 전 세계에서 대성공을 거두었다. 이 앨범에 수록된 "Don't Know Why"는 그녀의 대표곡이 됐다.

그 무렵, 마룬 파이브는 다른 레코드 회사에서 첫 앨범을 낸 뒤 그중 한 곡을 싱글로 발매할 참이었다. 그러나 맥크레디 씨가 개발한 AI가 성공 가능성이 높다고 판단한 것은 다른 곡이었다. 회사는 AI가 성공을 예측한 곡도 후속 싱글로 발매했다. 그러자 그때까지 별다른 존재감을 보이지 않았던 앨범이 불티나게 팔리기 시작해 결국 1,000만 장이 넘게 팔리며 크게 성공했다. AI가 선택한 "디스 러브This Love"는 이제 마룬 파이브의 대표곡 중 하나다.

AI는 어떻게 이 곡들의 성공을 예측했을까. 맥크레디 씨는 "그거야말로 'Don't Know Why'지요. AI가 그렇게 판단한 이유를 사람이 속속들이 알 수 있겠습니까?"라며 웃는다.

AI는 지금까지 히트한 노래의 멜로디와 리듬 데이터를 분석한 뒤 여기에 마케팅 비용 등을 더해 성공 확률을 계산한다. 그러나 AI가 결론에 도달하는 과정은 맥크레디 씨도 모른다고 한다.

현재 맥크레디 씨는 AI를 활용해, 아티스트가 제작한 곡을 히트 가능성에 따라 순위를 매기는 사업을 하고 있다. "프로듀서들이 어떤 곡에 얼마나 관심을 가질지 AI가 판단하고 확률을 제시하는 시스템을 구축했습니다. 아무도 관심을 두지 않을 곡은 미리 배제하는 필터 같은 것이지요."

아티스트가 성공하기 위해서는 레코드 회사와 같은 전문가의 도움을 빼놓을 수 없다. 그러나 전문가들은 수많은 아티스트가 만든 곡들을 일일이 들을 시간이 없다. 맥크레디 씨가 만든 AI는 과거의 히트곡을 멜로디와 리듬별로 분석한 뒤 여기에, 이를테면 '동양적인 여성 보컬'과 같은, 전문가들이 원하는 이미지를 더해 새로운 곡과 비교한다. 뮤직 엑스레이는 26만 5,000명의 아티스트가 보내온 곡을 조사하고 그 곡에 전문가가 얼마나 관심을 보일지를 추측한다.

이를 통해 아티스트는 자신이 만든 음원의 성공 확률을 알 수 있고, 전문가는 누구의 어떤 음악을 우선해서 들어야 할지 알 수 있다. 맥크레디 씨는 아티스트에게 등록료를 받는 구조로 사업을 진행하고 있다.

AI가 작곡에 참여하는 사례도 있다. UC 샌타크루즈 주립대학교의 데이비드 코프 명예교수는 미국에서 활동하는 팝 음악 그룹 두 곳에 AI로 만든 곡을 준 적이 있다고 한다. 1980년대 후반, 코프 교수는 멜로디와 코드 진행 등을 기록한 리트 시트 약 30종을 무상으로 제공했다. 리드 시트란, 실용음악에서 중요한 요소인 선율이나 화음 등을 표기한 기보법의 한 양식으로 작곡의 소재가 되는 것이다. 이는 모두 코프 교수가 개발한 AI가 만들었다.

리드 시트를 제공하며 쓴 계약서에는 제공처를 대중에 공개하지 않기로 하는 조항이 들어 있다. "음악가로서도 듣는 이의 반발이 두려웠을 겁니다. AI가 만든 음악이라는 사실을 말하지 않고 틀었다가 나중에 밝혀지면 불만을 토로하는 관객이 많으니까요." 코프 교수는 계약 후에는 이들 그룹과 일절 교류하지 않았다.

맥크레디 씨도 대중음악계에 사람이 만든 음악을 AI가 평가하는 것에 대한 거부감이 있다고 인정했다. 심혈을 기울여 만든 음악을 "전문가들은 이 음악에 관심을 두지 않을 것"이라며 단번에 거절당하면 분노를 느끼는 작곡가들이 많다. 그는 이러한 과정에 대해서 비판적인 아티스트들이 적지 않다고 말한다.

AI는 지금까지 인간의 전매특허로 여겨졌던 창조성의 영역에도 스며들고 있다. AI는 음악뿐만 아니라 문학과 미술에도 진출했다. AI가 예술을 창작하고 인간에게 감동을 줄 수 있을까. 그때 사람과 AI의 관계는 어떻게 바뀔까. 그 미래상을 아직은 알 수 없다.

– 일본경제신문사, 『2045 인공지능 미래보고서』, 서라미 옮김, 반니, 2019, 36~39쪽.

1) 윗글에는 두 가지 사례가 제시되어 있다. 두 사례의 비슷한 점과 차이점은 무엇일까?

2) 위 사례들에 대해 판단하기 위해 필요한 정보는 무엇인가?

3) 인공지능의 창의성을 인정하기 위해서는 어떤 정보가 필요할까?

4) 인공지능의 창의성을 법적 저작권의 권리와 연결할 수 있을까?

3. 자율주행차의 윤리적 딜레마

현재 자율주행차의 상용화에 대해 많은 사람은 그 시기가 2030년경이 될 것으로 예측한다. 무인 자동차와 자율주행차는 구별해야 하는데 무인 자동차는 차 안에 아무도 없이 차가 다니는 경우이고, 자율주행차는 차 안에 승객이나 운전자가 탑승하고 있는 경우이다. 미국 고속도로 교통안전국NHTSA은 자율주행차의 기술 수준을 5단계0~4단계로 분류했는데 0단계는 자동화 기술이 전무한 단계로 초기 자동차가 여기에 속한다. 1단계는 크루즈 컨트롤 등 자동화 기술이 일부 적용된 자동차이고, 2단계는 위와 같은 기능에 차선 인식, 속도 조절, 장애물 회피 등의 기능을 갖춘 차를 말하며, 이미 고가 차량에 대부분의 기술이 적용되어 있다. 3단계는 스스로 도로 정보를 받아 주행하는 자동차를 말한다. 이 경우에는 특정 구간에서만 운전자가 개입해도 충분한 주행이 가능하다고 본다. 4단계부터 '완전 자율주행차'라고 보는데 이 경우는 운전자가 개입하지 않아도 목적지까지 안전하게 주행이 가능하도록 설계된 자동차가 이에 해당한다. 3단계의 자율주행은 이미 기술적 검토가 끝났으며 상용화의 문제만 남아있는 단계이고, 4단계인 '완전 자율주행차'의 경우 기술적으로는 상용화가 가능하지만, 현실적으로 나라에 따라 다른 법적, 제도적 측면의 문제 해결이 필요하다고 한다.

자율주행차의 상용화를 위해 해결해야 할 현실적 문제로는 흔히 두 가지를 들 수 있다. 첫 번째 문제는 자율주행차의 알고리즘에 따른 문제에서 빚어지는 것으로 '교통혼잡'의 문제이다. 스스로 주행하는 자율주행차는 안전에 중점을 두어야 하므로, 인공지능의 알고리즘이 차간 거리나 속

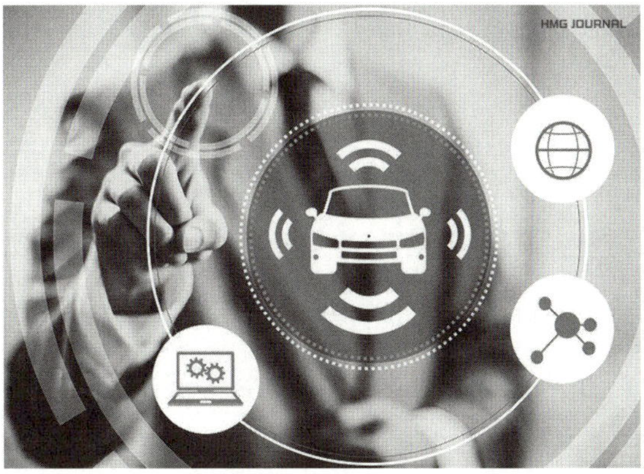

도를 엄격하게 준수하도록 설계되어야 해서, 교통혼잡이나 대형사고의 가능성을 배제할 수 없다는 문제가 생긴다. 하지만 현실적으로 가장 큰 문제는 자율주행차가 상용화될 경우 물류 및 여객 운송에서 관련 직종의 일자리가 줄어드는 문제가 발생할 것이고, 사회적으로 일자리를 잃어버리는 노동자들의 커다란 저항에 부딪히게 될 것이라는 점이다. 이 두 가지 문제 외에 자율주행차의 전면 상용화가 가져올 문제는 어떤 것이 있을까?

이 글에서는 자율주행차의 문제 중에서 윤리적 문제로 간주하는 '트롤리 딜레마'라는 인공지능의 딜레마에 관한 문제에 대해 논의해 보자. '트롤리 딜레마'는 자율주행차의 대중화에 필요한 사회적 합의에 선행되어야 하는 과제이다. 이를 위해 MIT에서는 인공지능에 의한 기계의 행동 방식과 사람과의 상호작용을 연구하는 기계 행동학을 제안했다. MIT는 다소 자극적인 제목의 논문을 발표하면서 이 문제에 대한 사회적 논의를 끌어낸다. 논문의 제목은 '자율주행차가 누군가를 죽이도록 설계되어야 하는 이유Why Self-Driving Cars Must Be Programmed to Kill이다. MIT는 이후 MIT 테크놀로지 리뷰 등을 통해 지속적으로 자율주행차 버전의 다양한 트롤리 딜레마를 소개하고 합당한 의사결정에 대한 논의가 필요하다고 주장하고 있다.

MIT 리뷰에서 소개된 '트롤리 딜레마', 혹은 '폭주하는 전차의 딜레마'는 자율주행차 딜레마의 모태가 된 딜레마이다. 이 전차 문제trolly problem는 원래 영국의 철학자 필리파 풋Philippa Foot이 고안하고 미국의 철학자 주디스 자비스 톰슨Judith Jarvis Thomson에 의해 보완된 윤리학의 사고실험思考實驗에서 발췌한 것으로 두 가지 경우를 제시한다.

사례 1 지선支線spur track 딜레마

철로 위로 폭주하는 전차가 있다. 당신은 그 전차의 기관사이다. 전차는 시속 100킬로미터의 속력으로 달리고 있다. 전차의 진행 방향 앞에 인부 다섯 명이 철로 위에서 작업하고 있다. 여러분은 전차를 멈추려 하지만 브레이크가 말을 듣지 않는다. 이대로 달리면 다섯 명의 인부는 전차에 치여 죽고 말 것이다. 이때 당신은 옆으로 빠지는 비상 철로가 있다는 사실을 알게 된다. 전차를 비상 철로 쪽으로 돌리면 다섯 명의 인부는 살 수 있다. 그런데 비상 철로 위에도 한 명의 인부가 서 있다. 당신이

전차의 방향을 바꾼다면 다섯 명은 살겠지만 한 명이 죽게 된다. 당신은 어떤 선택을 할 것인가?

사례 2 뚱보fat man 딜레마

또 한 대의 폭주하는 전차가 있다. 이번에는 당신은 기관사가 아니라 다리 위에 서서 전차를 바라보는 구경꾼이다. 마찬가지로 전차의 진행 방향 앞에서 다섯 명의 인부가 작업하고 있다. 이번에도 브레이크가 작동하지 않는다. 전차가 다섯 명의 사람을 치기 일보 직전인 상황에 놓여 있다. 문득 당신은 옆에 난간에 기댄 채 서 있는 덩치가 큰 남자를 발견한다. 당신은 그 남자를 밀어 다리 아래로 떨어뜨릴 수 있다. 그 남자를 밀어 질주하는 전차 바로 앞에 떨어지게 한다면 당신은 전차를 세울 수 있다. 덩치가 큰 남자 한 명은 죽겠지만 당신은 다른 다섯 인부의 목숨을 구할 수 있다. 당신은 어떻게 할 것인가?

트롤리의 두 가지 딜레마에는 하나의 공통점이 있다. 그것은 '다수를 구하기 위해 소수를 희생시키는 것이 옳은 일인가'라는 문제이다. 이것은 한 사회의 도덕적 직관을 확인하는 딜레마로 어떤 선택이 과연 정의로운 선택일 것

인가에 대해 많은 사유실험이 이루어졌다. 두 가지의 딜레마는 같은 문제를 다루고 있는 것처럼 보인다. 하지만 두 가지 딜레마에는 근본적인 차이점이 있다. 최근에 이루어진 한 심리실험에 따르면 '사례 1'에 대해서는 대다수의 사람이 전차의 진로를 갓길로 바꾸는 것이 도덕적으로 허용되는 일이라고 여겼지만, '사례 2'에 대해서는 대부분의 사람이 남자를 밀어 철길에 떨어뜨리는 것이 도덕적으로 허용되지 않는다고 생각하는 것으로 나타났다. 두 사례의 옳고 그름을 가르는 차이는 무엇일까? 제레미 벤담의 공리주의utilitarianism의 관점에서 이 딜레마를 본다면 '사례 1'과 '사례 2' 사이에는 본질적인 차이가 없다. '사례 1'에서 기관사는 한 명을 희생하여 다섯 명을 구했고, '사례 2'의 구경꾼도 한 명을 희생해서 다섯 명을 구했다는 동일한 결과를 보여주었다. 기관사와 구경꾼은 본질적으로 동일한 일을 한 것이다. 하지만 의무론deontology의 관점에서 보자면 '사례 2'의 행위는 '사례 1'과 다르게 보아야 한다. '사례 2'의 구경꾼은 덩치 큰 남자를 목적으로 대하지 않고 '다른 목적을 위한 수단'으로 대우했기 때문이다. '인간을 수단이 아닌 목적으로 대하라'는 칸트의 정언명법定言命法을 위반했다는 점에서 다리 위의 구경꾼은 윤리적인 문제를 가지고 있다.

트롤리의 딜레마를 자율주행차의 윤리 문제에 적용한 MIT 리뷰는 자율주행차의 딜레마에 대해 다음과 같은 세 가지 상황을 제시하고 있다. 첫 번째 상황은 차량 앞에 여러 사람이 있고, 차량을 멈출 수 없을 때 여러 사람을 살릴 방법이 경로를 옆으로 비켜 진행 방향에서 비켜 있는 한 사람과 부딪히는 방법뿐이라면, 누구를 살릴지 고르는 윤리적 판단 실험이다. 두 번째 상황은 차량 앞에 있는 사람이 한 사람이고 이 사람을 살릴 방법은 차량을 옆의 벽으로 경로를 바꾸는 방법이다. 이 방법은 운전자를 희생하게 하는 방법이 된다. 세 번째 상황은 차량 앞의 사람이 여러 명일 때이다. 사람들을 살릴 수 있는 경우는 차량을 옆의 벽에 부딪히게 해 운전자를 희생시키는 경우이다. 세 가지 경우 모두 인공지능의 윤리적 판단이 필요한 경우이다. 이 경우 인공지능이 어떻게 판단하도록 알고리즘을 구성해야 할 것인가? 만약 운전자 한 사람을 보호하기 위해 도로 위의 여러 사람을 희생시켜야 한다면 자율주행차의 인공지능은 비도덕적인 판단을 하게 되는 것이다. 하지만 공리주의적 관점에서 도로 위의 여러 사람을 살리기 위해 운전자를 희생하도록 알고리즘이 설계된다면 운전자들은 자율주행차를 구매하지 않을 것이다. 자율주행차의 신뢰성을 위해 트롤리 딜레마가 어떤 선택을 하도록 알고리즘을 구성해야 하는지에 대한 사회적 합의가 필요한 지점인 것이다.

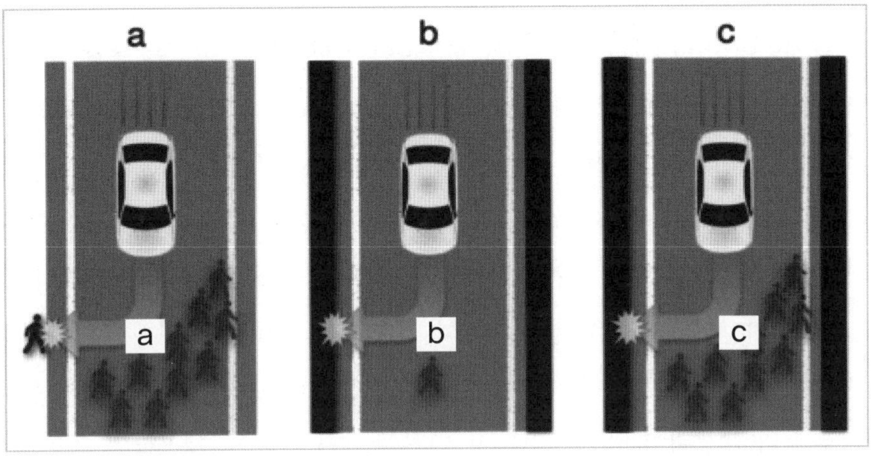

자율주행차의 윤리적 문제는 단순하게 기계를 어떻게 활용할 것인가의 문제를 넘어서는 로봇의 윤리 문제와 관련되어 있다. 로봇의 윤리는 인간과 로봇, 로봇을 매개로 한 인간과 인간 사이의 바람직한 관계 정립을 위해 필요한 기술 규범이다. 자율주행차가 스스로 상황에 대한 판단을 통해 의사결정을 내리는 상황에서 윤리적 문제에 대한 알고리즘이 사회적 합의를 해야 하는 이유이다. MIT는 현재 온라인상에서 모럴 머신Moral Machine이라는 사이트를 운영하면서 이 문제에 대한 데이터를 수집하고 있다. 이 플랫폼의 참가자는 트롤리 딜레마의 다양한 상황을 선택하고 직접 디자인도 해보는 사고실험을 할 수 있다. 지금까지 모럴 머신은 참가자의 데이터를 기반으로 분석하여 어떤 결과를 도출했을까? 모랄 머신은 233개 국가에서 수집된 4천만 개의 데이터를 분석했는데, 에드먼드 아와드Edmond Awad는 이를 바탕으로 모럴 머신에 참여한 사람들에게서 세 가지 공통점을 도출하였다. 동물보다는 사람을, 소수보다는 다수를, 노인보다는 젊은 사람을 구해야 한다는 대답이 그것이다. 모럴 머신의 데이터가 중요한 이유는 이러한 사고실험이 자율주행차의 윤리 문제에 대한 사회적 합의를 끌어내었다는 점이다. 하지만 실제 상황에서 우리가 직면해야 할 윤리적 문제는 사실 사고실험처럼 단순하지 않다. 만약 다수의 악인과 소수의 평범한 사람들의 경우라면 이런 경우도 다수를 선택할 것인가? 노인과 젊은 사람을 구분하는 기준은 어떻게 설정해야 할 것인가?

인공지능이 어떤 선택을 할 것인가를 사람이 합의한 데이터를 통해 도출하는 방법을 알고리즘 리터러시algorithm literacy*라고 하는데 이것은 자율주행차의 상용화에 앞서 반드시 해결해야 할 문제가 된다. 자율주행차의 윤리적 문제를 해결하기 위해서는 인공지능의 행동 자체를 여러 가지 각도에서 이해할 필요가 있는데 이것이 MIT가 제안한 기계 행동학이다. 자율주행차의 윤리적 문제는 기계와 인간의 공존에 대한 문제이며, 사회적 합의를 통해 기계의 알고리즘을 만들어야 하는 문제이다. 하지만 다수가 합의한다고 하더라도 그것이 윤리적으로 올바른 선택이 될 것인가는 또 다른 문제가 된다. 기계공학이 단순하게 공리적 입장을 선택하거나 산술적 결과론을 선택한다든지, 혹은 자율주행 자동차의 판매를 위해 비윤리적 알고리즘을 선택한다면, 기계에 의한 인간성의 상실을 피할 수 없을 것이다. 우리는 어떤 선택을 해야 할 것인가?

* 알고리즘 리터러시는 읽고 쓸 줄 아는 능력을 뜻하는 리터러시에 알고리즘을 합성하여 인공지능의 알고리즘을 파악하고 사용할 줄 아는 능력을 가리키는 단어로 사용되고 있다.

연습 문제 3

위의 글은 자율주행차의 윤리적 딜레마를 다룬 글이다. 글을 읽고 아래의 질문에 답하시오.

1. 트롤리 딜레마에서 제시한 두 사례의 공통점과 차이점에 필요한 논거를 찾아보자. 이러한 논거를 바탕으로 찬성과 반대의 입장에서 논증을 해보자.

2. 자율주행차의 윤리적 딜레마를 사회적 합의의 문제로 해결할 수 있을까? 만약 데이

터를 모으는 것과 같은 행위를 통해 사회적 합의를 도출하는 것이 가능하다면 이러한 합의 방식을 다른 사회적 문제로 확대하는 것도 가능할까에 대해 논의해 보자.

3. 인공지능의 알고리즘에서 인간의 판단을 도출하는 방법을 위한 다른 사례를 들어 보자.

4. 자율주행차의 기술적 문제는 이미 해결된 시대에 접어들고 있다. 4차 산업혁명의 신기술과 인류의 생존이라는 사회적 합의의 문제가 인간성을 다르게 정의하는 것도 가능할까?

연습 문제 4

다음의 글을 읽고 물음에 답하시오.

가해 운전자가 사라진 자율주행차 보험

자율주행차 역시 사고 발생 시 피해 책임을 위한 보험이 필요하다. 독일은 2017년 도로교통법 개정을 통해 미국과 같이 인간 운전자와 컴퓨터를 법적으로 동일하게 운전자로 판단하고 자율주행 모드에서 교통사고가 발생할 경우 제조자에게 책임을 물을 수 있는 법적 근거를 마련했다. 즉 완전자율주행 단계에서 발생한 교통사고 책임과 관련한 운전자의 법적 지위는 상실되지만, 현재 법에 반영되지 않은 이유는 완전자율주행 기술이 가까운 시일 내에 실현되지 않을 것이란 판단이 반영된 결과다.

하지만 운전자에게 완전자율주행 운행 중 고장이나 악화한 기상 조건 등으로 자율주행 기능이 불가능해진 경우에 운전자는 바로 수동 모드로 전환해 직접 운전해야 한다는 새로운 의무를 추가해 해당 의무를 위반한 운전자는 과실에 따른 책임을 부담해야 한다. 앞으로 자율주행차 소유자의 책임보험과 제조자 가입 보험 중 어느 보험자에게 사고에 따른 책임을 부담시켜야 하는지에 대한 판단 문제가 남아 있지만, 제조물 책임 혹은 제조자 책임을 통해 피해자 구제가 가능하기 때문에 자율주행차 소프트웨어 개발자에게 책임을 전가하는 방안이 중요한 과제가 될 것으로 보고 있다.

현재 우리나라에서 시험 운행 중인 자율주행차는 자동차손해배상 보장법 제5조의 보험 가입 의무에 따라 자율주행차임을 외부에 알릴 수 있는 표시, 운전자와 동승자 2인 탑승 및 각각의 주의 의무 규정, 자율주행 기능을 수행하는 장치에 원격 접근 및 침입 방지 장치, 운행 정보 저장 장치운행 기록 장치와 영상 기록 장치 설치를 의무화했다. 하지만 구체적인 법이 마련되지 않아 아직까지 사고 발생 시 책임 소재가 불분명하며, 향후 물리적 사고뿐만 아니라 외부 해킹이나 오작동에 대한 사고 보상 대책은 마련되어 있지 않다.

하지만 국내 최초로 자율주행차 위험 담보 자동차 보험이 출시되었다. 판교 제로셔틀이 가입한 현대해상 자율주행차 위험 담보 자동차 보험은 6개월간의 개발 과정을 거쳐 2017년 11월 업계 최초로 출시된 자율주행차 전용 보험상품이다. 자율주행 테스트 중 발생 가능한 사고 위험을 보장하며, 주행 중 상대방에게 발생한 손해에 대해 사고 원인을 불문하고 먼저 보상한다. 자율주행차의 사고 위험을 포괄적으로 담보해 자율주행차 개발을 활성화하고 신속한 보험금 지급을 통해 피해자 보호에 기여할 것으로 기대된다.

완전 자율주행차는 현재와 같이 가해자라는 개념이 사라지고 가해 차량, 피해 차량, 그리고 피해자만 존재한다. 사고 원인도 현재와 같이 상호합의나 블랙박스, CCTV 분석이 아니라 자율주행 소프트웨어 및 센서, 차량 운행 데이터 로그 분석 등의 절차가 필요해 하드웨어, 소프트웨어, 개발사 등의 분석에 의존해야 한다. 개인 소유 차량, 혹은 공유 차량 등 사용하는 차량 탑승 유형과 상관없이 탑승자는 더는 운전자가 아니기 때문에 보험금 납입 형태와 사고 책임 소재가 변화할 수밖에 없다. 부분 자율주행차 같은 경우에도 탑승자, 보험회사, 자동차 제조사 등 책임 소재를 가리기가 쉽지 않기 때문에 소송 비용 증가, 보험금 지급 지연 등의 부작용이 우려된다.

따라서 위험 보장 역할의 상당 부분이 제조물 배상 책임 보험으로 이동하고, 사고가 발생하면 누구의 과실인지를 따지지 않고 법에 지정된 보험회사가 자율주행차 탑승자와 피해자를 정해진 약관에 따라 보상해 주는 과실 불문 보험No Fault Insurance 형태가 가장 유력한 대안으로 떠오르고 있다. 예를 들면 과실 불문 자동차 보험No Fault Auto Insurance이 등장하고, 자율주행차 시험 운행을 통해 적지 않은 자율주행차 오류와 에러 등에 대한 빅데이터를 보유한 구글 같은 기업들이 새로운 보험사로 떠오를 가능성도 배제할 수 없다. 사고 원인 판단도 기존의 판사, 변호사 등이 아닌 프로그래머가 대신할 가능성도 있다.

– 차두원 · 이동의, 『미래: 모빌티리 빅뱅, 누가 최후의 승자가 될 것인가?』, 한즈미디어, 2018, 239~241쪽.

1) 윗글은 '자율주행 자동차의 보험'에 대해 다루고 있다. 이 문제에 대한 저자의 입장을 정리해 보자.

2) 자율주행 자동차의 보험에서 다루어야 할 주요 쟁점을 정리해 보자.

3) 현재의 반자율주행 자동차와 완전자율주행 자동차의 보험의 차이는 어디에 있을까?

4) 자율주행차의 사고에서 윤리적 판단이 자율주행차 보험에 적용되어야 할까? 그렇다면 주행의 알고리즘과 책임 사이에서 어떤 부분이 제조사의 몫이고, 어떤 부분이 사회적 합의의 부분인지를 나누어서 판단해 보자.

5) 4번 질문의 경우 찬반으로 나누어서 논의를 해 보자.

6) 다음은 자율주행차의 주요 사고 일지와 테슬라의 첫 사망 사고 분석 이미지이다. 두 가지 정보를 통하여 현재 자율주행차가 해결해야 할 주요 문제를 찾아보자.

일시	관련 기업	사고 내용
2016년 2월 14일	구글	자율주행차의 과실로 시험 운행 중 버스와 접촉사고
2016년 5월 7일	테슬라	대형 트레일러와 충돌. 첫 운전자 사망사고
2017년 11월 8일	나브야	자율주행셔틀. 실제 주행에서 트럭과 접촉사고
2018년 3월 18일	우버	교차로 건너던 행인 치어 첫 보행자 사망사고
2018년 3월 23일	테슬라	고속도로에서 중앙분리대를 들이받아 운전자 사망

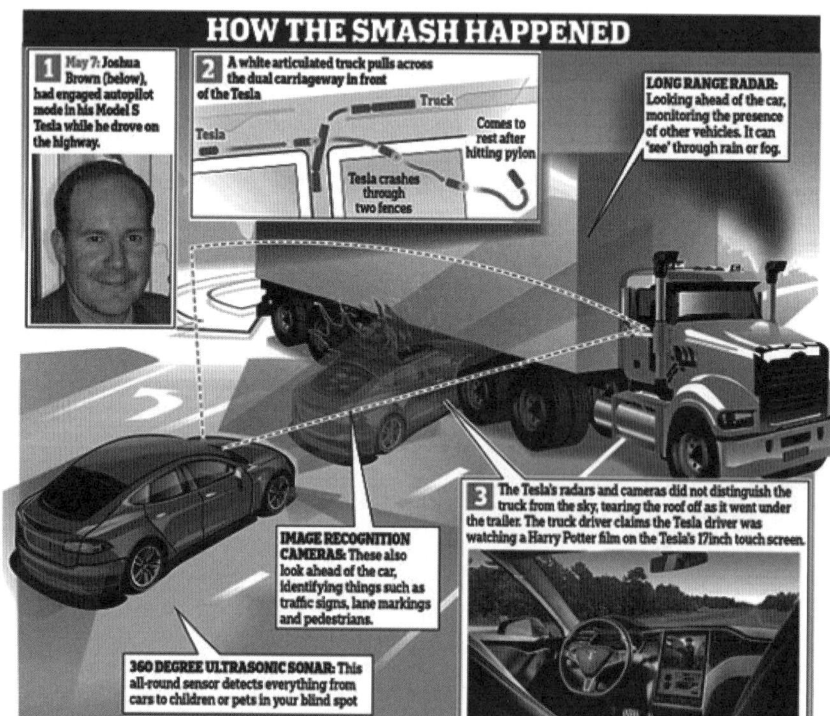

〈참고 문헌〉

긴기양치, 『인공지능의 세계』, 전종훈 옮김, 북스힐, 2019.

나이절 섀드볼트 · 로저 햄프슨 공저, 『디지털 유인원』, 김명주 옮김, 을유문화사, 2019.

마틴 포드,『AI 마인드: 세계적인 인공지능 개발자들이 알려주는 진실』, 김대영 외 옮김, 터닝포인트, 2019.

메가트렌드 랩, 『인공지능 에듀테크 트렌드』, 율곡, 2019.

박영숙, 『블록체인혁명 2030』, 교보문고, 2019.

박재용, 『4차 산업혁명 문제는 과학이야; 4차 산업혁명에 숨겨진 과학의 원리들』, MID, 2019.

산업정책리서치센터, 『무인 자율주행차 주요국 핵심 기술정책 동향 및 제도적 현황과 미래 첨단 차량 산업 · 시장 · 기술 환경 분석 동향』, 산업정책 Research. 2017.

송은주, 『당신은 왜 인간입니까: AI시대, 우리를 기다리는 섬뜩한 질문』, 웨일북, 2019.

스티글러 B., 『자동화 사회 1: 알고리즘 인문학과 노동의 미래』, 김지현 외 옮김, 새물결, 2019.

아부채아(阿部彩芽) 외, 『튜링의 생각하는 기계 : 인공지능(AI)의 아버지에게 배우는 컴퓨터 과학의 기초』, 이아름 옮김, 위즈플래닛, 2019.

안드레아스 헤르만 외, 『자율주행: 뜨는 산업과 지는 산업의 경계를 가를 전무후무한 기술혁명』, 장용원 옮김, 한빛비즈, 2019.

우정훈, 『AI 사람에게 배우다 : 인공지능이 만드는 기업의 미래』, 비앤컴즈, 2019.

유병용 · 오영철 · 한지형 · 허명선, 『자율주행: A2Z30가지 궁금증에 대한 교양적 답변』, 홍릉과학출판사, 2019.

이민화, 『디지털 트랜스폼에서 스마트 트랜스폼으로: 4차 산업혁명의 구현 방법론을 제시한다』, KCERN: 창조경제연구회, 2019.

이상수, 『제4차 산업혁명 시대의 주요 기술』, 바른북스, 2019.

이지원, 『인공지능과 음악: 대한민국 1호 AI 뮤직 컨설턴트의 미래 음악 이야기』, 처음북스, 2019.

이진영, 『차세대 사물인터넷(IoT)을 위한 임베디드 시스템』, 지코사이언스, 2019.

일본경제신문사, 『AI 2045 인공지능 미래보고서: AI와 인간이 공존하는 세상의 시작』, 서라미 옮김, 반니, 2019.

임일, 『4차 산업혁명 인사이트』, 더메이커, 2016.

장윤종, 『제4차 산업혁명의 경제사회적 충격과 대응방안: 기술과 사회의 동반 발전을 위한 정책 과제』, 진한엠앤비, 2019.
정웅일, 『인공지능에 도덕 엔진을 탑재하는 법』, 클라우드나인, 2019.
정원섭, 『제4차 산업혁명 시대 인문정책 방향』, 진한엠앤비, 2019.
조달현, 『데이터 자본과 권력』, 좋은땅, 2012.
차두원 · 이동의, 『이동의 미래: 모빌티리 빅뱅, 누가 최후의 승자가 될 것인가?』, 한스미디어, 2018.
천우정, 『전문가 10인이 추천한 4차 산업혁명의 뉴노멀』, 하움, 2019.
최무영 외, 『정보혁명, 정보혁명 시대, 문화와 생명의 새로운 패러다임을 찾다』, 휴머니스트, 2017.
카이스트 기술경영전문대학원, 『4차 산업혁명과 디지털 트랜스포메이션 전략』, 율곡, 2019.
한국포스트휴먼연구소 · 한국포스트휴먼학회 편저, 『인공지능의 이론과 실제』, 아카넷, 2019.

제5장

클로즈업, 광고를 어떻게 볼 것인가

1. 광고에 대한 시각

광고는 일반적으로 시각적 이미지와 언어를 사용하여 특정한 구매 효과 또는 사회적 효과를 만들어 내는 것을 말한다. 상품 구매를 위한 목적은 물론, 광고의 이미지와 언어로써 특정한 정치적 · 사회적 · 문화적 함의를 담고 있다.

오늘날 '자본주의의 꽃', '30초의 미학' 등으로 불리는 광고는 자본주의가 태동하고 언론 매체가 보편화되면서 인간의 경제활동과 밀접한 관계를 맺어 왔다. 현대사회로 오면서 TV와 인터넷 등 영상 매체의 발달로 시각적 이미지가 강조되는 특징이 있으나 기본적으로 언어를 통해 형성한 일정한 의미를 소비자에게 제시한다. 30초 내외의 짧은 시간 안에 브랜드나 상품에 관한 인상을 확실하게 전달하여 소비자로 하여금 친근감과 상품의 구매 욕구를 불러일으키도록 해야 한다. 30초라는 압축된 상황에서 이루어지는 가상의 상황을 현실처럼 받아들이게 만들어야 한다.

이에 따라 광고에서는 정형화된 이미지와 일상적으로 널리 통용될 수 있는 맥락의 언어를 사용한다. 해당 상품과 직결되는 특정 상황을 압축적으로 표현하고 여기에 사회적으로 널리 통용되면서도 감동적으로 다가갈 수 있는 문장이나 대화를 삽입하여 최대한의 자연스러움을 연출하고자 한다.

광고에 나타나는 이미지와 언어는 가정, 국가, 사랑, 화목, 효도, 성실, 우애, 건강, 안전 등과 같은 현실에서 보편화된 가치나 관념을 반영하고 있다. 예를 들어 가정용품 광고에서는 대개 가족의 소중함을 강조하고 가족의 단란한 모습을 이미지화하며 이들 사이에 오가는 정겨운 언어를 부각시킨다. 이는 오늘날 우리 사회에서 가족 구성원들이 희망하는 이상적인 가정의 모습으로, 광고는 일반적인 소비자의 욕망을 미화하여 보여 준다.

그러나 사회의 보편적 가치로 생각된 관념들은 실제로 현실에 존재하는 수많은 다양성을 배제하고 장밋빛으로 포장된 특정 상황만을 부각시킨 것이다. 광고와 달리 현실에서는 불안함에 떨고 실패의 쓰라림을 맛보는 개인, 행복하지 않은 가정, 자신의 가치관이나 적성과 맞지 않는 직장 등 힘겨운 상황에 놓이는 경우가 적지 않다. 가정, 회사, 사회에서 수많은 갈등, 불화, 억압과 차별이 존재하며 이를 해결하는 과정 역시 많은 어려움이 따른다.

Arnold Joseph Toynbee, 1889~1975

Theodore Levitt, 1925~2006

사람들이 대체로 욕망하는 것을 우리는 광고를 통하여 쉽게 볼 수 있다. 행복한 삶을 누리는 모습, 돈을 많이 버는 직업을 갖는 것, 좋아하는 이성과 사랑을 나누는 모습 등. 이는 수많은 현실적 갈등, 다양한 욕망의 존재를 은폐하고 정형화된 이미지와 언어의 구조를 통하여 자본주의적으로 이상화된 상황을 만들어 낸 것이다.

오늘날은 애드센스AdSense와 유튜브 광고로 정보가 생산되고 유통되는 시대이다. 최근에는 과잉 생산된 제품을 직접 소비해 보고 좋은 것을 찾아 알려주는 새로운 직업도 등장하였다. 오프라인에서는 편집숍이, 온라인에서는 블로거와 유튜버들이 새로운 광고의 역할을 하고 있다. 광고는 이제 화폐만큼이나 세계와 경제를 움직이는 동력이 되는 시대이다.

아놀드 토인비는 광고란 생산이 수요를 초과하면서 등장하여 불필요한 소비까지 유도하여 제한된 자원을 가지고 살아가는 지구를 망칠 뿐만 아니라 사람들의 정신과 영혼을 파괴하기까지 한다고 주장하였다. 이와 달리 테오도르 레빗*은 광고를 소비주의를 부추기는 악이라고만 평가하는 것은 인간을 제대로 이해하고 있지 못한 것이라고 하였다. 세상은 실제와 상징의 혼합으로 유

* 하버드 경영대 교수, 〈하버드비즈니스리뷰〉 편집장 역임, 정치, 경제, 경영, 마케팅에 관한 수많은 논문을 발표, 탁월한 통찰력으로 '마케팅의 구루'로 인정받음. 『제3섹터:민감한 사회를 위한 새로운 전략』, 『사업성장을 위한 마케팅』 『경영에 관한 고찰』 등의 저서가 있음.

지되는 것이지 상징을 제거한 실제만으로 세계가 굴러가지는 못한다고 언급하였다. 더 나아가 톰 딜런*은 광고란 자유의 증거이자 원인이라고 하였다. 광고를 할 수 있어야 자유가 보장되며 자유가 보장되는 곳에서 광고가 존재한다고 주장하였다.

광고에 대한 기본 개념과 현대 최고의 석학과 전문가들이 밝힌 견해를 바탕으로, 오늘날 실현되고 있는 광고를 다양한 시각에서 바라보고 비평하여 보자.

Tom Dillon, 1915~1986

* Batten, Barton, Durstine & Osborn(BBDO)의 전 CEO 겸 회장
광고 업계에서 가장 효과적이고 사랑받는 대변인 중 한 사람으로, 산업, 정부 및 일반 대중에게 긍정적인 광고 이미지를 투사하는 데 성공함.

2. 이상적인 가상의 현실

오늘날 우리는 수많은 정보 전달 매체 속에서 매일 셀 수 없이 많은 정보를 접하며 살아가고 있다. 그중에서도 광고는 다양한 매체를 통해 우리에게 가장 빈번히 다가오며, 일정한 목적을 가지고 적극적으로 접근해 온다. 이러한 광고가 우리에게 미치는 영향은 결코 적다고 말할 수 없다.

광고의 가장 중요한 목적은 기업의 브랜드 가치를 제고하거나 기업에서 생산한 상품을 구매하도록 소비자를 설득하는 것이다. 이에 따라 대중을 상대로 설득력을 높이기 위한 여러 가지 방법을 활용하여 광고가 제작된다. 광고는 이미 기업이 생산 활동을 지속하는 데 필수적인 수단이 되었다.

우리나라에서 환경과 생활의 변화로 탄생된 김치냉장고 딤채의 광고를 살펴보자. 딤채는 1995년, 우리나라의 독자적 기술로 개발된 '토종 가전 1호' 김치냉장고이다. 전통적인 김장독의 김치 숙성 및 보관 원리를 현대 기술로 구현한 제품이다. 겨울철 땅속에 묻힌 김장독이 냉기 유출을 차단하고 외부 공기 접촉을 최소화하면서 김장독 내 온도를 0도에서 영하 1도로 유지해 김치를 보관하는 원리를, 저장실 자체를 냉각시키는 '직접 냉각 방식'이라는 전혀 새로운 기술로 구현한 것이다. 딤채에 대한 반응은 폭발적이었고, 1990년대 후반에 주부들이 갖고 싶은 가전제품 순위에서 늘 1위를 차지할 만큼 인기를 끌었다. 그런데 이 시장에 삼성전자, LG전자 등 대형 가전 회사들과 20여 개의 중소기업들이 가세함으로써 김치냉장고는 1990년대 후반기 이후 우리나라에서 가장 역동적인 시장 아이템이 되었다.김종민(2019) 이러한 상황이 지속되고 있는 시점에서 제작된 2019년형 딤채 광고는 여전히 연구되고 있는 김치냉장고에 대하여 충실히 설명하는 내용을 담고 있다. 딤채는 광고를 통해 여타의 김치냉장고와 차별화된 생산 활동을 지속해 가고 있음을 밝히고 있다.

2019년형 The Original 딤채 광고

(내레이션):

새로워진 딤채를 소개합니다.
첫 번째 딤채엔 한겨울 땅속 김장김치
두 번째 딤채엔 묵은지
세 번째 딤채엔 제철김치
그리고 네 번째 딤채엔 고기숙성, 발효식품
하나의 딤채로 네 대의 딤채를
딤채만의 오리지널 기술로 가장 맛있게
역시 딤채 자랑할 만하죠?
오리지널의 공식대로
The Original 딤채

딤채 광고(2019)

실제로 수십 년간 판매되고 있는 최장수 음료 박카스를 예로 들어 보자. 박카스는 1960년대 초에 동아제약에서 생산한 음료로, 음료가 다양하지 않던 시장에서 큰 인기를 모으며 판매되어 왔다. 긴 세월이 흐르는 동안, 일찍이 박카스에 관심을 가지던 사람들은 이제 노인이 되었고, 음료시장은 갖가지 맛있고 새로운 음료와 여러 가지 기능이 첨가된 음료들로 북적이게 되었다. 그런데 음료수는 주로 젊은이들이 자주 찾는 품목이고, 박카스는 요즈음 젊은이들이 선호하는 음료의 맛이라고 보기 어려우므로, 다양한 음료시장에서 박카스가 퇴출될 것이라는 예상은 어렵지 않았다. 한때 인기 있던 음료가 더 이상 판매되지 않는 경우는 충분히 가능한 일이었기 때문이다.

그러나 박카스는 오늘날 음료시장에서 자기만의 영역을 지키며 여전히 판매되고 있다. 시대와 상황과 입맛의 변화에도 불구하고 여전히 판매되고 있는 것은 바로 '박카스 광고'의 특별함 때문이다. 즉 광고를 통해 박카스에 대한 인식 변화의 대상으로 청장년층을 공략한 결과이다. '고마운 사람에게, 격려와 위로가 필요한 사람에게 박카스를 선물한다.' '박카스를 준 사람과 받은 사람은 서로의 마음을 헤아려 가슴이 따뜻해진다.'는 내용의 광고이다. 이러한 내용의 연속적인 광고를 통하여 오늘날 '동아제약 박카스는 따뜻한 위로와 격려'라는 의미로 모든 세대에게 자리매김하고 있다. 아래의 박카스 광고를 살펴보자.

시작은 피로회복부터 - 소방관 편

첫 화면에, 비상벨이 울리자 소방관들이 재빠르게 출동한다.
돌아와 점심식사로 짜장면을 먹으려고 비비는 중에
또다시 비상벨이 울리자 그대로 둔 채 빠르게 출동한다.

자막 글: 하루 평균 2.6분마다 출동 (2018년 경기소방재난본부 기준)

활동 마치고 돌아와 장비 정비실에서 그을음 묻은 채 피로한 얼굴로

소방관1: 와~ 밥 챙겨 먹기 힘드네요.
소방관2: 야, 이거라도 챙겨(박카스를 건네주며)
내래이션: 풀려야 할 게 많은 세상일수록 시작은 피로회복부터, 박카스

동아제약 박카스광고(2019)

박카스 광고에서는 상품 판매와 함께 서로 위로하는 따뜻한 사회를 지향함으로써 브랜드 이미지를 제고한다. 이와 같이 최근의 광고는 단순히 기업의 이윤 추구를 넘어 사회의 긍정적 변화를 꾀하는 캠페인을 수행하기도 한다. 사회의 문제점을 지적하여 되돌아보게 하고, 소비자를 미래사회로 이끄는 안내자 역할을 하기도 하며, 지친 청년들을 다독여 새롭게 일할 힘을 주기도 한다.

실제로 경기도에서는 2019년 9월 16일부터 10월 16일까지 한 달 동안 〈제1회 경기도 광고홍보제〉를 개최하였는데, 이때 내걸었던 슬로건이 "사회를 바꾸고 세상을 변화시킨다."였다. 개막식에서 도지사 이재명은 "변화는 상상에서 나온다. 우리들의 삶을 나아지게 하는 새로운 생각들이 모여서 사회를 바꾸고 세상을 변화시킨다."라고 하며, "이번에 처음 시작하는 광고홍보제이지만 앞으로 여러분의 참신한 아이디어와 재치가 경기도와 우리 도민들의 삶을 바꾸게 될 것으로 믿는다."라고 하였다. 결국 광고를 통해 효과적으로 도정을 홍보하여 경기도민의 삶의 질을 높이고자 한 것이다.

또한 2019년 8월 22일부터 24일에는 '소비자에게 올바른 영향력을 미치는 광고'라는 슬로건을 내세우며 〈2019 부산국제광고제〉가 열렸다. 이 자리에서 집행위원장 최환집은 "상품 자체의 사용 가치가 중요해지는 '절대가치'의 시대에서 일방적 설득이 아닌 소비자에게 올바른 영향력을 미치는 마케팅 커뮤니케이션의 방향성에 대해 논의하는 자리가 될 것이며, 세상을 바꾸는 데 기여할 창조적인 솔루션을 앞으로도 계속해서 공유해 나갈 것이다."라고 하였다.

위에서 언급한 〈제1회 경기도 광고홍보제〉와 〈2019 부산국제광고제〉의 취지를 보면, 최근의 광고는 기존 광고의 '기업의 이윤 추구'라는 역할을 넘어 사회를 변화시키고 사람들의 삶의 질을 향상시키는 역할을 하는 것으로 언급되고 있다. 사회의 문제점을 제시하고, 정보 제공을 통해 미래사회로 안내하며, 청년들에게 힘을 줌으로써 광고주를 신뢰하게 한다. '사람'을 중심으로 브랜드 가치를 꾸려가고, 소비자에게 영감을 주며 감동을 선물하는 것이 최근 광고의 특징 중 하나이다. 이러한 내용의 한화그룹 광고를 살펴보자.

한화그룹 지속가능경영 – 철학 편

세상에 당연한 것은 없다

당연한 공기
당연한 흙
당연한 별
당연한 꿈
당연한 내일이란 없다

오늘 무언가를 하지 않으면
내일은 저절로 오지 않는다

그래서 누군가는
내일의 에너지를
내일의 꿈을
내일의 기술을
내일의 가능성을 이어가야 한다

오늘이 오늘에서 멈추지 않도록

지속 가능한 내일
한화

한화그룹 지속가능경영 – 철학 편(2019)

오늘날 인류의 삶의 질을 위협하는 환경과 사회문제 등에 대한 관심이 확산되면서 '지속가능성'은 이제 미래세대의 지속 번영을 위해서라도 더는 미

룰 수 없는 생존과제가 되고 있다. 한화에서는 '다양한 사업, 기술, 활동들을 통해 공공이 혜택을 누리는 인류 공동의 문제에 근본적인 솔루션을 제공하고 변화를 끌어내기 위한 지속가능 경영을 실천해 나가고 있다'고 하였다. 위의 광고는 이러한 기업의 사명에 따라, 사회의 일원으로서 책임을 다하고자 하는 모습이 표현되었다.

광고에서 보여 주는 바람에 일렁이는 초록나무숲, 신선한 공기, 새소리가 들리는 밭, 환상적인 밤하늘의 별을 보며 오늘날의 여유롭고 행복한 삶이 느껴진다. 이런 만족감 속에서 우리는 더욱 풍요로운 꿈을 그려가게 된다. 다음 장면에서는 당연한 내일이란 없다며 그동안 당연했던 숲, 공기, 흙, 별, 꿈들을 지워버린다. 순간 두려움과 답답함이 엄습해 온다. 그때 오늘 무언가를 하지 않으면 내일은 저절로 오지 않는다고 한다. 그래서 태양광 에너지 솔루션, 사이언스 첼린지, 친환경 혁신기술연구소, 항공우주사업 등을 추진하며 미래를 열어가겠다고 한다. 광고의 마지막 장면은 우주에서 자라는 식물에 사람이 물을 주는 모습으로, '지속가능한 내일'이라고 말한다.

이 광고에서는 우리가 너무나 당연하게 생각하는 공기, 흙, 별, 꿈뿐만 아니라 우리가 내일을 맞이한다는 일도 당연한 것이 아니라고 말한다. 당연하게 누리고 있는 것들이 당연한 게 아니며, 오늘, 현재 역시 저절로 만들어지는 것이 아니라고 한다. 내가 꿈꾸는 내일은, 오늘의 내가 꿈꾸는 내일을 위해 무언가를 했을 때에만 온다. 발전시키고자 하는 노력이 없으면 에너지, 환경, 사회적 인프라는 사라질 수밖에 없다. 그래서 꿈, 기술, 가능성을 오늘에서 멈추지 않도록 미래를 위해 집중과 투자를 이어간다는 것을 의미하고 있다.

한화는 이 광고를 통해 기업의 브랜드 가치 제고를 넘어, 기업이 추구하는 지구, 우주, 인간의 미래에 대한 철학을 제시하고 있다. 우리는 이것을 인류 공동의 문제를 해결하고자 고민하며 미래로 가는 길에 소비자들이 동참할 것을 촉구하는 캠페인으로 볼 수도 있다.

연습 문제 1

사회 · 문화적 관점에서 순기능적 역할을 한 광고를 찾아 다음의 내용으로 글을 써 보자.

1) 긍정적 영향을 미친 사항은 무엇인가?

2) 긍정적 영향을 미쳤다고 보는 근거는 무엇인가?

3) 긍정적 영향으로 인하여 사회 · 문화적으로 나타난 결과는 무엇인가?

◈ KCC건설 스위첸 광고

안내문) 차주님께 화물차량은 미관상 안 좋은 관계로 1403동 뒤편 주차장을 이용해 주세요.
(화물차 앞 유리창에 꽂힌 쪽지)

엘리베이터 내 휠체어 진입 금지
– 엘리베이터 내부가 긁힘 –
우측 비상계단을 이용 바람
(엘리베이터 내 게시판에 붙은 안내문)

301동 임대아파트 입주민들은 서쪽 출입문을 이용 바랍니다
(쇠사슬로 묶어 굳게 잠근 출입문의 안내문)

애완견 성대/중성화 수술
이웃 주민에게 피해가 없도록 성대/중성화 수술시켜 주세요.
(아파트 안내문)

외부 차량 단지 내 주차 시 족쇄 채움/CCTV 작동 중
(주차장 진입로 바리케이트에 붙은 경고문)

경고
택배기사 및 배달원 승강기 사용 자제 안내
신문, 우유 등 배달 시 엘리베이터 사용 금지
(아파트 엘리베이터 옆 경고문)

입주민 전용 놀이터
당 아파트 거주 어린이만 이용 가능합니다.
(놀이터 울타리에 붙은 안내문)

내레이션) 당신은 어떻게 살고 있나요?
KCC건설

KCC건설 스위첸 광고(2016)

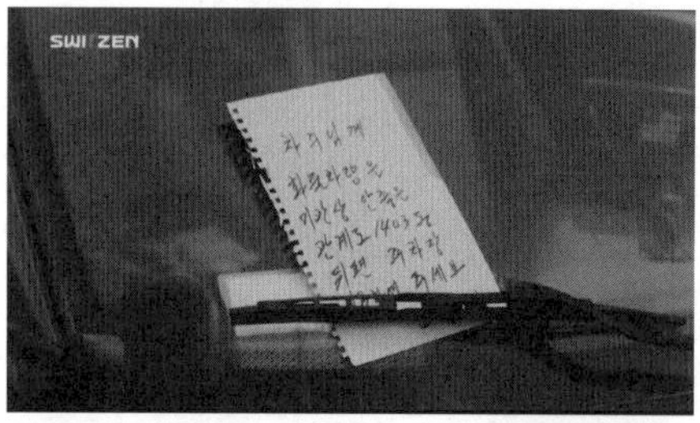

위의 영상에서는 우리 주변에서 본 적 있는 아파트의 안내문이 나온다. 엘리베이터나 현관, 놀이터에 붙인 안내문이나 경고문들이다. 화물차량의 차주, 휠체어 사용자, 단지 내 임대아파트 동에 거주하는 사람, 애완견과 함께 사는 사람에게 전하는 메시지이다. 게다가 입주민의 자녀가 아닌 경우 놀이터에 들어갈 수 없게 울타리가 있으며, 들어오지 말라는 메시지도 있다. 그 내용이 지나치게 야박하고 인정이 없다.

주변 환경과 삶의 방식이 예전과 달라진 오늘날, 우리는 어떻게 살아가고 있는지, 삶의 모습을 스스로 되돌아볼 필요가 있다. 달라진 환경으로 인해 변했다기보다 무엇인가 소중한 것을 잃어버린 채 살아가고 있는 것은 아닌지. 그 잃어버린 것이 사회적 약자나 상대적으로 적게 가진 사람에 대한 존중이라면 꼭 확인해서 다시 찾을 필요가 있다.

스위첸 광고는 사람과 사람이 함께 살아가는 사회에서 사람들이 서로 나누고 배려하는, 사람의 도리를 지키면서 살아가라는 메시지를 전하고 있다. 기존의 아파트 브랜드 광고들은 대부분 그 아파트가 넓고 편리하고 전망이 좋다는 이야기로만 구성되어 있다. 그런데 이 광고는 함께 살아가는 '사람 냄새 나는 집'임을 강조하고 있다.

연습 문제 2

위의 KCC건설 스위첸 광고를 보고, 기업이 많은 돈을 들여 우리 사회의 부정적인 면을 개선하라고 제안하는 이유가 무엇인지 토의해 보자.

◈ 세상 모든 가능성이 플레이되기를 Google Play Korea[2019]

'세계 진출? 그게 가능해?'
(라는 부정적인 문장이 나타나자, 그 문장을 부수면서)
"어려울 것도 없지."

'그냥 남들 하는 대로 해'
(라는 평범하게 하라는 문장이 나타나자, 그 문장을 부수면서)
"하던 대로만 하면 변하는 건 없어."

'시간 낭비 아니야?'
(라는 더 하지 말라는 문장이 나타나자, 그 문장을 부수면서)
"좋아하는 일에 시간 낭비가 어디 있어."

'경험도 없는데 괜찮겠어?'

(라는 망설임과 두려움 표현의 문장이 나타나자, 그 문장을 부수면서)

"경험은 지금부터 쌓아도 돼."

'무엇이 당신의 플레이를 멈추게 하나요?'

"물론 도전이 어려울 수는 있어요."

"저도 그랬으니까."

"그렇다고 그냥 꿈을 포기할 수는 없잖아요."

"지금 하고 싶은 일, 가슴 뛰게 하는 일이 있다면 스스로의 가능성을 믿고 플레이를 멈추지 마세요."

'세상 모든 가능성이 플레이되기를'

"플레이, 플레이, 플레이 온."

"Google Play"

Google Play 광고(2019)

연습 문제 3

위의 Google Play 광고를 본 많은 사람, 특히 젊은이들이 공감하고 감동한 것을 다음과 같이 댓글로 표현하였다. 여러분은 광고의 어떤 내용이 인상적이었는지 서로 이야기를 나눠보고 그 이유를 글로 써 보자.

게시일: 2019. 4. 1.

- 이렇게 좋은 광고 첨 봤다 광고 볼맛 난다 이건 ㄹㅇ
- 중간에 광고 뜬 거 보고 검색해서 다시 본 사람 나밖에 없나..?
- 좋아하는 것에 시간 낭비가 어디 있나요........ 와.......
- 진짜 최고다. 광고 만든 사람 상주세요^^ 만든다고 고생하셨어요
- 이분들처럼 용감하게 도전해 보고 싶습니다!!
- 내가 지금까지 본 광고 중에서 베스트다...
- 물론 도전이 두려울 수 있어요. 부분 계속 돌려보고 있는데 계속 내 눈에서 눈물난다..ㅠ
- 눈물 줄줄ㅠㅠㅠㅠ 우리나라 스타트업 다 잘되면 좋겠다 ㅠㅠ 구글플레이 잘한다.
- 눈물 날 뻔했습니다. 도전이 두려울 수는 있지만 꿈을 포기할 수 없다니... 정말 와 닿네요.
- 이 광고 덕분에 진로 포기를 다시 올려놨습니다. 감사하다고 말해야겠네요. 더 이런 퀄리티 구글에도 응원합니다...!!
- 순간 울컥했다 진짜ㅠㅠ
- 살다살다 "좋은 광고 만들어주셔서 감사합니다." 소리가 나오는 광고는 처음이네요. TV에서 보고 가슴이 찡했습니다. 모두의 꿈을 응원합니다.
- 하루에 한 번씩 꼬박 챙겨보는 광고예요...!!!
- 본 광고 중에 머리 쾅하고 제일 세게 때린 광고 같네.. 근데 배그 ceo분 너무 인상이 좋은 거 아니에요?? 저는 배그 dlc 만들고 핵유저 제대로 못 막고 최적화 너무 이상하게 해줘서 골치 아퍼서 돈에 눈먼 사

람처럼 보였는데.. 암튼 광고 잘 보고 가요. 틱톡이나 수퍼리치 같은 쓰레기광고보다는 백만 배 낫습니다

- 광고를 재검색해서 보게 할 만큼의 광고네요. 이 앱의 주인공이 누구인지 다시 알게 됐습니다. 무엇인가 언제부턴가 꿈을 잊고 살던 저에게 하고 싶은 일이 무엇인지 다시 생각나게 해주는 광고입니다. 고맙습니다.

3. 묻고 따져야 하는 광고 윤리

일상생활 속에서 미처 인식하지 못하는 사이에도 광고는 우리의 관심을 끌기 위해 쉼 없이 밀려든다. 소비자의 다양한 욕구를 충족하기 위한 제품과 서비스가 다변화되고 점차 경쟁이 치열해짐에 따라 오늘날 광고는 상품 판매를 위한 필수요소로 인식되고 있다. 그런데 정보통신 기술의 발달로 전달 기술이 변화함에 따라, 광고는 인터넷과 모바일 등의 형식에 맞게 다양해지고 있으며 또한 시공간의 제약에서 벗어나 그 범위가 확대되고 있다. 결과적으로 광고는 정보기기에 접근 가능한 전 세계 사람들을 잠재적 소비자로 삼는 단계에 이르렀다.

이렇게 광고의 형태가 다양해지고 그 대상이 확대되면서 광고 시장의 경쟁은 더욱 치열해졌다. 자신의 광고에 더 많은 관심을 집중시키기 위해 더욱 자극적인 방법을 용인하게 되고 이러한 경향은 점점 심화되고 있다. 그리하여 제품을 판매하기 위해 소비자에게 왜곡된 방법으로 교묘하게 파고들기도 한다. 이러한 광고에 노출될 경우, 제품 소비에 대한 합리적인 판단을 방해받거나 불필요한 소비를 강요당할 수 있다. 따라서 광고 형식의 다양화, 광고 범위의 확대, 광고 전달 과정의 치열한 경쟁 등이 나타나는 현재의 시점에, 그 문제점을 파악하고 검토해야 할 필요성이 제기되고 있다.

그렇다면 광고의 윤리적 문제를 발생시키는 근원지는 어디일까. 일차적으로는 광고를 하는 기업에 있다고 볼 수 있다. 기업은 경쟁이 치열한 시장에서 많

은 제품과 서비스를 판매하고자 광고에 더 많은 열을 올린다. 기업의 입장에서는 소비자를 설득하는 방법의 윤리성에 대한 관심보다 영리추구의 목적이 더 우선하기 때문에 비윤리적 광고를 묵인하거나 심지어 요구할 수도 있다.

하지만 이러한 문제 발생의 원인이 오로지 기업에만 있는 것은 아니다. 대부분의 기업이 광고대행사에 광고 제작을 의뢰하는데, 광고 시장 또한 제작 수주 등의 경쟁이 치열하기 때문에 광고 효과에 중점을 두게 된다. 그 결과 통상적인 윤리 기준을 넘어서는 광고물들을 만들어 내게 되는데, 이러한 상황에서 광고 제작자의 광고 윤리적 수준이 중요한 요인이 된다.

그 밖에도 사회 공익을 저해하고 사회 일반의 윤리적 인식에 반하는 광고가 횡행하는 것을 방기하는 소비자들과 시민사회의 윤리적 나태함과 무관심도 한 원인으로 볼 수 있다. 윤리적 소비자가 많아지거나 상업 광고의 윤리적 문제 개선에 대한 건강한 요구가 많으면 비윤리적 광고 행태가 줄어들 수 있을 것이다. 그렇다고 광고의 비윤리성 문제 발생의 원인을 직접적으로 소비자에게 물을 수는 없겠지만 말이다.

그러나 소비자와 시민이 윤리적으로 문제가 되는 광고의 전달 과정에 참여하거나 동조한다면 이에 대한 윤리적 책임이 발생할 수 있다. 오늘날에는 인터넷을 비롯한 광고 매체의 변화와 확장으로 인해 기존의 제도적인 관리 범위를 넘어서는 새로운 윤리적 문제도 발생하고 있다. 이른바 바이럴 마케팅의 형식을 활용하여 잠재적인 소비자를 기만하는 인터넷의 블로그나 카페 심지어 댓글 조작 활동 등이 성행하고 있으며, 개인의 온라인 활동 공간에도 광고의 의도를 드러내지 않으면서 광고효과를 노리는 각종 의견과 평가들이 있다. 직접적인 광고 행위를 의도하지는 않지만, 광고 전달 과정에 동조한 경우 전혀 책임이 없다고 말하기 어렵다.

결론적으로, 광고주, 광고대행사, 광고 전달에 적극적으로 참여하는 사람들, 그리고 잠재적 소비자의 윤리적 인식 부족 등에서 기인한 광고윤리에 대한 문제의 윤리적 처방이 시급하다(추정완 2019, 113~115).

광고 환경의 변화에 따른 윤리적 고려 사항

인터넷과 전자기기의 발달로 인해 오늘날 광고 환경은 시시각각으로 변화하고 있다. 특히 바이럴 마케팅 광고와 동영상 광고의 확산이 그것이다. 먼저 최근에는 자신이 필요로 하는 정보나 제품을 직접 찾아 나서는 적극적 소비자층이 늘어남에 따라 신뢰할 만한 정보임을 가장하는 형태의 광고가 온라인상에서 확산되고 있다. 또한 인터넷상의 동영상 기술의 발전과 전자기기의 전반적인 성능 향상으로 인해 오늘날의 광고는 활자나 이미지보다는 동영상 형태의 광고를 선호하고 있다. 전자의 대표적인 사례는 인터넷상에서 일어나는 바이럴 마케팅Viral Marketing이며, 후자의 대표적인 예는 유튜브 광고이다.

바이럴 마케팅은 입소문을 타고 제품에 대한 좋은 정보가 전달되어 판매를 촉진하는 방법을 말한다. 이러한 바이럴 마케팅은 소비자나 기업에 효율성의 차원에서 많은 장점을 제공한다. 소비자는 구매 결정을 위한 보다 신뢰할 만한 정보를 얻을 수 있고, 제품을 판매하는 기업은 전통적인 방식보다 비교적 적은 홍보 비용을 들이고 절약된 비용을 제품의 품질 개선 등에 집중해서 투자할 수 있다. 그러나 해당 정보가 거짓 또는 과장된 정보라고 한다면 문제는 달라진다. 왜냐하면 이러한 광고 행태 역시 기만적인 광고에 해당되기 때문이다. 특히 오늘날 많은 사람들은 주변에서 직접 제품에 대한 정보를 얻는 것 외에도 인터넷을 통해 적극적으로 다양한 정보를 얻는 데 익숙하다. 그런데 인터넷에는 이러한 바이럴 마케팅을 목적으로 한 광고가 넘쳐난다. 특히 파워 블로거의 제품에 대한 평이나 인터넷 카페의 이용후기 또는 댓글 등은 진실한 평가나 의견도 있지만, 처음부터 광고를 목적으로 하여 제품에 대한 체험이나 이용을 하지 않거나 제품에 대한 장점만을 실제 경험한 것처럼 그럴듯하게 나열하여 구매를 부추기는 경우가 적지 않다.

인터넷 블로거 등이 특정한 제품의 정보를 게시하기 이전에 해당 제품의 회사로부터 직접적인 이익을 얻은 경우, 우리는 그러한 평가를 공정한 것으로 수용하기 어렵다. 비록 이러한 행위를 제한하는 법적 규제 장치가 뒤늦게 보완되기는 했지만, 여전히 사실인 것처럼 가장한 광고 행태는 늘어나고 있는 추세이다. 문제는 전통적으로 광고주가 특정한 광고대행사를 대상으로 광고 제작을 의뢰하던 방식이 깨지고 일반인 다수를 자신의 광고를 위한 수단으로 삼고, 이러한 많은 사람들이 자신에게 수익이 되는 기만적인 광고 행위에 동조할 가능성이 높아졌다는 점이다.

최근 초등학생의 장래희망 직업 3위로 '유튜버'가 올라왔다. 교육부와 한국직업능력개발원이 올해 6~7월에 진행한 '초·중등 진로교육 현황조사'를 통해 확인된 결과이다. 초등학생들이 유튜브에 더 친숙한데다 본인이 하고 싶은 일을 하면서 사람들과 소통도 하고 수익도 얻는다는 점에서 매력을 느끼고 있는 것으로 파악된다.

그런데 문제는 유튜브의 수익 구조가 주로 광고에서 기인한다는 점이다. 유튜브가 그들이 제공하는 광고에 어떤 사전적인 자율 규제 장치를 가지고 있는지는 명확하지 않다. 하지만 유튜브가 광고 수익을 기반으로 이용자들의 관심을 끌 만한 영상물의 클릭 수에 따라 영상물 제작자에게 사례를 지급하므로 영상물 제작자의 제작 동기 중 일부는 이러한 사례에 근거한 것이라는 합리적 예측이 가능하다. 그렇다면 결국 영상물 제작자가 얻는 사례의 원천은 광고주의 광고비용 지출로부터 근거한 것이다. 결과적으로 영상물 제작자는 유튜브의 광고 행위에 동조하는 결과를 낳고, 이들은 광고에 대한 윤리적 책임이 전혀 없는 사람이라고 간주하기 어렵게 된다. 더 나아가 이들이 자신이 제작한 영상물 앞에 의무적으로 시청해야 하는 광고가 어떤 것인지조차 알 수 없고 그러한 광고가 사회적으로 어떤 영향을 미치는지에 대해서 무관심하다면 이는 윤리적으로 고민해 봐야 할 문제인 것이다.

그중에서도 특히 염려스러운 것은 아동 수준에서 자신의 영상물을 통해 사례받는 것 자체가 나쁜 것은 아니라고 하더라도 자신이 얻는 사례가 어디에서 근거하는지 생각해 볼 기회를 흐리게 만드는 구조의 문제이다. 아동이라 하더라도 자신에게 이익으로 돌아오는 행위가 어떠한 사회적 비용을 낳는지, 그러한 광고가 윤리적으로 판단할 때 옳은지 그른지를 생각해 볼 기회가 주어져야 윤리적인 판단능력을 신장시킬 수 있다. 그런데 윤리적 숙고를 어렵게 만드는 광고 행태가 아이들을 이익의 근거가 무엇인지도 모르면서 이익만을 좇는 성인으로 만들게 될지 모르기 때문이다. 이와 같은 사례는 오늘날 광고 환경의 변화로 발생한 광고의 새로운 양상이 인터넷 기반에서 생겨나는 다양한 소통에 대한 신뢰를 무너뜨리고, 심지어 어린아이들을 광고 행위에 무의식적인 동조자로 만들어 버리는 문제를 지닌다고 할 수 있다.

– 추정완, 「광고윤리의 현황과 과제」, 『윤리연구』 제124호, 한국윤리학회, 2019, 127~129쪽.

연습 문제 4

톰 딜런은 '광고를 할 수 있어야 자유가 보장되며 자유가 보장되는 곳에서 광고가 존재한다.'고 하였다. 톰 딜런의 관점에서 위의 '광고 환경의 변화에 따른 윤리적 고려 사항'을 비평해 보자.

수년 전부터 우리나라에 가습기 살균제 사건이 이슈화되었다. 이는 가습기 살균제로 인한 폐손상 등으로 산모, 영유아 등이 사망하거나 폐질환에 걸린 사건으로, 2011년 4월부터 수면 위로 드러나기 시작했다. 이후 가습기 살균제의 위해성이 명백해졌음에도 기업에 대한 제재나 피해자에 대한 구제 대책은 제대로 이뤄지지 않았다. 검찰 수사는 사건 발생 5년이 지난 2016년에서야 전담수사팀이 구성돼, 최대 가해 업체인 옥시 대표 등에 대한 처벌이 이루어졌다. 이후 2017년 8월 '가습기 살균제 피해 구제를 위한 특별법'이 시행되면서 기존 가습기 살균제 피해 지원 대상에서 배제되었던 3, 4단계 피해자들에 대한 구제로 확대되었다.

가습기 살균제세정제로 인해 폐손상증후군기도 손상, 호흡 곤란 · 기침, 급속한 폐손상섬유화 등의 증상이 일어나 주로 영유아, 아동, 임신부, 노인 등이 사망한 사건이다. 1994년 최초로 가습기 살균제가 출시유공 현 SK케미칼의 '가습기메이트'된 이후 가습기 살균제로 인한 폐손상이 원인으로 추정되는 잇단 사망 사건은 2011년 4월부터 알려지기 시작했다. 당시 서울의 한 대학병원 중환자실에서 급성호흡부전을 주증상으로 하는 중증폐렴 임산부 환자의 입원이 증가하고 있다는 신고와 조사 요청이 질병관리본부에 접수되면서 역학조사가 실시되기에 이른 것이다.

이후 그해 8월 보건복지부와 질병관리본부는 원인 미상의 폐손상 원인이 가습기 살균제세정제로 추정된다는 내용의 중간조사 결과를 발표했다. 그러나 확실한 인과관계가 입증되지는 않았다며 제품 수거에 나서지 않았다가, 그해 11월 역학조사와 동물흡입실험 결과를 바탕으로 옥시레킷벤키저와 롯데마트 · 홈플러스 등에서 판매하는 6가지 제품에 대해 위해성이 확인되었다며 수거에 나섰다. 그리고 2012년 2월에는 동물실험 결과를 발표하며 가습기 살균제에 사용된 PHMG폴리헥사메틸렌구아디닌 인산염과 PGH염화에톡시에틸구아디닌의 독성을 확인했다고 밝혔다.

한편 환경보건시민센터에 따르면 가습기 살균제는 SK케미칼당시 유공이 개발한 1994년부터 판매가 중단된 2011년까지 20개 종류가 연간 60만 개 가량 판매된 것으로 추산되며, 가습기 살균제를 사용한 사람들은 894만~1,087만 명에 이른다. 이 가습기 살균제 사건은 유해성이 입증된 성분이 우리나라에서만 허용되었기 때문에 문제가 더 컸다. 예컨대 다른 나라들의 경우 PHMG에 대해 별도의 예외 조항을 두어 살균 물질을 흡입할 경우 고독성을 검증할 수 있도록 안정성 검사와 성분 표시를 의무화하고 있다.

당시 상품 판매를 목적으로 한 광고를 살펴보자.

가습기 살균제 가습기메이트 광고

여: 물이 깨끗해야
　공기도 깨끗해집니다.
　가습기 물을 깨끗하게 하는
남: 가습기메이트
여: 세워둔 채로 살짝 눌러
　요렇게 붓기만 하면
　세균도('세균'이라 적힌 방울이 부서짐) 물때도('물때'라 적힌 방울이 부서짐)
　가습기메이트 덕분에
　우린 건강하게 살아요
여: 가습기 친구
남: 가습기메이트
남: 아내가 똑똑하면 편하다니까 (아기의 얼굴과 엄마의 웃음 띤 얼굴 클로즈업)
　주식회사 유공

가습기 살균제 가습기메이트 광고–유공(SK케미칼)

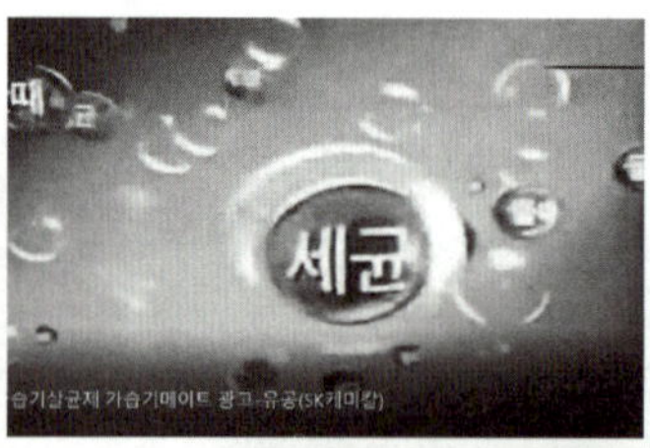

당시 사회적으로 신뢰를 받고 있던 방송인 부부가 아이를 안고 광고 모델로 나와, "가습기메이트 덕분에 우린 건강하게 살아요."라며 행복한 표정을 지었다. 아이가 있는 집의 공기가 깨끗해야 한다고 생각하는 엄마에게 이러한 광고는 폭발적으로 작용했을 것이다. 한 지면광고에서는 "가습기를 끄십시오! 가습기메이트가 없으시다면."으로 도발적인 카피를 사용하여 소비자로 하여금 거부할 수 없게 만들었던 것이다.

또한 옥시의 가습 살균제 제품인 옥시싹싹에는 "가습기 청소를 간편하게~ 살균 99.9% – 아이에게도 안심."이라는 카피를 사용하였다. '아이에게도 안심'이라는 문구만 넣지 않았어도 피해자를 현재의 95% 이상 줄였을 것이라는 예상도 있다.

옥시싹싹 가습기당번 광고 / 가습기살균제 가습기메이트 지면 광고

기업은 제품을 생산하고 이를 판매해야 한다. 기본적인 광고의 목적은 상품 판매를 위한 홍보이고, 이에 따라 광고 제작자는 제품이 소비자에게 인상적으로 다가갈 수 있도록 광고를 제작하고 홍보해야 한다. 그러므로 소비자는 지속적으로 묻고 따지고 신고하고, 정부는 이를 관리할 의무가 있는 것이다. 가습기 살균제와 같은 상품 생산과 그 상품 판매를 목적으로 한 허위광고나 과장광고 등은 돌이킬 수 없이 많은 피해자를 속출하였고, 이러한 사실은

우리 사회에 현재형으로 남아 있기 때문이다.

연습 문제 5

사회 · 문화적 관점에서 역기능적 역할을 한 광고를 찾아 이에 대하여 다음의 내용으로 글을 써 보자.

1) 부정적 영향을 미친 사항은 무엇인가?

2) 부정적 영향을 미쳤다고 보는 근거는 무엇인가?

3) 부정적 영향으로 인하여 사회 · 문화적으로 나타난 결과는 무엇인가?

〈참고 문헌〉

가습기 살균제 사건, https://terms.naver.com/entry.nhn?docId=1847190&cid=43667&categoryId=43667, 2019.12.05.

경기도청 블로그, https://blog.naver.com/gyeonggi_gov/221726837215, 2019.12.05.

김병희, 『광고와 대중 문화』, 한나래, 2000.

김종민, 「김치냉장고 진화 이끈 위니아딤채, 시장 점유율 1위 이어갈까」, 『뉴시스』, 2019.08.26.

김창남, 『대중문화의 이해』, 한울아카데미, 2010.

딤채 광고, https://www.youtube.com/watch?v=8KAPZDj1zgM, 2019.12.05.

박기철, 『세상에서 가장 쉬운 광고책』, 커뮤니케이션북스, 2012.

방정배, 『현대매스미디어원론』, 나남출판사, 2003.

부산국제광고제 공식 블로그, https://blog.adstars.org/?page=2, 2019.12.05.

성별, 인종별 차별 광고, https://kjia76.blog.me/40121791877, 2019.12.05.

세상 모든 가능성이 플레이되기를 Google Play(2019), Koreahttps://www.youtube.com/watch?v=pwOpw-dln7c&feature=youtu.be, 2019.12.05.

아놀드 토인비 · 데오도르 레빗 · 톰 딜런, 『광고에 대한 3가지 견해』, 신인섭 역, 커뮤니케이션북스, 2005.

언론중재위원회, http://pacblog.kr/221633173647

유공(SK케미칼) 가습기살균제 가습기메이트 광고, https://www.youtube.com/watch?v=ljwBVR_Wifc, 2019.12.06.

이경자 외, 『현대 사회와 광고』, 한경사, 2008.

이명천 외, 『글로벌시대의 광고와 사회』, 한울아카데미, 2011.

이희복, 『광고학 강의』, 한경사, 2008.

조병량 외, 『현대광고의 이해』, 나남출판사, 2004.

초등생 장래희망 3위 '유튜버', https://www.yna.co.kr/view/AKR20191210057800004?input=1195m, 2019.12.05.

추정완, 「광고윤리의 현황과 과제」, 『윤리연구』 제124호, 한국윤리학회, 2019.

한상필, 「4차 산업혁명시대, 광고학 교육과정 혁신에 관한 연구」, 『한국융합학회논문지』 10권 3호, 2019.

한화, https://m.post.naver.com/my.nhn?memberNo=1972196, 2019.12.06.

한화그룹 지속가능경영철학, https://www.youtube.com/watch?v=S9VTuKkumNA,

2019.12.06.
호블란드, R. & 윌콕스, G. B.,『광고와 사회』, 리대룡 옮김, 나남출판사, 1994.
2019년 박카스 광고, https://www.youtube.com/watch?v=vzCk6ytId6Y, 2019.12.06.
Google Play 광고, https://www.youtube.com/watch?v=pwOpw-dln7c&feature=youtu.be, 2019.12.06.
KCC건설 스위첸(2016년), https://www.youtube.com/watch?v=tF0WqtG4t3w, 2019.12.06.

제6장

인간과 자연은 어떻게 공존할 것인가

최근 들어 우리는 하루가 멀다 하고 자연환경이 황폐화되고 있다는 언론 기사를 접하고 있다. 우리나라 겨울의 특징을 잘 대변해 주던 '삼한사온(三寒四溫)'이란 말이 적용되기 어려울 정도로, 최근 우리나라의 겨울은 과거에 비해 따뜻해졌다. 물론 "십 년이면 강산도 변한다."라는 말처럼, 시간이 흐르면 자연환경 또한 변할 수밖에 없다. 그러나 문제는 변화의 속도가 빨라도 너무 빠르다는 데 있다. 현재의 기후 환경의 변화에는 '급변' 내지는 '격변'이라는 말이 어울릴 정도이다.

인간은 자연을 이루는 한 부분으로서 자연을 떠나서는 삶을 영위할 수 없는 존재이다. 이 때문에 과학자들은 지금의 환경 문제가 해결되지 않는다면 지구상에서 인간도 멸종할 수 있다고 경고하고 있다. 환경 문제가 가져온 인류의 위기를 극복하기 위해서, 우리는 자연과 조화를 이루며 살아가는 방법에 대해서 고민해야 한다.

1. 현재 상황 파악하기

다음의 사진을 보자.

아르헨티나 남부의 빙하(상: 1931년, 하: 2016년의 모습) (사진 출처: 레포르, 2019)

위의 두 사진은 아르헨티나 남부의 산타크루즈 주의 웁살라를 찍은 것이다. 이 중 위의 사진은 1931년 사진이고, 아래 사진은 이탈리아의 환경 사진 전문 작가인 파비아노 벤투라가 2016년에 찍은 것이다. 두 사진의 시차가 85년임을 감안하여도, 사진 속 풍경이 너무나 크게 변했다. 혹자는 85년이면 꽤 긴 시간이므로 이 정도의 변화야 당연한 것이 아니냐고 반문할 수도 있다. 그렇다면 다음의 사진을 보자.

아래 사진은 아이슬란드의 빙하 상태를 보여주고 있다. 사진에 적힌 두 숫

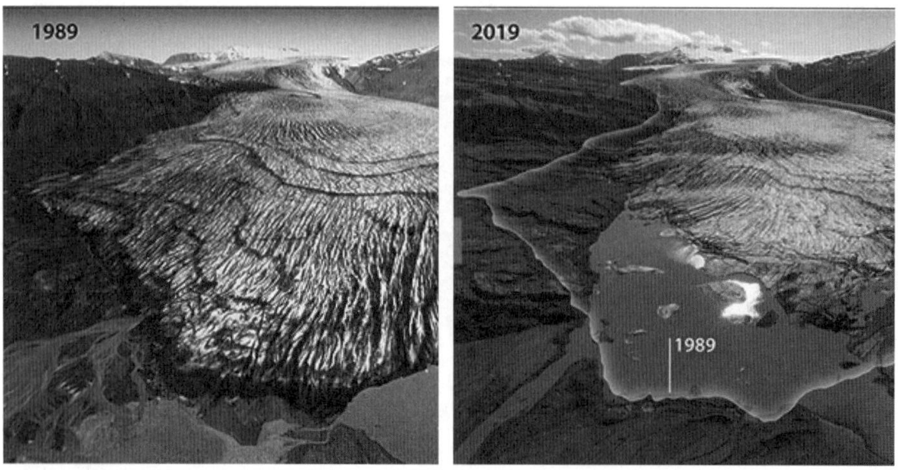

지난 30년 간 지구온난화로 아이슬란드의 빙하가 녹아 없어진 모습(사진 출처: 장진희, 2019)

자는 빙하의 양이 30년 동안 감소했음을 보여준다. 이 정도면, 누가 보아도 빙하가 녹아내리는 속도가 과거보다 훨씬 더 빨라지고 있음을 확연하게 알 수 있다. 그런데 문제는 이러한 기후 변화의 여파가 우리나라에도 예외 없이 미치고 있다는 점이다. 다음의 기사를 보자.

> 1989년부터 2018년까지 30년간 한국의 평균 해수면이 매년 2.97㎜씩 높아진 것으로 밝혀졌다. 해양수산부 국립해양조사원은 기후변화에 따른 해수면 변동을 연구하기 위해 1989~2018년의 연안 조위관측소 자료를 분석한 결과 이같이 나타났다고 19일 밝혔다.
>
> 해양조사원은 2009년부터 연안 조위관측소 21곳의 자료를 분석해 매년 해수면 상승률을 발표하고 있다. 해역별 연평균 해수면 상승률은 제주 부근 4.26㎜로 가장 높았다. 그 뒤로 동해안 3.50㎜, 서해안 2.48㎜, 남해안 2.44㎜ 순으로 나타났다. 관측지점별로 보면 제주가 연 5.43㎜로 가장 높았으며 울릉도 5.13㎜, 포항 4.55㎜, 거문도 4.39㎜, 가덕도 4.22㎜ 순이었다.
>
> 21개 조위관측소 자료를 기준으로 지난 30년간 해수면은 연 2.97㎜씩 상승했으나 최근 10년간2009~2018년은 연 3.48㎜였다. 동해안의 경우 지난 30년간 연 3.50㎜에서 최근 10년간 연 4.86㎜로, 남해안은 연 2.44㎜에서 연 3.59㎜로 높아졌다. 제주 부근은 연 0.15㎜로 소폭 상승했고, 서해안은 연 2.48㎜에서 연 2.02㎜로 유일하게 상승률이 낮아지는 경향을 보였다.
>
> 홍래형 국립해양조사원장은 "한국 연안의 해수면 상승 현황 분석과 미래 전망은 연안관리와 개발, 국가 기후변화 정책 추진에 중요한 토대가 된다"며 "급격한 기후변화에 선제적으로 대응할 수 있도록 해수면 변동 연구를 지속적으로 수행해 나갈 계획"이라고 말했다.
>
> –권기정, 「30년간 해수면 매년 3㎜씩 상승」, 『경향신문』, 2019.12.19.

왜 우리나라의 평균 해수면이 왜 해마다 높아지고 있는 것일까? 여러 가지 원인이 있겠지만 가장 설득력이 있는 것은 온실가스의 배출로 인한 환경의 변화이다. 산업화와 대량 소비 등의 이유로 대기 중의 이산화탄소나 메탄과 같은 온실가스가 증가해서 지구의 온도가 높아지면서 빙하가 녹고 있으며, 이것이 우리나라의 해수면 상승을 가져온 것이다. 한편 농업이 시작된 이래 토지 이용의 변화 또한 온난화에 영향을 미치고 있다. 농업 용지 확보나 산업화와 도시화 과정에서 삼림, 즉 대표적 온실가스인 이산화탄소의 흡수원이 훼손되고 있기 때문이다.

이산화탄소의 증가로 인한 지구 온난화 현상의 영향은 여러 측면에서 나타나고 있다. 온난화가 저위도보다 고위도 지방에서 더 빠르게 진행되고 있다. 앞의 사진에서 보았던 것처럼, 온난화는 극지방의 빙하와 알프스와 히말라야 산지 등의 산악 빙하를 녹여서 해수면을 상승시키는 요인으로 작용하고 있다. 해수면의 상승으로 인류의 1/3이 거주하고 있는 해안 지역에 홍수와 침수 등의 피해가 발생하여, 태평양의 투발루나 키리바시와 같은 섬이 30년 후면 물속으로 사라지게 된다고 예측된다. 이처럼 온난화는 생태계와 농업의 패턴에 변화를 초래할 뿐만 아니라, 인간의 삶에도 막대한 영향을 미치고 있다. 다음 사진을 보자.

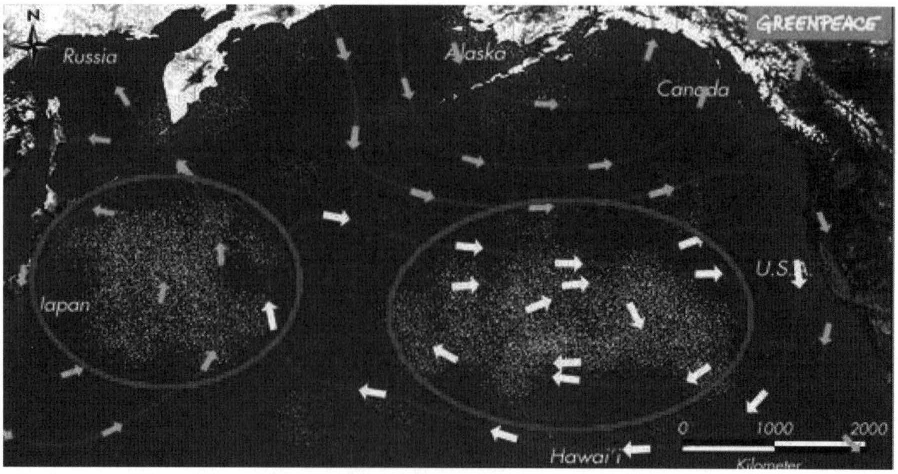

육상에서 버려진 각종 플라스틱 쓰레기가 인도양, 대서양, 태평양 등으로 떠내려와서 모여 거대 쓰레기섬을 형성하면서 해류를 타고 떠다니는 모습(사진 출처: oceans.greenpeace.org)

위의 사진은 얼핏 보기엔 단순한 해류의 흐름을 표시한 것으로 보일 수도 있다. 하지만 사진에서 원으로 표시된 부분은 태평양을 떠다니고 있는 대륙만 한 크기의, 두 개의 쓰레기 섬이다. 이 쓰레기 섬들은 원형을 그리며 순환하는 해류와 바람 때문에 쓰레기들이 갇혀서 만들어진 것으로 추정된다. 과학자들은 한반도의 6배가 넘는 넓이의 동쪽 태평양 지대와 일본과 하와이 사이의 서쪽 태평양 쓰레기 지대를 합쳐 '태평양의 거대 쓰레기 지대'Great Pacific Garbage Patch라고 부른다.

물론 이들 쓰레기가 시간이 지나면서 자연적으로 분해된다면 별로 문제가 되지 않을 수도 있다. 그러나 사정은 그렇지 않다. 쓰레기 섬의 80%가 비닐과 플라스틱이다 보니, 아래 사진에서 볼 수 있는 것처럼 해양 동물뿐만 아니라 수많은 다른 동물들의 생존이 심각하게 위협을 받고 있다.

플라스틱 쓰레기로 기형이 된 거북이(좌)와 플라스틱 쓰레기가 뱃속에 가득 찬 채로 죽은 알바트로스(우)

그런데 이러한 플라스틱 쓰레기 문제가 동물들에만 국한되지 않는다. 바다에서 떠도는 플라스틱들이 입자 수준의 미세 플라스틱으로 변하고 해양 생물들이 이를 섭취하게 되면서, 먹이 사슬의 정점에 놓인 인간에게까지 그 여파가 미치고 있다. 아래 사진을 보자.

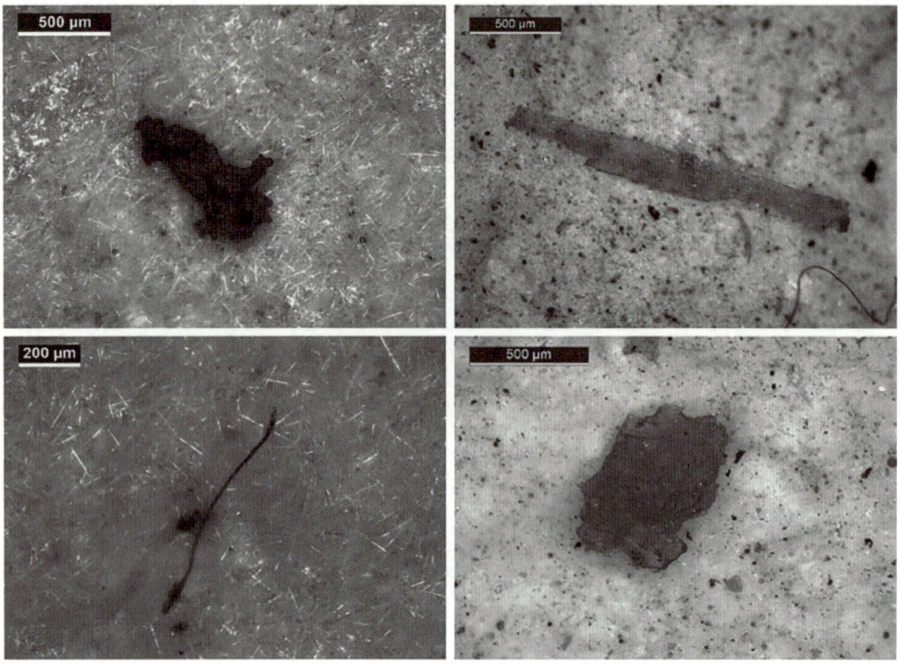

현미경으로 본 북극해 미세플라스틱(사진 출처: 김승규, 2019)

위 사진은 북극해의 빙하에서 발견되고 있는 미세 플라스틱을 찍은 것으로, 북극이 미세 플라스틱으로 심각하게 오염되었음을 보여준다. 이에 학자들은 "2050년이면 바다에는 물고기보다 플라스틱 쓰레기가 더 많아진다."라고 경고하고 있다.

연습 문제 1

지구 온난화에 따른 생태계의 변화에 대해 조사해 보자.

연습 문제 2

플라스틱 외에 다른 종류에 의한 환경오염 사례에 대해서도 알아보자.

2. 환경오염의 배경 및 과학의 가치중립성

1) 최근 들어 환경오염이 가속화되고 있는 배경

환경오염 문제는 과거부터 인간에게 두통거리였다. 로마제국은 납으로 만든 금속 파이프를 이용해 상수도 시스템을 구축하고 납을 대량으로 채굴하고 가공하는 과정에서 적지 않은 환경오염 문제를 일으켰다는 기록이 남아 있다. 이런 기록에서 우리는 과거에도 환경오염이 사회적 문제였음을 알 수 있다.

그러나 지금의 환경오염은 과거와는 질적으로 다르다. 인간이 살지 않는 북극의 빙하에서도 미세 플라스틱이 발견되는 현상은 현대의 환경오염의 특징을 잘 보여준다. 인류가 과학 기술의 발전과 더불어 대규모의 산업 사회로 들어서면서 환경오염이 국지적인 범위에서 벗어나 전 세계적으로 상호 영향을 주고받으며 급속히 확산이 되고 있다.

물론 과학의 발전이 과거와 비교할 수 없을 만큼 인간의 삶의 질을 향상해 온 것은 틀림없는 사실이다. 문명의 혜택이 전혀 없었던 선사 시대에 인간의 평균 수명은 18세였고, 서유럽에서 산업화가 막 시작되던 1800년 무렵의 평균 수명은 35세였으며, 1900년 미국에서 태어난 남자아이의 기대 수명은 47세였던 것과 비교하면, 과학 기술의 발달이 우리 인간의 삶의 질을 과거와 비교도 할 수 없을 만큼 끌어올린 것은 분명하다. 이처럼 불과 100년도 안 되는 사이에 평균 수명이 거의 배로 늘어난 데는 과학 기술의 발전이 누적되면서 가히 '혁명적인 발전'이라고 부를 수 있는 변화를 초래했기 때문이다.

과학 혁명의 대표적인 사례는 물리학의 양자역학 분야이다. 20세기 초반 양자역학이 도입되기 전까지만 해도 물리학자들은 원자 수준에서 일어나는 운동도 뉴턴의 고전역학으로 설명할 수 있다고 믿었다. 그러나 고전역학적 설명이 원자 수준에서 벌어지는 여러 가지의 직관에 반하는 현상을 설명할 수 없다는 것이 점점 확실해졌다. 이후 수많은 물리학자는 연구를 통해서 과학 연구의 '패러다임'을 고전역학에서 양자역학으로 바꾸었다. 그러나 양자역학의 시대가 열리게 되면서 인류가 처음 접하게 된 것은 아쉽게도 절망적인 세상이었다. 다음을 보자.

> 독일에서 미국으로 망명한 과학자들은 히틀러를 멸망시켜야 한다는 생각에 열심히 원자탄 개발에 참여했다. 처음에 미국 정부에 원자탄 개발을 촉구한 아인슈타인, 텔러, 실라르드도 모두 히틀러를 피해 미국으로 망명한 과학자들이었다. 그러나 원자탄이 히로시마와 나가사키에 투하된 후 이들 망명 과학자들 대부분은 원자탄 개발에 참여했던 일을 후회했을 뿐만 아니라 번민하고 괴로워했다. 독일이 원자탄 개발이 끝나기 전인 1945년 5월에 항복했으므로 이들이 보기에 원자탄을 계속 개발하는 것은 의미 없는 일이었다. 원자탄은 독일을 목표로 한 것이기 때문이다. 그러나 개발은 계속 진행되었다. 히틀러와 독일을 겨냥했던 원자탄이 일본에 투하되고 그 결과 수십만 명이 죽었으니, 그들은 어리석기 짝이 없는 일에 말려든 꼴이 되었던 것이다.
>
> 루스벨트 대통령에게 원자탄 개발을 호소하는 편지를 작성하는 데 주도적으로 나섰던 실라르드는 히로시마와 나가사키에 원자탄이 투하된 후 아인슈타인에게 중국의 노자와 장자처럼 아무런 일도 하지 않고 명상만을 하는 것이 훨씬 좋았으리라는 후회의 심정을 털어놓았다. 아인슈타인도 마찬가지였다. 그는 원자탄 투하 소식을 들은 후 친구에게 보낸 편지에서 평화롭던 자신에게 원자탄이 투하되었다며, 그 공포에 대해 이야기하는 것조차 두렵다고 말했다. 원자탄 개발이 가능하다는 근거를 제공한 핵분열 발견자인 한은 원자탄 투하 당시에 영국에 포로

로 잡혀가 있었다. 그는 폭탄 투하 소식을 듣고 자신의 발견으로 수많은 사람이 사망하는 결과가 발생했다는 데 크게 괴로워했다. 함께 포로로 잡혀갔던 동료들은 그가 양심의 괴로움으로 자살할까봐 걱정했다고 한다.

과학자들이 개인적인 차원에서만 고통스러워했던 것은 아니다. 그들은 조직적인 반대 운동도 펼쳤다. 독일에서 망명하여 원자폭탄 개발에 참여했던 제임스 프랑크를 비롯한 여섯 명의 과학자는 원자탄 사용을 강력하게 경고하는 보고서를 루스벨트 대통령에게 보냈다. 이들은 원자탄이 개발됨으로써 세계는 이제 언제나 엄청난 위험 앞에 놓여 있게 되었다고 주장했다. 또한 원자탄이 개발된 이상 전 세계적으로 원자탄 개발 경쟁이 벌어지리라는 것도 예상했다. 실라르드는 우리가 갖고 있는 원자탄은 단지 이렇게 끔찍한 미래를 향한 첫걸음일 뿐이라고 경고했다. 그리고 이들의 예측은 정확하게 들어맞았다. 제2차 세계대전이 끝난 후 소련이 원자탄을 개발했고, 그 뒤를 이어서 프랑스, 영국 그리고 중국이 원자탄을 보유하게 되었다. 그리고 미국과 소련은 냉전이 끝날 때까지 치열한 핵무기 개발 경쟁에 뛰어들었고, 전 세계를 제3차 세계대전의 공포에 떨게 만들었다.

–이필렬 · 최경희 · 송성수, 『과학, 우리 시대의 교양』, 세종서적, 2004, 67~69쪽.

강대국들은 적대국에 대해 군사적 우위에 있기 위해서 양자역학을 이용하여 '원자탄'을 개발하였다. 이것은 인류를 핵전쟁의 공포로 몰아 넣었다. 핵원자로 역시 잠재적인 환경오염원으로서 그 안전성이 논란이 되고 있다. 체르노빌이나 후쿠시마의 원자로에서 방사능이 누출되어 많은 사람들이 피폭 당하고 환경이 오염되었다. 이때문에 탈원전 운동이 일어났다.

과학 기술을 이용한 산업화가 환경오염의 큰 원인이지만 자본주의적 논리도 환경오염의 주요한 원인이다. 다소 길긴 하지만 이러한 배경을 조금이나마 알 수 있게 해주는 다음 글을 통해 사정을 파악해 보기로 하자.

가. 혹시 냉장고의 '윙윙'거리는 소리가 참 듣기 싫다는 생각을 해본 적은 없나요? 요즘에는 소리가 꽤 작아졌지만, 그래도 여전히 윙윙거리는 소리는 어쩔 수 없습니다. 앞으로도 이 소리는 계속 들어야 할 것입니다. 냉장고가 낮은 온도를 유지하는 데 꼭 필요한 과정에서 생기는 소리이기 때문입니다.

냉장고에는 냉매를 고온 · 고압으로 압축하는 '압축기'라는 전동기가 있습니다. 이 냉매가 증발하면서 온도를 떨어뜨려 냉장고의 낮은 온도를 유지하는 것이지요. 이렇게 냉매를 고온 · 고압으로 압축하는 과정에서 반드시 진동이 발생합니다. 최근에는 진동 · 소음 방지 장치를 설치해 냉장고가 많이 조용해졌습니다만, 진동 자체가 존재하는 한 미세한 소리는 날 수밖에 없습니다.

그런데 놀랍게도 한 100여 년 전에는 윙윙거리는 소리가 안 나는 냉장고가 있었습니다. 이 냉장고는 우리가 쓰는 전기냉장고와는 달리 '가스'를 이용한 것입니다. 가스를 이용해 냉매암모니아를 가열한 뒤, 이 냉매를 이용해 냉장고의 낮은 온도를 유지하는 방식으로 작동됩니다. 또한 이 냉장고는 가스 불꽃을 점등하기 위한 장치나 열 스위치를 제외하면 전동기 같은 것이 필요 없습니다. 당연히 '윙윙'거리는 소리도 안 나겠지요.

1920년대 들어 본격적으로 냉장고가 보급되면서 가스냉장고와 전기냉장고의 경쟁이 시작됐습니다. 먼저 가스냉장고의 사정부터 살펴볼까요? 가스냉장고는 윙윙거리는 소리가 안 나는 것 외에도 장점이 많았습니다. 이 냉장고는 매우 조용했을 뿐 아니라 작동 부품이 거의 없어 유지와 정비가 용이했습니다. 더구나 미국은 1920년대 중반까지만 해도 전기가 들어오는 집보다 가스가 들어오는 집이 훨씬 더 많았습니다. 에디슨의 백열등이 널리 보급되기 전에는 대다수 가정에서 가스등을 사용했다는 사실이 당시 미국의 사정을 잘 보여줍니다. 당연히 가스요금보다 전기요금이 비싼 지역이 훨씬 더 많았지요.

반면에 전기냉장고는 허점투성이였습니다(지금 100년 전 이야기를 하고 있다는 것을 떠올려야 합니다). 당시 전기냉장고는 가격이 매우 비쌌을 뿐 아니라 전기요금도 지금과 비교할 수 없을 정도로 어마어마했습니다. 석 달가량 전기냉장고를 사용할 경우 냉장고 가격에 맞먹을 정도의 전기요금이 나왔으니까요.

덩치도 엄청나게 커서 대부분 지하실에나 설치할 수 있었고, 그러다 보니 이용하기도 여간 불편한 게 아니었습니다. 냉장고에서 물건을 넣고 꺼낼 때마다 일일이 지하실까지 내려가야 한다고 상상해 보세요. 윙윙거리는 소리는 또 어떻고요? 지금과 비교할 수 없을 정도로 컸습니다. 오래되고 덩치 큰 냉장고 옆에서 잠을 잘 때는 지금도 윙윙거리는 소리 때문에 귀가 아플 지경입니다.

상황이 이러했으니 소비자 입장에서는 선택의 여지가 없었습니다. 당연히 장점이 더 많은 가스냉장고를 선호하지 않았겠어요? 하지만 지금 미국을 비롯한 전 세계에서 널리 쓰이는 냉장고는 다름 아닌 전기냉장고입니다. 가스냉장고는 자취를 감추었습니다. 정말 이상한 일입니다. 분명히 모든 면에서 장점이 더 많은 가스냉장고가 왜 전기냉장고에 밀려났을까요?

당시 미국에는 우리나라의 삼성, LG와 같은 제너럴일렉트릭GE, 제너럴모터스GM, 웨스팅하우스와 같은 돈 많은 대기업들이 한창 승승장구하고 있었습니다. 특히 GE는 발전소부터 시작해 전등을 만드는 것까지 전기산업을 주도하는 대기업이었지요. 이들 대기업은 장점이 많은 가스냉장고를 외면하고 전기냉장고를 키우기로 마음먹습니다.

GE를 비롯한 대기업들은 집집마다 보급될 가능성이 큰 냉장고 시장을 선점하면, 자연스럽게 전기 시스템이 가스 시스템을 퇴출시킬 수 있을 것으로 내다봤습니다. 이 때문에 전기산업을 더 크게 키울 수 있는 전기냉장고 시장을 이들 대기업으로서는 절대로 포기할 수 없었습니다. 앞으로 다가올 '빛의 제국'을 위해서 가스냉장고는 죽어야만 했던 거지요.

이제 본격적으로 가스냉장고에 대한 대기업의 공세가 시작됐습니다. 이 기업들은 경쟁적으로 전기냉장고 개발에 막대한 자금을 쏟아 부으면서 가격을 내리고 성능을 개량했습니다. 물론 이 정도로 그치지 않았지요. 이들은 전국을 돌면서 대대적으로 냉장고를 홍보했습니다. 심지어 할리우드 스타들이 출연한 홍보 영상물을 만들어 상영하는 등, (아직 영화시대였던) 당시로서는 획기적인 홍보를 전개하기도 했습니다.

반면에 세르벨, 소르코와 같은 가스냉장고를 제조하는 중소기업들은 막대한 개발비를 제때 조달하지 못해 도중에 사업을 포기할 수밖에 없었습니다. 전기냉장고처럼 경쟁이 활발하지 못하니 가격, 기술 경쟁력도 갈수록 떨어졌습니다. 가스 서비스 회사들이 전기 서비스 회사의 공세에 제대로 대응하지 못한 것도 가스냉장고의 패배를 부추겼습니다.

결국 1940년대에 들어서면 미국 가정의 45퍼센트가 전기냉장고를 들여놓을 정도로 냉장고가 널리 보급됐고, 가스냉장고는 역사 속으로 사라지게 됩니다. 물론 국내에도 1960년대에 처음 전기냉장고가 도입돼 지금까지 널리 쓰이고 있습니다. 조용하고 고장도 적은 데다 심지어 비용까지 저렴한 가스냉장고 대신 전기냉장고를 선택하게 된 것이지요. 좀 더 편리하고 기술적으로 우월한 과학기술의 산물인 가스냉장고 대신 전기냉장고가 최종 승자가 된 셈입니다.

지금 전기냉장고는 개량에 개량을 거듭해 김치냉장고, 화장품냉장고처럼 용도별로 나오는 등 생활에서 꼭 필요한 가전기구가 됐습니다. 물론 윙윙거리는 소리도 100년 전과 비교할 수 없을 정도로 작아졌지요. 하지만 가스냉장고가 전기냉장고에 승리해 100년 동안 개량에 개량을 거듭했다면, 우리는 지금 훨씬 더 편리한 가스냉장고를 쓰고 있을지도 모릅니다.

전기냉장고와 가스냉장고의 한판 싸움에서 볼 수 있듯이 우리가 일상적으로 접하는 과학기술의 산물들이 꼭 기술적으로 우월하고 편리해서 ‘살아남은’ 것은 아닙니다. 대기업과 중소기업 간 경쟁의 틈바구니 속에서 가스냉장고가 희생됐듯이, 우리가 사용하는 과학기술 인공물의 역사 속에는 복잡한 정치 · 경제 · 사회적 요인들이 얽히고설켜 있습니다.

– 강양구, 『세 바퀴로 가는 과학 자전거』, 뿌리와이파리, 2006, 48~53쪽.

나. 현대 과학사에서 가장 흥미로운 현상 중 하나는 과학 연구를 수행하는 주체가 대학, 기업 그리고 정부로 확산되었다는 것이다. 과학 연구는 19세기에 독일 대학을 선두로 각국의 대학에 확산되었고 19세기 말엽부터 20세기 초엽의 기간 동안에 대학에 서서히 정착했다. 연구가 대학에 정착하던 무렵, 화학 산업과 전기 산업을 시작으로 선진국의 대기업들은 자체 내에 연구소를 설립하고 과학자들을 고용해서 연구를 시켰다. 그 중에는 기초 연구fundamental research를 지원하는 곳도 등장했다. 행정과 관련된 과학 연구를 부분적으로 지원하던 정부는 20세기 들어와 대학과 기업의 연구를 지원하는 정책을 만들고 예산을 분배하기 시작했으며, 더 나아가 정부 조직 내에 연구소들을 확장해서 연구를 제도적으로 정착시키는 데 중요한 역할을 담당했다.

과학 연구가 대학, 기업, 정부에 의해 수행된다는 과학 연구의 지형도는 21세기로 접어든 지금도 달라진 것이 없어 보인다. 그렇지만 조금 자세히 살펴보면 지금은 이 각각의 연구 주체가 20세기 초엽과는 다른 형태로 과학 연구를 수행하고 또 지원하고 있음을 알 수 있다. 미국의 예를 보면, 기업이 아직도 과학을 전공한 과학자들을 고용하고 이들에게 연구 개발과 관련된 임무를 부여하는 것은 그대로이지만, 이제는 많은 기업이 기초 연구가 아닌 응용 연구와 개발에 초점을 맞추고 있다. 기초 연구의 장기적인 경제적 효과를 기대하고 이를 아낌없이 지원했던 기업은 이제 찾기 힘들다.

그런데 그렇다면 대학의 기초 연구에 더 많은 지원이 이루어져야 할 텐데 이 역시 그렇지 않다. 미국의 경우 국가의 전체 연구비 중 대학의 기초 연구를 지원하는 정부의 비율은 지난 20년 간 서서히 감소했으며, 대학은 정부의 예산 감소를 보충하는 재원으로 점점 더 많은 연구비를 기업에게서 받거나 스스로 '유사 기업'quasi-firm화하고 있다. 미국의 경우 대략 1960년대 후반까지는 대학, 기업, 정부가 기초 과학의 기술적 · 경제적 파급 효과를 신뢰하고 이에 대한 지원을 아끼지 않았지만, 그 이후에는 이런 믿음에 조금씩 균열이 생겨서 1990년대 이후에는 생산성과 경쟁력을 가시적으로 높이는 방향으로 연구를 지원하는 정책 변화가 이루어졌다.

한국에서도 최근 몇 년 사이에 대학의 역할을 가늠하는 중요한 이념으로 '경쟁력'을 강조하고 있으며, 연구 지원을 비롯한 과학기술 정책에도 경쟁력이라는 잣대가 쓰이고 있다. 이에 대해서는 찬반이 분분한데, 무엇보다도 이러한 최근의 변화가 과학 기술 연구 지형의 구조적인 변화에 기인한 것인지 아니면 행정가와 정치인의 '몰이해'에 기인한 것인지를 제대로 평가하기 위해서는 이 주제에 대한 역사적 이해와 이에 근거한 평가가 필수적이다.

– 홍성욱, 『과학은 얼마나』, 서울대학교출판부, 2004, 145~146쪽.

가) 글이 말하는 것처럼 미국의 기업은 이윤추구를 최우선적인 목표로 하기에 환경에 안전한 가스냉장고가 아니라 프레온 가스를 냉매로 하는 냉장고를 상품화하였다. 그 결과 폐기된 냉장고에서 배출된 프레온 가스가 대기 중으로 올라가 지구 온난화의 원인이 되었다. 또한 나) 글이 말하는 것처럼, 기업이 산하 연구소를 통해 직접 기술을 개발하는 과정에서 환경에는 안전하나 기업의 이윤 획득에는 도움이 되지 않는 기술은 개발하지 않거나 사장할 가능성이 있다. 따라서 기업의 기술 개발이 자연과 인간 모두에게 안전한지 정부와 시민사회가 감시해야 할 필요성이 점점 높아지고 있다.

연습 문제 3

과학에서의 혁명적인 변화에 대해 토머스 쿤Thomas S. Kuhm은 『과학 혁명의 구조』에서 '패러다임의 변화'라는 표현을 사용하고 있다. 다음 글을 통해서 '패러다임'의 개념을 확인한 후 최근 우리 주변에서 일어난 여러 현상 중에서 '패러다임의 변화'라고 생각되는 것으로 어떤 것들이 있는지 서로 의견을 교환해 보자.

옛것의 연구를 통해 새로운 지식을 발견한다는 온고지신의 정신은 학문의 사상이다. 실제로 역사를 살펴보면 그 점을 실감케 하는 사례를 많이 찾을 수 있다. 15세기 이탈리아의 르네상스는 2천 년 전의 그리스 고전 문화를 새로이 발견하고 해석함으로써 학문과 예술의 부흥을 일으킨 운동이었다. 18세기 조선의 실학자 정약용이 주장한 정전법井田法은 4천 년 전 중국 주나라 시대의 토지제도에 그 기원을 두고 있다. 그뿐인가? 데카르트가 근대 철학의 토대를 만들지 않았다면 어떻게 칸트와 헤겔이 있겠으며, 고전주의 음악의 엄정한 형식미가 아니었다면 어떻게 낭만주의 음악의 자유로운 표현이 생겨날 수 있었겠는가? 이처럼 정치, 사회, 학문, 예술 등 모든 면에서 '옛것'은 언제나 '새것'을 창안하는 데 결정적으로 기여한다.

그런데 미국의 과학사가인 토머스 쿤은 오히려 옛것을 완전히 버려야만 새것이 탄생할 수 있다고 주장한다. 그에 따르면, 과학이 발전해 온 역사는 옛것에서 새것을 차근차근 배우는 과정이 아니라 옛것을 새것으로 완전히 대체하는 과정이다. 달리 표현하면 이 과정은 연속이 아니라 단절이고, 연장이 아니라 비약이며, 진화가 아니라 혁명이다. 이 과정을 설명하기 위해 쿤은 언어학에서 패러다임이라는 용어를 차용한다. 그 덕분에 패러다임은 철학과 사회과학 등 여러 학문과 예술 분야에까지 폭넓게 원용되는 개념으로 자리 잡았다.

쿤은 패러다임이 바뀌는 것을 과학혁명이라고 지칭한다. 패러다임은 이를테면 기본형 또는 표준형이다. 동사의 기본형에서 온갖 변형과 활용형이 파생되듯이, 하나의 과학적 패러다임에서 여러 가지 과학적 인식과 모델들이 나온다. 그뿐 아니라 과학적 이론, 그리고 그 이론을 검증하는 실험 기술과 장비, 이론을 구성하는 논리, 나아가 과학자 집단이 공유하는 관념과 가치관, 관습까지도 모두 그 패러다임에서 벗어날 수 없다.

– 남경태, 『개념어 사전』, 휴머니스트, 2012, 514~518쪽.

연습 문제 4

자본주의 논리가 과학의 변화에 영향을 미친 다른 사례를 더 찾아보자.

2) 회의적 환경론의 대두

지구 온난화와 환경오염의 주된 원인이 과학 기술과 산업화 때문이라는 주장이 주류임에도 불구하고, 현재의 환경 위기론의 근거가 비합리적일 수도 있다고 주장하는 과학자들도 적지 않다. 즉 현재 상황을 전적으로 과학 기술과 산업화의 탓으로 돌리는 발상이 완전히 타당하지만은 않다는 것이다.

가. 우리나라에는 비교적 소개가 덜 되어 있지만 서구의 학계에서는 1990년대에 들어서면서부터 그동안의 환경위기론이 너무 과장된 주장이 아닌가 하는 회의적인 시각이 차츰 고개를 들기 시작하였다. 그래서 환경위기론자들이 간과했던 커다란 몇 가지 오류들을 발견하였는데 급기야 이런 오류들을 바로잡아서 새로운 미래전망을 내놓기에 이르렀다. 이제 이런 환경위기론의 오류들을 잠시 검토해보기로 하자.

먼저, 환경위기론자들은 200년 전에 제안된 맬서스 이론에 지나치게 집착했던 나머지 인구성장 속도는 크게 늘려 잡은 반면 식량 증산의 속도는 너무 낮춰 잡는 실수를 저질렀다. 그렇지만 세계의 식량 생산은

화학비료와 농약의 사용 증대, 현대식 영농기법의 도입, 관개시설의 확대, 작물품종의 개량 등에 힘입어 비약적으로 증대된 반면 인구증가율은 피임법의 확산, 다산多産 풍조의 기피, 여권女權의 신장 등 사회경제적 요인들의 영향으로 극적으로 낮아졌다. 환경위기론자들은 인구와 식량 부분의 예측에서 그야말로 심각한 오류를 범했던 것이다.

다음으로 환경위기론자들은 경제이론과 과학기술의 혜택을 크게 과소평가한 듯하다. 경제성장은 단순히 자원을 소진해서 이루어지는 것이 아니라 오히려 새로운 생각을 개발함으로써 이룩되며 과학기술의 진보를 통해 같은 정도의 자원을 사용하더라도 우리의 삶을 윤택하게 할 수 있다. 따라서 1960년대 농업생산을 위해 사용한 토지는 별로 늘지 않았음에도 불구하고 식량생산량은 두세 배 증대되었으며, 화석 에너지, 광물과 목재류 등의 산업원료 수요는 별로 증대하지 않았음에도 불구하고 인류의 물질생활은 크게 개선되었다.

마지막으로 환경위기론자들은 인간의 스스로 개선하고자 하는 노력과 의지에 대해서 애써 외면했던 것처럼 보인다. 1960년대부터 팽배하기 시작했던 환경위기론은 사실상 인류로 하여금 환경오염을 억제하고 환경보전에 힘쓰도록 하는 데 혁혁한 공헌을 하였다고 할 수 있다. 환경위기론이 적시에 제기됨으로 해서 인류는 환경기술을 발전시키고 에너지와 자원의 낭비를 억제하고 또 나아가서 범지구적인 환경보전에 적극적으로 동참할 수 있게 되었다. 이런 인류의 자정의지를 너무 과소평가했던 나머지 환경위기론자들은 위기의 도래를 필연적인 과정으로 인식했던 것이 아닌지 모르겠다.

– 김호기 외 51인, 『지식의 최전선』, 한길사, 2002, 420~412쪽.

나. 과학계에서는 대기 중의 이산화탄소 농도가 매년 높아지고 있다는 사실이나 그것이 지구온난화를 야기할 수 있다는 주장이 이미 수십 년 전부터 잘 알려져 있었다. 실제로 지구온난화 발생의 가능성은 이

미 19세기 말부터 논의된 바 있는 케케묵은 이론이라고 할 수 있다. 그럼에도 불구하고 지구온난화의 직접적인 원인으로 이산화탄소 농도 증가를 지적하기 어려웠던 이유는 기후현상이라는 것이 그렇게 쉽게 어느 한 가지 원인으로 결정되는 것이 아닌, 대단히 복잡한 물리적 현상이라는 사실 때문이었다. 전 지구적으로 기후의 변화를 감지하고 예측한다는 것은 과거에는 물론 인공위성과 슈퍼컴퓨터의 사용이 일상화된 현재에도 여전히 과학계의 난제로 취급되고 있을 만큼 복잡다단한 문제라는 것이 주류 과학계의 입장이었던 것이다.

– 김호기 외 51인, 『지식의 최전선』, 한길사, 2002, 408~409쪽.

또한 과학 기술 자체는 가치 중립적이기 때문에 현재의 환경오염의 주된 원인을 과학 자체와 연결할 수 없다는 주장도 과학자들은 지속해서 제기하고 있다. 아래의 글에서 이러한 주장을 확인해 보자.

가. "아는 것이 힘이다."라는 베이컨의 말은, "과학은 자연에 대해 기술적 위력을 발휘한다"는 말로 풀이된다. 여기서 우리는 과학과 기술이 이전처럼 별개이거나 하나는 숭상되고 다른 하나는 천시되는 그런 관계가 아니라 서로 밀접히 관련되고 있음을 발견할 수 있다. 과학과 기술의 이 역사적인 결합의 결과 우리는 오히려 '과학 기술'이라는 하나의 통합된 용어에 매우 친숙해져 있는 것이다.

그런데 환경 문제는 산업화 및 그 추진력인 과학 기술의 발전과 여러 점에서 관련되어 있는 것처럼 보인다. 환경 문제가 지난 1, 2세기 동안 과학 기술의 발전에 따라 심각한 사회 문제로 대두되었다는 역사적 사실이 이를 뒷받침한다.

그러나 이러한 사실이 과학 기술 및 그 발전이 환경 파괴의 직접적이고 일차적인 원인이라는 것을 곧바로 함축하지는 않는다. 과학 기술 발달과 환경 문제의 관련성을 인정하면서도, 환경 문제의 근본 원인은 과학 기술과 무관하다고 주장하는 견해가 있을 수 있다. 이러한 견해는 지극히 우호적이고 낙관적인 해석과 전망에서 비롯된다. 과학 기술의 발전에 의한 생산력 향상과 경제 성장은 인류가 계속적으로 추구해 나아가야 할 지향점이라는 강한 믿음이 깔려 있다. 이러한 전제 위에서 환경 문제를 취급하는 입장을 우리는 기술주의적 환경론이라 부를 수 있겠다.

기술주의적 환경론의 주장에 따르면 과학 기술 그 자체는 환경 파괴와 직접적으로 아무런 관련이 없다. 이러한 주장은 과학과 기술이 철저히 객관적이고 불편부당하며 가치중립적이라는 관점을 견지한다. 기술주의적 환경론의 보다 중요한 주장은, 설령 과학 기술의 발달이 현재의 환경 문제를 낳았다 하더라도 그 해결책은 과학 기술의 제한과 포기가 아니라 과학 기술의 발전과 신장에 있다고 보는 데에 있다.

– 김창호, 『내가 아는 것이 진리인가』, 웅진출판, 1995, 293~294쪽.

반면에 과학의 가치중립성을 부정하는 시각도 존재한다. 다음 글을 보자.

나. 학문에서 가치라는 말을 쓸 때는 단순히 중요하다는 뜻이 아니라 평가의 의미가 포함된다. 주로 도덕철학에서 가치라는 말을 많이 쓰는데, 도덕 역시 여러 가지 기준들 가운데 하나일 뿐이므로 그다지 객관적이라 할 수는 없다. 그러므로 사회과학에서는 연구자의 가치관이 연구 과정에 개입될 가능성을 최소한으로 줄이기 위해 가치중립의 자세를 요구한다. 즉 아무런 선입견이 없이 연구에 임해야 한다는 이야기다. 예를 들어 학교 재단을 소유한 사람이 사교육에 관한 정책을 입안한다면 가치중립을 기대할 수 없다. 반공 이데올로기에 젖은 인물이 한국 현대사에 관한 교과서를 꾸민다면 객관적인 역사를 서술하지 못할 게 분명하다. 그러나 일관적인 가치중립, 이른바 객관적인 태도를 유지한다는 게 어디 쉬운 일인가?

객관성의 대명사인 자연과학에서도 가치가 완전히 배제되지는 않는다. 과학의 주요 방법인 관찰은 얼핏 생각하면 객관성을 의심할 수 없을 듯하다. 자유주의자가 관찰하거나 사회주의자가 관찰하거나 돌은 돌이요 물은 물이다. 하지만 19세기 후반 실증주의가 힘을 잃으면서 자연과학적 관찰도 객관성을 완전히 보장할 수는 없다는 사실이 드러났다. 유명한 예가 빛의 이중성이다.

고대부터 과학자들은 빛을 입자라고 여겼다. 그러나 17세기에 이르러 빛은 소리나 물결처럼 간섭과 회절 현상을 일으킨다는 사실이 밝혀졌다. 그래서 빛은 파동으로 간주되었으나 여전히 문제는 남았다. 파동이라면 매질이 필요한데, 우주 공간은 거의 진공이므로 아주 먼 별빛이 지구까지 전해질 수 없게 된다. 결국 고민 끝에 물리학자들은 빛이 파동이면서 입자라고 규정할 수밖에 없었다. 심지어 빛은 월, 수, 금요일에는 입자이고 화, 목, 토요일에는 파동이라는 농담까지 생겨날 정도였다. 다시 말해 빛은 입자로 관찰하고자 하면 입자로 보이고 파동으로 관찰하고자 하면 파동으로 보인다는 이야기다.

관찰은 생각만큼 객관적이지 못하며, 언제나 이론이 개입되게 마련이다. 때로는 관찰자 자신조차 그 점을 의식하지 못한다. 그래서 현대 과학자들은 과학적 관찰도 이론 의존적theory-laden일 수밖에 없다는 점을 인정한다-보는 만큼 아는 게 아니라 아는 만큼 보는 것이다. 이렇듯 자연과학에서도 완전한 가치중립이란 불가능하다.

-남경태, 『개정판 개념어 사전』, 들녘, 2012, 16~18쪽.

연습 문제 5

위에서는 환경오염이 심각해진 주된 원인을 혁명적 수준의 과학 발전과 자본주의적 발상이 결합된 결과로 보았는데, 여러분의 생각은 어떤지 서로 의견을 나누면서 토론해 보자.

연습 문제 6

환경오염이 최근 심각해지면서 그 원인으로 지적된 과학 기술의 가치중립성이 점점 의심받고 있다. 위에서 제시된 것과 같이 과학이 가치 중립적이라는 의견과 그렇지 않다는 의견의 대립 상황에서 우리가 취할 수 있는 적절한 관점은 무엇인지 생각해 보자.

3. 더 나은 미래를 위해

지구 온난화를 포함한 전 지구적인 환경의 변화가 인류에게 부정적인 영향만 미치는 것일까? 최근의 언론 보도에 따르면 지구 온난화로 인해 북극 지방의 빙하가 줄어들고 있는 상황이 무조건 나쁜 것만은 아니라고 한다. 다음 기사를 보자.

> 지구 온난화로 그린란드의 거대한 빙하가 계속 녹아내리면 해수면 상승과 더불어 여러 곳에 재앙을 가져올 것으로 우려되는 반면 그린란드에는 축복이 될 수 있다. 육지를 누르고 있던 빙하가 녹으면서 그린란드 북대서양 쪽 지역이 솟아올라 활용 가능한 육지가 늘어나기 때문이다. 지질학자들은 그린란드의 육지 상승이 앞으로 수백 년 동안 계속될 것으로 예상한다.
>
> 그린란드 및 인근 극지역의 평균 기온은 전 세계 평균기온 상승속도보다 2배 빨라 10년마다 1℃씩 상승한다. 지구 온난화는 그린란드의 경제적 가치를 높여 그린란드 주민들에게 혜택의 기회가 된다. 그린란드 연안의 해빙으로 아시아, 북아메리카, 유럽을 연결하는 새로운 북극 항로의 가치가 부각된다. 2009년 아시아 최초로 독일 선사가 울산항에서 네덜란드의 로테르담까지 북극 항로로 운항한 적이 있다.
>
> 온도 상승으로 초원이 넓어지고 목축 비용이 줄면서 목축하는 양의

숫자가 늘었고 10년 전 슈퍼마켓에서 처음으로 그린란드산 양배추와 브로콜리를 선보인 이래로 재배하는 채소도 다양해졌다. 양봉도 작은 규모로 이뤄진다. 두께가 수천 미터에 달하는 두꺼운 얼음이 녹아내리면 그 밑에 묻혀 있는 천연자원 채굴도 쉬워진다. 그린란드에 분포된 자원은 총 200종에 달하며 15종은 이곳에서만 얻을 수 있는 희귀 광물이다. 원유, 천연가스, 금, 백금, 다이아몬드, 아연, 납, 철, 니켈, 망간, 코발트, 우라늄, 희토류 등은 매장량이 풍부하다.

그린란드를 찾는 사람이 늘면서 2014년 그린란드를 방문한 여행객 수가 거주하는 주민 수를 넘어섰다. 수십, 수백 미터 높이의 거대한 빙하가 녹으며 부서지는 모습을 보는 것, 북극 얼음이 녹으면 멸종될지 모르는 북극곰을 보고 그린란드 연안에 자주 출몰하는 흰고래 · 일각고래 · 북극고래 등을 보는 것, 개썰매를 타고 이누이트 문화를 체험하는 것 등이 관광의 주요 포인트다. 그린란드에 다녀온 여행객은 비행기에서 바라보는 빙산의 천국 그린란드가 단연코 최고라고 평한다. 10월~4월 사이에 방문한다면 그린란드 어느 곳에서나 환상적인 오로라를 볼 수 있다.

– 이건희, 「지구온난화 반기는 '이 나라'」, 『머니S』, 2017.02.23.

물론 그린란드는 지구 온난화의 혜택을 받은 예외적인 사례이다. 영국의 옥스퍼드 사전이 '기후 비상'이란 단어를 2019년의 단어로 선정한 것처럼 환경 문제는 점점 인류의 생존을 위협하는 수준에 이르렀다.

영국 가디언 등은 2019년 11월 20일현지시간 옥스퍼드 사전이 올해의 단어로 '기후 비상'을 선정했다고 보도했다. 옥스퍼드는 기후 비상을 '기후 변화로 인한 잠재적이고 되돌릴 수 없는 환경 피해를 피하기 위해 더 긴급한 행동이 필요한 상황'으로 정의했다. 영어단어 수억 개를 포함한 데이터베이스 '옥스퍼드 코퍼스'에 따르면 이 단어 사용량은 2018

년 이후 100배 이상 폭등했다. 통상적으로 옥스퍼드의 올해의 단어 최종 후보 명단에는 그 해의 새로운 트렌드를 보여주는 여러 분야의 단어들이 오르지만, 올해는 기후 관련 용어들이 대거 포함됐다.

옥스퍼드 사전의 편집자인 캐서린 코너 마틴은 이례적인 결정을 내린 데 대해 "2019년 영어권에서 '증명 가능한 급증'이 있었다는 것을 반영한 것"이라고 설명했다. 마틴은 또 부분적으로 가디언 등 일부 언론들이 긴급한 상황을 전달하기 위해 '기후 변화climate change' 대신 '기후 비상' '기후 위기climate crisis' 등을 쓰도록 방침을 정한 영향도 있다고 부연했다.

–권중혁, 「영국 옥스퍼드사전 올해의 단어 '기후 비상'」, 『국민일보』, 2019.11.21.

그러나 과학의 발전으로 인해 환경 문제를 해결할 방법 또한 과학에서 찾을 수밖에 없다. 다음을 보자.

20세기 문명은 과학 없이는 존속되기 어렵다. 이것은 컴퓨터가 마비되면 모든 삶의 국면이 마비되어 극심한 혼란이 초래된다는 그런 정도의 이야기가 아니다. 과학 없이는, 끔찍한 사고 정도가 아니라, 현 단계의 지구 문명이 아예 유지될 수 없다는 뜻이다. 20세기 초 지구 인구는 16억 정도였다. 지금의 지구 인구는 60억을 넘어섰다. 더 놀라운 것은 지금의 60억이 금세기 초의 16억보다 '평균적으로' 더 잘 먹고, 더 많이 누리고, 더 오래 산다는 사실이다. 어떻게 이것이 가능했는가? 단언하건대 그것은 과학 그리고 기술의 힘 때문이다. 전기를 만들어내고, 농업 혁명을 이루며, 질병을 퇴치해 낸 20세기 과학이 아니고서는 현재의 인류가 이런 수준의 삶을 누린다는 것은 가능할 수 없다. 과학은 분명 20세기의 지구 문명을 가능케 한 것이며, 사실상 21세기 문명 또한 지배할 것이다.

–최재천, 『과학 · 종교 · 윤리의 대화』, 궁리, 2001, 15~16쪽.

사정이 이와 같다면 앞으로의 과학 기술이 어떤 방향으로 발전해야 할지는 명백하다. 지금까지의 과학의 발전이 우리 인간이 자연을 제대로 이해하지 못하고 자연을 황폐화하는 쪽으로 방향을 잘못 잡은 것이었다면, 앞으로는 발전 방향을 친환경적인 쪽으로 선회해야 한다. 이러한 방향으로 가기 위해서 과학자들은, 우리가 '생산→소비→폐기물 처리→재활용'이라는 과정을 환경친화적으로 만들려고 노력을 해야 한다고 권고한다.

'2019 제13회 세계해양포럼' 마지막 날인 1일 파라다이스호텔부산에서 열린 특별세션4 '해양환경–바다를 습격한 플라스틱'에서는 국제 환경 NGO 관계자와 환경 운동가, 연구원들이 실질적인 위협으로 부상한 '플라스틱 오염'의 심각성을 경고하고, 문제 해결을 위해 전 세계적인 공조가 필요하다고 지적했다.

발제에 나선 킴 스텐게르 싱가포르 WWF세계자연보호기금 전략소통대외협력 책임자는 최근 WWF와 호주 뉴캐슬 대학이 공동 진행한 '플라스틱의 인체 섭취 평가 연구' 결과를 인용해 플라스틱 오염 실태를 조명했다. 이 연구에 따르면 우리는 매주 미세 플라스틱 2000여 개를 소비하고 있는 것으로 분석됐다. 무게로 환산하면 5g인데, 신용카드 한 장을 먹고 있는 셈이다. 미세 플라스틱 섭취량은 한 달이면 칫솔 무게에 육박하는 21g, 1년이면 공깃밥 한 그릇 분량보다 많은 250g을 넘어선다. 미세 플라스틱은 플라스틱이 함유된 합성섬유 의류를 세탁하거나, 자동차 운행 때 합성 고무 재질의 타이어가 마모되는 과정 등에서 일상적으로 발생하고 있다. 주로 물을 통해 섭취되는데, 어패류 소금 맥주 등 우리가 먹고 마시는 모든 것들에 들어있다.

그는 그렇다고 당장 인류가 플라스틱 사용을 전면 금지해야 한다는 것은 아니라며 "플라스틱 제품을 다시 사용하고, 재활용하고, 친환경적으로 디자인하는 등 순환경제로의 이행 노력이 필요하다"고 말했다.

이어 호주 '시빈'사의 피트 세글린스키 CEO는 해양쓰레기를 빨아들이는 부유식 쓰레기통 '시빈'을 개발해 이를 비즈니스 모델로 구현하기까지의 과정을 소개했다. 시빈은 바다에 떠다니는 쓰레기와 기름, 연료, 세제, 미세 플라스틱을 수거할 수 있도록 디자인된 부유식 쓰레기통이다. 현재 52개국 선착장에 80개 이상이 설치돼 하루 3.6t의 바다 쓰레기를 처리하며, 5억 L의 물을 정화하고 있다. 그는 "기술은 결코 해양생태계를 살릴 해법이 될 수 없으며, 우리가 환경을 대하는 태도를 바꿔야만 플라스틱 문제를 해결할 수 있다"며 "미래 세대에 대한 교육과 캠페인, 참여 프로그램 등을 통해 시민들의 인식 변화를 이끌어 내는 것이 중요하다"고 강조했다.

미국의 깨끗한 바다를 위한 로잘리아 프로젝트 창립자인 레이첼 밀러는 극세사 오염을 막아 주는 친환경 세탁볼인 '코라볼'을 발명해 해양환경 문제를 해결한 사례를 소개했다. 재활용 플라스틱을 활용해 만든 직경 10㎝의 코라볼은 세탁 때 합성섬유 부스러기들을 수거해 미세 플라스틱과 합성섬유가 해양으로 방출되는 것을 막는다. 그는 버려진 폐어망을 재활용해 스케이트보드나 선글라스 등 다양한 제품을 만드는 업체나 플라스틱 커피 스틱 대신 스파게티 면을 사용하는 카페 사례를 소개하며, "일상의 작은 행동과 창의적이고 혁신적인 아이디어가 큰 변화를 이끌어 낼 수 있다"고 말했다.

–박태우, 「매주 신용카드 한 장 분량 미세 플라스틱 섭취…인류 재앙될 것」, 『부산일보』, 2019.11.01.

더 나아가 인간과 환경의 관계를 보는 관점을 근본적으로 바꿔야 한다는 주장도 나오고 있다. 아래의 글은 지금까지 발생한 환경 문제 대부분이 자연을 객관적 대상으로만 취급한 서양적 관점에서 비롯된 것이라 비판하고, 지금부터는 동양적 관점에서 자연에 관해 연구할 필요성을 제기하고 있다.

고전 물리학은 인간이 자연의 모든 현상을 합리적인 논리로 이해할 수 있으며 언젠가는 전지자의 위치에 오를 수 있다고 확신했던 것이다. 그러나 이 오만의 극에 달했던 고전 물리학은 태양에 도전했다가 추락한 그리스 신화의 이카로스처럼 현대 물리학에 의하여 산산조각이 난 것이며, 자연은 그 신비의 자태를 되찾게 되었다. 고전 물리학을 키워 온 기본 개념들, 즉 절대 공간과 절대 시간, 인과율, 질량적 물질 등등의 고전 물리학적 개념은 현대 물리학에 의하여 모조리 파기되어 버린 것이다. 절대 공간과 절대 시간의 개념은 아인슈타인의 상대성 이론에 의하여 그 허구성이 드러났으며, 고전 물리학의 철칙이었던 인과율은 하이젠베르크가 불확정성 원리를 도입하여 양자 역학을 수립함으로써 원자의 세계에서는 통용될 수 없는 개념으로 전락하였고, 고전 물리학에서 생각했던 단순한 질량적 물질은 양자 물리학에서는 합리적 이해를 초월하는 자기모순에 가득 찬, 정체를 알 수 없는 신비로운 것으로 보이게 된 것이다.

…(중략)…

자연을 관찰함에 있어서의 고전 물리학의 기본 태도는 순수한 객관주의였다. 관찰의 대상체는 주관과는 관계없이 '거기 존재해' 있는 것이므로 그러한 객관적 존재의 불변적 특성인 수량적 제 속성諸屬性의 파악에 물리학은 전력을 기울여 왔던 것이며, 따라서 관찰의 과정에서 가변적이요 불확실한 결과를 가져올 수 있는 주관은 배제되어야 했다. 그리하여 주관적인 감각에 속하는 색色이나 음의 본질은 객관적인 파장이나 진동의 수로 대체되고 감각 작용은 사진기, 진동막, 한란계 등등으로 대체된다.

이와는 반대로 불교 등의 동양사상은 주관주의에 입각한다. 그것은 주관적인 마음[心]이 인식의 주체이므로 객관적인 존재란 신빙성이 없다고 본다. 고전 물리학이 그 사변적思辨的인 방법으로 일一에서 다多를 보려 하고 물체를 3차원 공간에 현존하는 것으로만 보는 데 반해서 동양사상은 그 직관적인 방법으로 다에서 일을 보려 하고 일체一切를 생멸하는 변화로서 초월적으로 보는, 즉 4차원적 시공時空의 차원에서 보려 한다.

일체의 시공을 4차원적인 변화의 견지에서 보는 동양사상은 3차원적인 논리로는 적절하게 해설할 수 없으므로 신비주의라 말할 수밖에 없겠지만, 현대 물리학에 대한 일본의 물리학자와 미국에 있는 중국계 물리학자들의 공헌이 세계적 주목을 끌고 있으며 서구의 물리학 거장들도 현대 물리학의 새로운 이론 체계가 동양에서 나오기를 은근히 기다리고 있는 이유도 여기에 있는 듯하다.

–프리초프 카프라, 『현대 물리학과 동양사상』, 김용정 · 이성범 역, 범양사, 2006, 10~16쪽.

연습 문제 7

아래의 글은 지금까지 언급한 내용 전반을 일목요연하게 제시하면서도, 환경오염을 약간은 다른 관점에서 생각하게 하는 글이다. 이러한 문제의 제기가 얼마나 타당한지 더 생각해 보자.

"하나님이 이르시되 우리의 형상을 따라 우리의 모양대로 우리가 사람을 만들고 그들로 바다의 물고기와 하늘의 새와 가축과 온 땅과 땅에 기르는 모든 것을 다스리게 하자 하시고…… 하나님이 이르시되 내가 온 지면의 씨 맺는 모든 채소와 씨 가진 열매 맺는 모든 나무를 너희에게 주노니 너희의 먹을거리가 되리라……." 『구약성서』의 「창세기」에 나오는 구절이다. 그리스도교는 처음부터 인간을 신이 창조한 세계의 주인으로 규정했다. 인간은 지상에서 신을 대리하는 역할이었으므로 신이 부여한 권리를 바탕으로 자연을 지배할 수 있었다. 자연환경은 인간을 위해 존재하는 것이었다.

그에 비해 비슷한 시기 중국에서 탄생한 도가 사상은 인간의 특권을 인정하지 않고 인간 역시 자연의 일부이며 자연의 순리에 따라 살아가야 한다고 가르쳤다. "성인聖人은 만물을 알지만 어느 것에도 얽매이지 않는다. 그저 그렇게 살아갈 뿐 무엇을 소유하거나 무엇에 의지하지 않는다."노자『도덕경』

인간은 환경을 지배하고 관리하는 역할일까, 아니면 환경의 일부로서 환경에 관철되는 법칙에 순응하는 존재일까? 인간에게는 두 가지 측면이 다 있다. 하이데거는 인간이 존재하면서 스스로 존재를 문제 삼는 이중적 존재방식을 취한다고 말했는데, 그 논리를 연장하면 인간은 자연에 속하면서도 자연을 대상화하는 이중적 존재라고 말할 수 있을 것이다.

흔히 환경 문제를 떠올리면 '인간 대 환경'이라는 노골적인 대립 구도를 설정하기 쉽다. 그렇게 인간을 환경 파괴의 주범으로 몰아붙인다면 문제는 간단하다. 그러나 환경과 인간의 문제는 그런 식으로 해결될 수 없다. 인간 역시 환경에 속하는 존재이기 때문에 문제는 복잡하다. 인간은 환경의 산물이자 환경을 만들어 나가는 행위자다. 환경이 만들고 환경 속에서 살아가는 인간이 그 환경을 파괴한다는 게 가능하긴 한 것일까?

그 질문은 환경에 관한 사상과 이론의 근저에 놓인 중요한 주제이며, 일상적으로도 자주 마주치는 문제이다. 실제로 개발과 보존에 관한 진지한 논의가 전개될 때마다, 또는 둘 중 어느 한 측의 입장—주로 개발의 논리—을 의도적으로 대변하려는 힘겨룸이 벌어질 때마다 그 문제는 표면상 드러나지 않으면서도 가장 깊숙한 쟁점이 되고 있다. 단적인 예로, 숲을 뒤엎고 아파트 단지를 짓는다면 그건 환경 파괴일까? 일단은 그렇다고 해야 할 것이다. 하지만 환경의 산물인 인간이 자신을 위해 하는 활동이 어떻게 환경과 논리적으로 배치될 수 있을까?

같은 라틴어 어원 civitas에서 비롯된 도시city와 문명civilization은 역사적으로 항상 제국주의와 행보를 같이 했다. 제국주의가 존속하기 위해서는 식민지가 반드시 필요하듯이, 도시라는 공간은 애초부터 '시장'을 중심으로 탄생하고 발달한 만큼 살아남기 위해서 주변에 방대한 농촌을 거느리고 수탈하지 않을 수 없었다. 이는 문명이 야만savage, '숲'을 뜻하는 라틴어 silva에서 나왔다, 즉 자연환경을 굴종시키며 발전했다는 논리와 상통한다.

문제는 그런 식의 '발전'이 자연은 물론이고 문명에 도움이 되지 않는다는 점이다. 문명이 자연에 가한 상처는 부메랑처럼 되돌아와 도시를 오히려 자연 상태로 만든다. 자연은 위험이고 문명은 안전이라는 철석 같은 믿음이 깨어지기 시작한다. 현대에 환경 문제가 대두된 이유는 바로 여기에 있다. 인간은 자신의 생존을 위해 자연을 새로운 시각으로 보게 되었다.

환경오염은 문명의 초창기부터 있었다. 기원전 1만 년 전 인간이 최초로 동식물을 사육하고 정착 생활을 하게 된 것이 환경오염의 시작이다. 그때부터 인간은 삼림을 개간해 밭과 도시를 건설했고, 지구상에 골고루 분포된 광물자원을 도시로 집중시켜 자연의 균형을 파괴했다. 인류 문명의 초창기에 예외 없이 대홍수가 있었다는 신화는 아주 일찍부터 삼림 파괴가 조직적으로 이루어졌음을 시사한다. 대기오염은 비교적 최근의 일이지만 토양과 물의 오염은 인류 문명과 거의 역사를 같이한다.

환경 파괴가 인간 행위에 기인한다는 데는 동의하지만 인간의 일상적 활동이 아니라 사회구조적인 측면에서 주된 요인을 찾는 논리도 있다. 사회생태학은 사회의 계급구조가 자연을 지배하고 착취하는 동기와 수단을 만들어냈다는 입장을 취한다. 미국의 생태학자인 머레이 북친은 봉건사회가 몰락하면서 유기적 사회가 붕괴되었고, 뒤이어 등장한 자본주의는 인간 사회만이 아니라 자연 세계까지도 총체적으로 부정하는 자기 파괴적 성향을 드러냈다고 말한다. 그래서 북친은 지배와 억압의 체제를 전복시켜야 자연과 인간 사회가 조화와 균형을 회복할 수 있다는 무정부주의적 환경론을 제시한다.

그러나 환경을 파괴하는 것도 인간이지만 환경을 보존하는 것도 인간이다. 인간과 환경은 원래부터 대립적인 관계가 아니라 상호 의존적인 관계다. 사하라를 횡단하는 트럭 운전사는 혼자 출발하는 법이 없다고 한다. 자신의 트럭에 많은 사람들이 올라탈 때까지 기다렸다가 서늘한 해질녘이 되면 길을 떠난다. 차비를 받으려는 게 아니라 운전사에게는 사람들이 필요하기 때문이다. 사막 도로의 곳곳에 도사린 모래언덕과 구덩이를 건너가려면 사람들이 트럭을 밀어주어야 한다. 트럭을 인간으로, 사막을 환경으로 보면 알기 쉽다. 트럭은 강하지만 그 강함으로는 부드러운 사막의 모래언덕을 넘을 수 없다. 서로의 필요성을 인정하고 상호 의존하는 것, 이것이 인간과 환경의 올바른 관계다.

– 남경태, 『개정판 개념어 사전』, 휴머니스트, 2012, 560~564쪽.

〈참고 문헌〉

강양구, 『세 바퀴로 가는 과학 자전거』, 뿌리와이파리, 2006.

권기정, 「30년간 해수면 매년 3㎜씩 상승」, 『경향신문』, 2019.12.19.

권중혁, 「영국 옥스퍼드사전 올해의 단어 '기후 비상'」, 『국민일보』, 2019.11.21.

김승규, 「북극 해빙이 잡아 가두고 있던 미세 플라스틱, 이제는 바다로 퍼져나온다」, http://blog.naver.com/PostView.nhn?blogId=koreamof&logNo=221681693573, 2019.12.05.

김창호, 『내가 아는 것이 진리인가』, 웅진출판, 1995.

김호기 외 51인, 『지식의 최전선』, 한길사, 2002.

남경태, 『개정판 개념어 사전』, 휴머니스트, 2012.

레포르,「지구온난화로 빙하가 없어졌습니다」, https://blog.naver.com/juanlimmx/220729347025, 2019.12.02.05.

박태우, 「매주 신용카드 한 장 분량 미세 플라스틱 섭취…인류 재앙될 것」, 『부산일보』, 2019.11.01.

이건희, 「지구온난화 반기는 '이 나라'」, 『머니S 』, 2017.02.23.

이필렬 · 최경희 · 송성수, 『과학, 우리 시대의 교양』, 세종서적, 2004.

장진희, 「지구온난화로 사라진 아이슬란드 빙하의 모습 한눈에 엿본다」, http://kids.donga.com/?ptype=article&no=20191027135432956352, 2019.12.05.

제라드 피엘, 『과학의 시대!』(전대호 옮김), 한길사, 2003.

최재천, 『과학 · 종교 · 윤리의 대화』, 궁리, 2001.

프리초프 카프라,『현대 물리학과 동양사상』(김용정 · 이성범 옮김), 범양사, 2006.

홍성욱, 『과학은 얼마나』, 서울대학교출판부, 2004.

제 4 부

글쓰기의 여러 가지 유형

제1장 논문 작성법

제2장 자기 성찰과 자기소개서

제1장

논문 작성법

1. 논문의 개념

대학의 가장 중요한 기능 중 하나가 바로 연구이다. 연구는 대학 교수나 대학원생, 학부 학생들이 공부하는 과정에서 품은 의문에 답을 구하는 행위이다. 문제를 제기하고 그에 대한 답을 찾는 것은 학문 발전에 기여하고, 학부생들의 내적 발전을 도모할 수 있기에 대학의 발전에 이바지한다고 볼 수 있다.

논문은 어떤 주제에 대해 조사, 연구한 결과로 얻어진 여러 가지 사실과 이러한 사실에 대한 연구자 자신의 비판이나 평가를 종합하여 일정한 양식에 따라 적절한 체계를 갖추어 제시하는 글이다.

또 논문은 어떤 특정한 문제를 해결하고자 자료를 수집 · 정리하여 체계적으로 종합 서술한 것으로, 그 논문 서술의 권위를 입증하기 위해 정확한 논증을 수반해야 한다. 구체적인 논증이 없는 논문은 감상문에 지나지 않는다.

대학원생이나 학부생들에게 논문 작성은 자신이 의문을 가지고 있는 것에 대한 해결일 뿐만 아니라 자신의 개념을 체계화하고 자료 정리와 논증 방법을 배우는 등의 의미를 포함하고 있다. 논문은 집필 과정보다도 그 준비 과정을 훈련하는 것이 중요하기에 논문을 쓰는 것도 중요하지만, 논문을 쓸 때까지 수반되는 작업의 경험이 더 소중하다고 볼 수 있다. 이러한 연구의 결과물이 바로 논문학위 논문, 일반 논문과 보고서이다.

2. 논문 작성의 순서

논문 작성의 다섯 단계는 1) 주제의 선정, 2) 자료의 수집과 평가, 3) 논문 개요 작성, 4) 논문 작성, 5) 참고 문헌 작성이다.

1) 주제의 선정

논문을 작성할 때 가장 중요한 것은 바로 주제 선정이다. 주제를 선정할 때는 다음과 같은 질문에 대해서 답을 할 수 있어야 한다.

1. 이 논문의 주장은 무엇인가?
2. 이 논문은 얼마나 새로운가?
3. 이 논문은 다른 논문과 어떤 차별성이 있는가?

필자가 위의 질문들에 답할 수 없다면, 필자는 아직 논문을 쓸 준비가 충분히 되지 않은 것이다. 이밖에도 논문의 주제를 정할 때 다음과 같은 점을 유의해야 한다.

첫째, 주제가 필자의 관심에 상응해야 한다. 이는 주제가 필자의 학문적 관심과 연결될 수 있어야 한다는 뜻이다. 그리고 필자의 관점과 시각이 드러나는 주제를 선정해야 한다.

둘째, 아직 아무도 다루지 않았거나 다루어본 사람이 있어도 잘못 다룬 주제를 택하여 독창적으로 써야 한다. 필자는 새로운 대상을 찾아 쓰거나, 이미 연구된 대상이라도 새로운 방법론을 적용해서 써야 한다.

셋째, 지나치게 상식적이거나 너무 많은 사람이 다룬 주제는 되도록 피해야 한다.

넷째, 자기 능력으로 해결할 수 없는 주제, 자료를 확보할 수 없는 주제, 실험 시설이나 비용을 감당할 수 없는 주제는 피한다.

2) 자료 수집과 평가

주제를 선정하고 나면 자료를 수집해야 한다. 기존 연구 성과를 잘 파악하고 있지 않으면 자신의 연구가 물거품일 수 있다. 그렇기에 필자는 자신이 연구하려는 분야의 기존 연구 성과를 철저히 조사해야 하며, 자신의 주장을 뒷받침해줄 자료를 충분히 찾아서 검토해야 한다.

단국대학교 도서관http://lib.dankook.ac.kr 또는 http://libc.dankook.ac.kr

단국대학교 도서관이 소장하고 있는 자료나 구독 중인 전자자료를 검색할 수 있다. 검색창에 키워드를 넣고 검색하면 다양한 자료들의 목록을 확인할 수 있다.

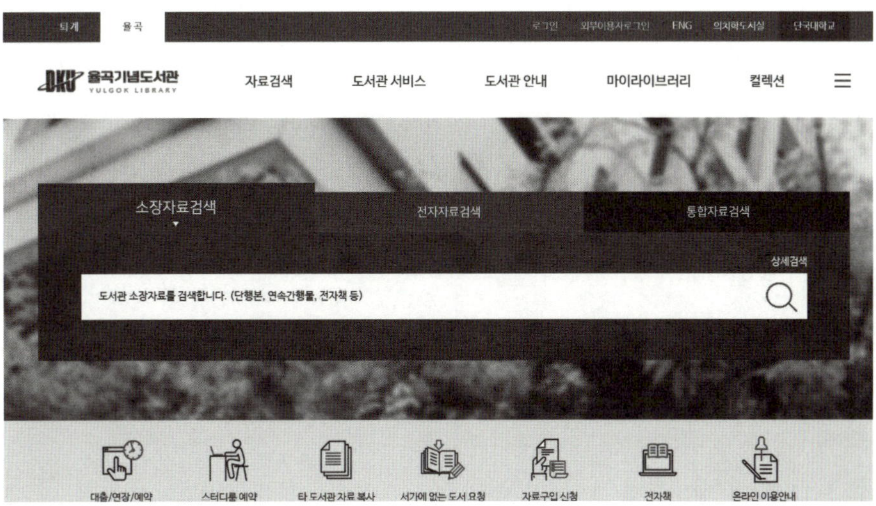

한국교육학술정보원http://www.riss.kr

단국대학교 도서관에 없는 자료들을 검색할 수 있고, 다른 도서관에 소장된 책이나 논문 등을 복사나 대출 신청을 해서 볼 수 있다. RISS는 단국대학교 도서관 홈페이지에서 링크가 가능하다. RISS에 회원 가입을 해서 사용하면 된다.

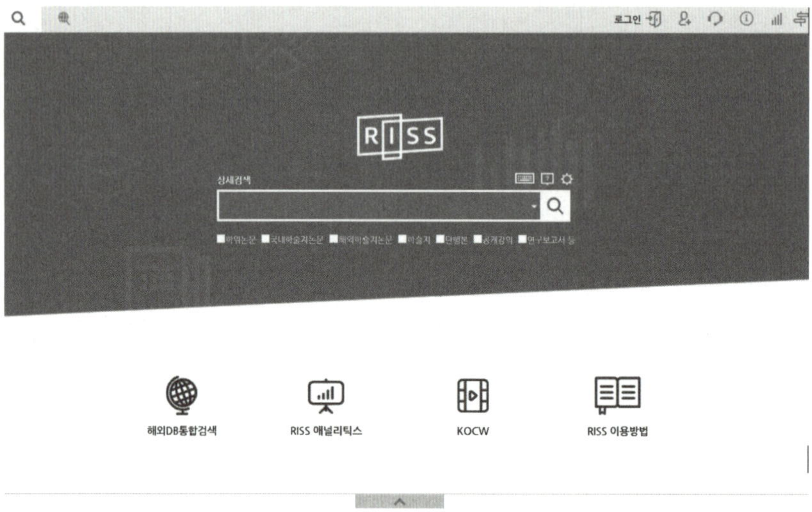

3. 논문의 체재

1) 표지(논문 제목, 작성자 이름)

2) 개요-목차

방식 1〉

I. 논문의 큰 제목 (장, chapter)

1. 논문의 큰 주제별 제목

1) 소제목

(1) 세부 제목 ...

방식 2〉

1. 논문의 큰 제목

1.1. 논문의 큰 주제별 제목

1.1.1. 소제목

1.1.1.1. 세부 제목 ...

3) 본문

(1) 서론

연구의 목적, 문제 제기, 연구 범위, 연구 상황에 대한 연구사, 방법론, 자료의 소개 및 특수 용어의 해설

(2) 본론

연구 대상에 대한 자신의 분석과 해석, 주장에 대한 논거 제시, 문제 진단 및 해결책 제시

(3) 결론

본론의 간략한 요약, 연구의 중요한 결과 및 남겨진 문제들

4) 참고 문헌

5) 부록: 도표, 그림, 실험 자료 등

4. 논문 작성의 사례

다음은 수업시간에 학생들이 쓴 〈안락사 반대에 관하여〉에 대한 개요와 글이다. 이 사례를 분석하고 개요 작성 및 서론, 본론, 결론의 구성 방법에 대해서 알아보자.

1) 개요

제목: 안락사 반대에 관하여

주제문: 안락사 합법화에 반대한다.

개요

Ⅰ. 서론: 안락사의 정의와 안락사 합법화에 대한 반대

1. 안락사에 대한 상반된 시각
2. 안락사의 뜻과 유형
3. 안락사에 대한 논쟁사
4. 안락사 합법화 반대

Ⅱ. 본론: 안락사 합법화 반대의 세 가지 근거

1. 윤리적 근거로 인한 안락사 반대

(1) 생명 존엄성

(2) 선행의 원리

(3) 종교적 차원

2. 제도적 문제로 인한 안락사 반대

(1) 사회적 약자의 생명권에 대한 침해

(2) 연명치료 중단에 대한 법적 기준의 모호함

(3) 환자의 선택을 판정할 법적 기준의 모호함

3. 사회적 근거로 인한 안락사 반대 – 생명 경시 풍조 조장

Ⅲ. 결론: 안락사 반대에 관한 근거 정리 및 안락사 합법화 반대 재강조

1. 안락사 합법화 반대 근거 요약
2. 안락사 합법화 반대 주장 재강조

2) 서론

서론은 해당 논문이 무엇을, 왜, 어떻게 다루려고 하는지를 밝히는 부분이다. 서론에는 다음과 같은 내용이 들어간다.

첫째, 연구의 목적: 논문의 주안점을 뚜렷이 밝혀야 한다. "이 논문은 …… 을/를 목적으로 한다."

둘째, 연구의 범위와 한계: 논문에서 다루고자 하는 텍스트의 범위를 한정하고, 방법론도 제한해서 심도 있는 논의를 제시해야 한다.

셋째, 연구의 필요성: 해당 연구가 왜 필요한지에 대한 타당성을 기술해야 한다.

넷째, 연구의 배경: 연구의 필요성과 통합 가능, 기존 연구 검토 및 소개를 기술해야 한다.

다섯째, 연구의 관점과 방법: 연구에 적용할 방법론을 선정하고, 텍스트를 바라보는 관점을 정해야 한다. 역사주의적 방법, 사회주의적 방법, 심리학적 방법 등

여섯째, 연구 전체의 주장을 명시적으로 제시한다.

> Ⅰ. 서론
>
> 21세기, 개개인의 자유와 권리가 중요시되는 이 시대에 인간의 자기 결정권의 범위는 어디까지일까. 아마 현 인류가 이상적이라 생각하는 자유는, 범죄가 아니라면 사람들이 언제 어디서나 자신의 자유 의지로 행동할 수 있는 것이다. 그런데 지금, 이 논문이 논하고자 하는 안락사의 경우, 많은 나라에서 합법과 위법의 경계에서 아슬아슬한 줄타기를 하는 중이다. 의사가 자의적으로 환자의 생명을 빼앗는 범죄-살인죄인지, 아니면 환자의 자기 결정권에 귀속되는 행위인지, 즉 환자가 자기의 생명을 연장할지에 대해 자발적으로 선택하는 행위인지에 대한 판단은 나라마다 다르다.

화제 제시

화제의 뜻을 정의

안락사는 사전적으로 '극심한 고통을 받고 있는 불치의 환자에 대하여, 본인 또는 가족의 요구에 따라 고통이 적은 방법으로 생명을 단축하는 행위' 라고 정의된다. 또 안락사는 행위자의 관점에서 적극적 안락사와 소극적 안락사로, 또 환자의 관점에서 자발적 안락사와 비자발적 안락사로 나뉠 수 있다. 먼저 적극적 안락사는 환자의 삶을 단축할 것을 의도하여 능동적으로 죽음에 이르는 행위를 하는 것이다. 소극적 안락사는 환자의 죽음으로 진행 과정을 일시적으로 저지하거나, 연명시킬 수 있음에도 그를 의도적으로 방치해서 죽음에 이르게 하는 것이다. 자발적 안락사는 환자의 직접적인 동의가 있을 때 환자를 죽음에 이르게 하는 행위이고, 비자발적 안락사는 환자의 직접적인 동의에 없음에도 불구하고 가족의 요구 혹은 국가의 요구에 의해 환자를 죽음에 이르게 하는 행위를 일컫는다.

화제의 유형

연구사 검토

앞에서 언급한 것처럼, 안락사 문제는 여러 국가에서도 뜨거운 감자이다. 당장 우리나라도 몇 년 전까지 안락사를 실시한 의사는 살인죄로 불구속 입건되었지만 2016년 1월에 웰 다잉법이 제정되어 소극적 안락사의 일부가 허용되었다. 동시에 한국 기독교 생명윤리협회에서는 여전히 본인의 결정이 아닌 가족이나 제3자의 대리 동의를 허용한 것은 환자의 생명권과 자기 결정권을 침해할 소지가 있다는 등의 이유로 이 법에 반대했다. 이처럼 우리나라에서는 안락사에 대한 의견이 맹렬히 엇갈리고 있다. 우리나라뿐만 아니라 세계 여러 나라의 여러 주에서도 안락사에 관한 법률이 제정되고 폐지되며, 안락사에 관한 여러 소송이 진행 중이다. 또 독일이나 일본처럼 소극적 안락사에 한해서 안락사를 인정하는 경우도 있고, 스위스의 경우 안락사를 허용하고 있기 때문에 안락사를 위해 스위스로 향하는 다른 나라 사람도 많다고 한다.

이처럼 논쟁의 여지가 많은 안락사지만, 많은 나라에서 점차 안락사를 허용하는 방향으로 법을 제정하고 있다. 환자의 자기 결정권을 존중하고 환자의 고통을 경감하는 것이 결국은 인권 존중과 연결된다는 맥락에서 많은 사람이 안락사에 찬성한다. 그러나 이러한 국제적 정세와 사회적

문제 제기

분위기에 휩쓸려 안락사 문제를 너무 긍정적으로만 바라봐서는 안 된다. 이 논문에서는 안락사가 합법화될 시 발생할 윤리적 측면, 제도적 측면, 사회적 측면에서의 문제를 근거로 안락사 합법화에 반대하고자 한다.

주장

3) 본론

본론은 서론에서 제시한 주장을 논거를 제시하면서 증명하는 부분이다. 본론 구성의 내용과 유의점은 다음과 같다.

첫째, 논거와 그에 따르는 증거들을 제시함으로써 자신의 주장을 논증해야 한다.

둘째, 논거의 수나 논리 전개의 방식에 따라서 본론은 3단 또는 4단으로 나누어 서술하는 것이 좋다. 3단은 나의 주장을 증명하는 논문일 때, 4단은 문제 해결적인 논문일 때 사용한다.

셋째, 각 장은 한편의 완결된 논술문 혹은 소논문을 쓴다는 느낌으로 쓴다. 즉 학생들은 각 장을 내적으로 서론, 본론, 결론의 논리적 흐름을 갖도록 작성한다.

Ⅱ. 본론: 안락사 합법화 반대의 세 가지 논거

1. 윤리적 관점에서의 안락사 반대

… (중략) …

2. 제도적 관점에서의 안락사 반대

두 번째 근거는 안락사가 합법화될 경우 제도적으로 많은 문제를 일으킬 수 있다는 점이다. 안락사에 관한 법률이 통과되면 그에 따른 제도적 장치들이 마련될 것인데, 어느 제도나 허점은 있기 마련이다. 만약 생명을 다루는 제도에 허점이 생긴다면, 누군가 그 제도를 악용하여 우리 사회에 악영향을 미칠 수 있다.

머리말

2.장의 주제문(논거)

증거 1

사례

증거 2

사례 1

사례 2

증거 3

사례

우선, 안락사 합법화는 사회적 약자의 생명권을 침해하는 쪽으로 악용될 소지가 충분하다. 한 사람의 마지막 순간을 의사의 판단과 가족의 동의로 결정한다는 것을 제도적으로 어떻게 명확하게 제시할 것인지도 불분명하다. 실제로 우리나라에서 안락사 문제로 화제가 되었던 이른바 '김씨 할머니'의 사례를 살펴보면, 대법원은 당시 '의식 회복 가능성이 없을 것', '중요 생체 기능의 회복 불가', '짧은 시간 내에 사망에 이를 것' 이 3가지 조건에 해당해야 사망 단계로 판정한다고 하였고, 의사의 판단과 가족들의 동의에 따라 인공호흡기 제거를 허락하였지만 실제로 인공호흡기 제거 후 김씨 할머니는 201일 동안 생존하였다. 이 사건에서 우리는 의사의 판단으로 사람이 언제 죽을지 정확하게 예측하는 것은 어렵다는 것을 확인할 수 있고, 그에 따라 안락사에 관한 문제를 법으로 제정하면 얼마나 큰 혼란이 야기될지 예상할 수 있다.

둘째, 적극적 안락사를 규제할 명확한 기준이 없는 상태에서 안락사를 합법화하는 것은 환자의 '죽을 권리'를 의사의 '죽일 권리'로 변질시킬 수 있다. 이것은 현재 안락사를 법적으로 허용하고 있는 국가들의 안락사 관련 조사결과를 보면 알 수 있다. 적극적 안락사가 합법인 나라 중 하나인 네덜란드가 1990년 실시한 정부 공식 보고서에 따르면, 1040명의 환자가 본인의 동의 없이 의사들에 의해 안락사를 당했다. 또한 8100명이 의사들의 사망 촉진을 목적으로 하는 진통제 과다 투여에 의해 사망하고, 그중 61%는 환자의 동의 없이 이루어졌다고 한다. 물론 이는 과거의 일이고, 현재는 꾸준한 법 개정이 이루어져서 이런 비자발적 안락사가 대량으로 이루어지지는 않는다. 그러나 이는 법적 체계가 제대로 안 갖춰진 안락사 허용이 어떤 참사를 가져올지를 반증해준다.

셋째, 안락사 관련 법률의 문제점은 죽음에 대한 자발적 선택을 판정하는 기준이 모호하다는 점이다. 2014년, 벨기에가 전 연령층을 대상으로 안락사를 허용하는 방향으로 법을 개정했을 때, 환자의 '분별력'이라는 용어에 대해 엄청난 논쟁이 일어났다. 이 법안에는 불치병으로 고통을 겪는 미성년자가 '안락사의 의미를 이해하고, 의식이 온전한 상태에서 분별력을 갖췄다면', 전문의와 부모의 동의를 거쳐 안락사를 선택할 수 있다고 명시되어 있다. 이 법안에 찬성한 사회당의 카린 랄리오 의원은 '연령에 상관없이 아이들이 고통에서 벗어날 수 있도록 권리를 부여하는 것'이라는 법안의 취지를 강조했다. 하지만 반대자들은 법안에 명시된 '분별력'이라는 말 자체가 모호하며, 현대 의학적 방법으로도 충분히 중증의 환자가 겪는 통증을 완화시킬 수 있다는 점을 근거로 이 법안의 시행을 강력히 반대하였다.

이 외에도 안락사 시행 여부가 순전히 의사의 주관적 판단에 달려있다는 점, 어느 정도의 고통이 안락사 시행 기준인지가 명확하지 않은 점 등 타당한 기준 자체가 존재하지 않는 것이 안락사 관련 법률의 특징이다. 이 때문에 안락사를 빌미로 장기 탈취를 목적으로 한 사회 취약 계층에 대한 범죄가 충분히 일어날 수 있다. 이처럼 안락사의 합법화는 여러 가지 문제를 일으킬 수 있기 때문에, 환자의 '삶'과 '존엄'을 동시에 지킬 수 있는 다른 방법을 강구하는 것이 필요하다고 생각한다.

논거 재강조

맺음말

주장 재강조

4) 결론

본론에서 검증된 바를 요약하고 최종적인 성과를 간명하게 제시함으로써 논문을 매듭짓는 부분이다.

첫째, 서론에서 제시한 연구 목적과 함께 주제를 재강조한다.

둘째, 본론의 내용을 순차적으로 간명히 요약한다.

셋째, 연구의 의의를 강조한다.

넷째, 이 논문에서 제시된 결론이 적용될 수 있는 분야를 제시하고 결론을 해결책으로 채택할 것을 촉구한다.

Ⅲ. 결론

인권 문제가 대두되고 인간 개개인의 자유를 중요시하는 사회적 분위기가 형성됨에 따라 안락사를 찬성하는 입장과 반대하는 입장이 첨예하게 대립하여 이에 대한 논쟁이 끊이지 않고 있다. 이러한 논쟁에 대하여 우리는 안락사가 실행되어서는 안 되는 근거를 크게 세 가지 관점에서 찾아보았다.

연구의 목적 재강조

첫째로는 안락사의 문제점을 윤리적 관점에서 살펴보았는데, 생명 존엄성, 선행의 원리, 종교적 차원에서 안락사를 조명해봄으로써 생명은 그 자체로 가치 있으며, 안락사는 타인에게 해를 끼치는 행위인 동시에 종교적으로는 신성모독에 해당하는 행위임을 밝혔다. 두 번째로는 안락사 문제를 제도적 관점에서 바라보았는데, 안락사 관련 법률을 제정할 경우 이를 악용할 가능성이 있고 어떠한 선을 기준으로 잡을지 모호하다. 마지막으로 사회적 관점에서 살펴본다면, 안락사를 시행할 경우 사회 구성원의 죽음에 대한 인식이 가벼워질 수 있다.

본론의 내용 요약

현재 세계적으로 스위스, 영국 등에서 안락사를 허용하고 있다. 이런 국제적 흐름 속에서 우리가 명심해야 할 것은 안락사를 합법화할 때 생겨날 문제들이 단순히 개인만이 아니라 사회 전체에 나쁜 영향을 미칠 수 있다는 점이다. 안락사는 말기 질환을 앓고 있는 환자가 자기의 존엄성을 지키며 삶을 마무리할 수 있는 수단이 아니다. 안락사는 한 생명의 소중한 삶을 빼앗는 범죄 행위-살인-인 동시에, 사회 전체에 생명을 경시하는 풍조를 불러일으킬 수 있다. 따라서 안락사는 합법화되어서는 안 된다.

연구의 중요성 강조

주장 재강조

5) 참고 문헌

논문의 맨 끝에 논문을 쓸 때 참고한 자료들의 목록을 제시한다. 참고 문헌 작성법은 아래의 〈각주 및 참고 문헌 작성법〉을 참고하라.

김기도, 「안락사에 대한 윤리적 고찰」, 동국대학교 교육대학원 석사학위 논문, 2007.

김명수, 「인간의 존엄성 – 생명권, 안락사 등을 중심으로」, 『세계헌법연구』 제15권 제2호, 2009.

김은영 · 허철, 「형법적 관점에서 살펴본 안락사 허용의 문제점」, 『생명과 법』 7, 2012.

배준용, 「벨기에, 18세 미만 미성년자 포함 전 연령층 안락사 허용」, 『조선일보』, 2014.02.14. http://news.chosun.com/site/data/html_dir/2014/02/14/2014021401321.html,

유태영, 「스위스 '안락사 여행' 1749명–찬반논란 가열」, 『세계일보』, 2015.08.17.

임중렬, 「안락사에 대한 윤리적 고찰」, 원광대학교 대학원 석사학위 논문, 2007.

전영주 · 정순형, 「안락사의 형법적 고찰과 법제화에 관한 시사점」, 『한국콘텐츠학회논문지』, 제11권 제7호, 2011.

Ertelt, Steven, "Thousands in Netherlands Die Without Consent Since Euthanasia OK," *LifeNews.com*, 2012.07.04.

http://www.lifenews.com/2012/07/04/thousands-in-netherlands-die-without-consent-since-euthanasia-ok/,

「안락사」, 『위키피디아』, https://ko.wikipedia.org/wiki/%EC%95%88%EB%9D%BD%EC%82%AC 2019.06.02. 검색.

「안락사」, 『나무위키』, https://namu.wiki/w/%EC%95%88%EB%9D%BD%EC%82%AC 2019.06.02. 검색.

5. 인용과 각주, 참고 문헌

1) 인용의 정의

인용은 남의 글이나 어떠한 사례 중에서 한 부분을 참고로 이끌어 쓴 것을 말한다. 인용은 첫째, 주장을 전개할 수 있는 바탕을 마련하기 위해, 둘째, 주장의 타당성과 정확성을 뒷받침하기 위해서 사용한다.

논문에서 인용을 할 때에는 다음과 같은 원칙이 있다.

첫째, 인용된 자료는 근거로서 충분한 타당성을 지녀야 한다. 연구물이 잘못되었거나 그 가치를 잃은 것은 피해야 한다.

둘째, 인용은 정확해야 한다. 모든 인용문은 자신이 직접 확인해야 한다. 원전을 볼 수 없을 때 '재인용'임을 반드시 밝힌다.

셋째, 인용문은 짧을수록 좋다.

2) 인용의 종류

인용의 종류에는 직접 인용과 간접 인용이 있다.

직접 인용

직접 인용은 원문을 그대로 인용하는 것이다. 이것은 다음과 같은 상황에서만 사용한다. 첫째, 원문 그대로가 아니면 대체할 만한 적당한 표현이 없는 경우, 둘째, 원문이 아니고서는 독자가 잘못 해석할 소지가 있는 경우, 셋째, 문예물의 개성적인 표현이나 경전, 또는 법률 조문을 인용할 경우에 사용한다.

직접 인용을 할 때는 인용 내용을 큰따옴표" "로 묶기도 하고, 본문과 구분하여 적기도 한다.

> 19세기의 저명한 생물학자이자 진화론의 거성 토머스 헉슬리의 손자이며 천재적 작가인 헉슬리는 『멋진 신세계』에 관해 스스로 다음과 같

이 평했다.

> 이 책의 주제는 과학의 진보가 아니라 그것이 인간 개개인에게 미치는 영향에 관한 것이다. 물질의 과학화는 삶을 파괴하거나 복잡하고 불편하게 만드는 방법에 적용될 수 있다. 유토피아는 이미 오래 전에 누군가가 상상했던 것보다 훨씬 더 우리에게 근접해 있다. 나는 이를 향후 600년이라는 미래에 투영시켰지만 그 공포는 1세기 안에 다가올 것 같다.

요즈음 나오는 여러 기계들, 인간보다 지능이 높다는 로봇, 우주정복, 복제인간에 관한 논란 등을 보면 1세기 안에 '멋진 신세계'가 오리라는 헉슬리의 예언은 맞아떨어질 전망이다. 그러나 셰익스피어의 『템페스트』 5막 1장에 나오는 '멋진 신세계'라는 말을 역설적으로 사용한 것처럼, 헉슬리가 생각한 미래는 나같이 완벽한 기계치이자 아직은 신과 시와 선을 믿는 '야만인'이 살기에는 적합하지 않은 것 같다. 그나마 일찍 태어나 '멋진 신세계'가 오기 전에 이 세상을 떠날 수 있는 게 천만다행이다.

– 장영희, 『문학의 숲을 거닐다』, 샘터, 2005, 94~95쪽.

직접 인용에서는 맞춤법, 문단 구분, 문장 부호 등을 반드시 원문 그대로 옮겨야 한다. 전문을 모두 인용하지 않을 경우, '……' 또는 '이하 생략, 중략'으로 표시한다. 원문에 오류가 있을 때에는 'sic'를 달아 바로잡는다. 이때는 반드시 이탤릭체로 해야 한다. 예를 들면, "三國遺史*sic* 事"와 같은 방식으로 해야 한다.

인용문의 일부를 강조할 경우, 원문에는 없는 밑줄이나 방점을 찍을 수 있다. 이때에도 [밑줄–필자], [방점–필자]와 같이 밝혀야 한다. 예를 들면, "글쓰기 방식으로 여기에는 '故事性'과 '寓意性'을 담고 있어야 한다.[밑줄–필자]”와 같이 해야 한다.

간접 인용

간접 인용은 타인의 글을 나의 문장으로 바꿔서 인용하는 것이다. 이것은 원문 그대로 인용하는 것이 지나치게 장황하거나 번거로울 때 사용한다. 간접 인용에는 요약과 의역의 두 가지 방법이 있다. 간접 인용은 직접 인용과 달리 따옴표를 사용하지 않고 인용의 내용이 들어 있는 문장의 끝부분에 각주 번호를 표시한다. 특별히 강조할 부분은 작은따옴표' '를 사용하기도 하는데, 중요 단어에 자주 사용한다.

> 이 시기[1930년대] 사람들은 '사랑의 모든 수단과 양식은 단성사, 조선 극장의 스크린에서 취했다'고 말할 정도였으며 '성에 눈 뜬 처녀들이 변사들의 달콤한 해설과 스크린에 빗기우는 사람의 실연을 보고' 배웠다.[1] 텔레비전 드라마에서 유명 탤런트가 하고 나온 반지며 목걸이가 그 다음날로 서울 전역에 깔리는 요즘과 마찬가지였던 것이다. 정도는 다르지만 당시 영화의 파급력은 오늘날의 텔레비전과 맞먹을 정도였다. 특히 서양 영화들은 삽시간에 로이드 안경, 히틀러 수염, '께이리 쿠어퍼어'의 외투, '로오웰 새아만'의 모자, '로버트 몽고메리'의 넥타이, '윌리암 포웰'의 바지, '클라이브 쁘룩'의 구두를 사람들의 뇌리에 심어 놓았다.[2] 1930년대에 이르면 이처럼 유행을 설명할 때 서양 배우의 모습을 예로 드는 경우가 많아졌다.
>
> 1) 이성구, 「경성의 짜스」, 『별건곤』, 1929, 72쪽.
> 2) 김진송, 『현대성의 경험-서울에 딴스홀을 허하라』, 현실문화연구, 1999, 174쪽.
>
> -강심호, 『대중적 감수성의 탄생』, 살림, 2005, 37쪽.

3) 각주 작성법

〈각주의 목적〉

논문에서 각주는 다음의 경우에 단다.

첫째, 논거 자료의 타당성을 입증하기 위해서 단다.

둘째, 논지에 대한 부가 설명을 하기 위해서 단다. 이때 본문에서 다루어야 할 성질의 것을 주석으로 처리하는 잘못을 저지를 수도 있으므로 주의해야 한다.

셋째, 본문 각 부분의 상호 관련성을 지시해 주기 위해서 단다.

넷째, 이미 이루어진 연구 업적의 도움에 감사의 뜻을 표하기 위해서 단다. 남의 글에 논증이 되어 있는 경우, 그것을 바탕으로 하여 연구자가 새로운 논리를 세우게 된 경우와 자료를 제공해 주었을 때에 반드시 자료의 출처와 함께 감사의 뜻도 표해야 한다.

〈각주의 종류〉

① 내용주: 본문의 어떤 사항에 설명을 덧붙여야 할 필요가 있을 때 사용한다. 예를 들어 널리 알려지지 않은 전문용어의 부연 설명이나 고마움을 표시할 경우에 단다. 내용주는 그것을 간과하더라도 본문의 내용을 이해하는 데 아무런 지장이 없어야 하고, 되도록 간결하게 처리해야 한다.

② 참조주: 참조와 방증을 목적으로 한다. 논지의 정당성이나 입증의 정확성을 제시하기 위해 그 출처를 명시할 때 단다. 참조주에는 외각주, 즉 본문 밖에 인용문의 출처를 밝히는 것과 내각주, 즉 본문 안에 인용문의 출처를 밝히는 것이 있다.

4) 각주와 참고 문헌 기입 방식

시카고 방식

시카고 방식은 학술서 분야에서 엄밀한 편집으로 오랜 기간 명성을 쌓아온 시카고대학 출판부에서 내놓은 *The Chicago Manual of Style*에 실린 참고 문헌 스타일을 이른다. 우리나라에서는 인문학 분야에서 주로 쓰는 방식이다. 다음은 시카고식 외각주 작성법으로 작성된 논문의 한 페이지이다.

> 문제는 소설사를 리얼리즘과 모더니즘의 양대 축으로 설명하는 방식이 영문학사의 전형적인 서술 방식이라는 점이다. 영문학사에서 이 두 개념은 문학 연구에서의 이론적, 비판적 논쟁에서 핵심적인 위치를 차지해 왔다. 소설사의 서술 방식 자체가 영문학적 틀을 모방한 것은 비단 우리나라만의 현상은 아니었다. 대부분의 비서구 국가의 문학사는 유럽에서 형성된 '단 하나의 문학 발전 모델 경로'를 상정해 왔다.[1] 한국 문학사 서술 자체가 서구적 모델을 사용함으로써 인식적인 종속 상황에 놓이게 된 것이다. 임화는 "[조선의] 신문학사는 근대 서구적인 의미의 문학의 역사"[2]라고 했다. 김남천은 "구라파의 근대를 수입한 이래 학문 방법이 구라파적으로 되어"[3] 간다고 지적하기도 했다. 서구에서 시작된 모더니즘 문학이 일본을 경유한 후, 식민지 조선에는 '일본식으로 변질된 모더니즘'이 받아들여졌다는 시각이 대표적이다.[4] 그렇지만 러시아의 '라프RAPF', 일본의 '나프NAPF'에 상응하여 식민지 조선에서 '카프KAPF'라는 프롤레타리아 문학단체가 결성된 것과 같은 의식적이고 명시적인 수용 과정이 모더니즘 문학에서는 나타나지 않았다.
>
> ---
>
> 1) Diana Brydonm, "The White Inuit Speaker: Contamination as Literary Strategy," *The Postcolonial Studies Reader*, 2nd Edition; NewYork: Routledge, 2005, p.185.
> 2) 임화, 「개설 신문학사」, 『조선일보』, 1939. 9. 7.
> 3) 김남천, 「맥」, 『한국소설문학대계』 13, 동아출판사, 1995, 434쪽.
> 4) 강인숙, 『일본 모더니즘 소설 연구』, 생각의나무, 2006, 38쪽.
>
> –권은, 『경성모더니즘』, 일조각, 2018, 21~22쪽

위의 예시처럼 외각주는 인용문의 끝에 번호를 붙이고, 인용문의 출처를 본문 밖에다가 번호 순서대로 작성한다. 외각주는 자료의 성격에 따라 크게 다음과 같이 구분하여 작성한다.

시카고식 외각주 작성법

저서

*한국책의 경우

① **저자명,『저서명』, 판수; 출판지명: 출판사명, 출판연도, 쪽수.**

홍욱희,『3조원의 환경논쟁, 새만금』, 초판; 서울: 지성사, 2004, 88쪽.

천정환,『근대의 글쓰기』, 초판; 서울: 푸른역사, 2003, p.25.

② **저자명,『저서명』, 역자명, 판수; 출판지명: 출판사명, 출판연도, 쪽수.**

아쿠다가와 류노스케,『라쇼몽』, 김영식 역, 초판 6쇄; 서울: 문예출판사, 2013, 7~16쪽.

한스 게오르크 호이젤,『뇌, 욕망의 비밀을 풀다: 인간의 소비심리를 지배하는 뇌과학의 비밀』, 강영옥 · 김신종 · 한윤진 옮김, 초판; 서울: 비즈니스북스, 2019, pp.10~13.

③ **저자명,「논문명」,『저서명』, 편자명, 판수; 출판지명: 출판사명, 출판연도, 쪽수.**

배개화,「언어의 이민」,『김수영 온몸의 시학』, 박덕규 · 이은정 편(저), 초판; 서울: 푸른역사, 2013, 120쪽.

* 영어책의 경우

① **저자명(이름 성), 저서명, 판수; 출판지명: 출판사명, 출판연도, 쪽수.**

Joan C. Borod, *The Neuropsychology of Emotion*, 1st edition; NewYork: Oxford Univ. Press, 2000, p.12.

② **저자명(이름 성), 저서명, 역자명(이름 성), 판수; 출판지명: 출판사명, 출판연도, 쪽수.**

Georg Lukacs, *Soul and Form*, trans. by Anna Bostock, 2nd edition; Cambridge: MIT Press, 1971, pp.4~5.

③ **저자명(이름 성), "논문명", 저서명, 편자명(이름 성), 판수; 출판지명: 출판사명, 출판연도, 쪽수.**

Michael Robinson, "Broadcasting, Cultural Hegemony, and Colonial Modernity in Korea", *Colonial Modernity in Korea*, ed. by Ki-wook Shin, 1st edition; Cambridge, Mass.: Harvard University Press, 1999, pp.20~30.

저서(전집 형태일 경우)

① **저자명, 『저서명』, 권호수, 판수; 출판지명: 출판사명, 출판연도, 쪽수.**

조동일, 『한국문학통사』, 4권, 초판; 서울: 지식산업사, 1994, 200쪽.

김종원, 『한국 식물 생태 보감: 풀밭에 사는 식물』 2, 초판; 서울: 자연과 생태, 2016, p.56.

② **저자명, 『저서명』, 권호수, 역자명, 판수; 출판지명: 출판사명, 출판연도, 쪽수.**

발터 벤야민, 『아케이드 프로젝트』, 제1권, 이영아 역, 초판 2쇄; 서울: 새물결, 2013, 121~125쪽.

카를 마르크스, 『자본론: 자본의 유통과정』 2, 김수행 옮김, 재역판; 서울: 비봉출판사, 2006, pp.20~30.

* 권호수는 반드시 책 이름 뒤에 적는다.

학술지 논문

저자명, 「논문명」, 『학술지명』, 권호수, 출판연도, 쪽수.

박금주, 「금강 하구의 환경 변화와 주민 갈등 요인」, 『한국 물환경 학회지』, 제33권 제2호, 2017, 149쪽.

이충렬 · 이선호, 「동아시아 국가의 무역수지와 거시경제 충격」, 『무역학회지』, 제33권 제5호, 2008. 184쪽.

양천모 · 이중기 · 조원일 · 조병원 · 임병오, 「유기전해질에 따른 EDLC의 전기화학적 특성」, 『한국전기화학회지』, 제4권 제5호, 2001, 113~117쪽.

조헌국, 「21세기 상대성 이론과 미술의 관계와 논의를 통한 과학교육에 대한 시사점」, 『새물리』, 제64권 제5호, 2014, p.551.

허병식, 「이태준과 교양의 형성」, 『한국근대문학연구』 10, 2004, pp.12~14.

학위 논문

저자명, 「논문명」, 학위수여기관명 학위명, 학위취득연도, 쪽수.

김은범, 「열섬현상을 고려한 가로녹지의 적정 수종 선정 연구: 서초구의 대표 가로수종을 중심으로」, 단국대학교 대학원 석사학위 논문, 2015, 27~30쪽.

손유경, 「한국 근대 소설에 나타난 '同情'의 윤리와 미학에 관한 연구」, 서울대학교 대학원 박사학위 논문, 2006, p.12.

잡지기사

기자명, 「기사명」, 『잡지명』, 권호수, 출판연도, 쪽수.

김지성, 「반도체로 촉발된, 한일 총성 없는 경제전쟁」, 『과학동아』, 제405호, 2019.9, 44쪽.

변지민, 「컨베이어벨트와 함께 멈춘 엄마의 시간」, 『한겨레 21』, 제1290호, 2019.12, pp.50~52.

신문기사

기자명, 「기사명」, 『신문명』, 발행연월일.

신재우, 「세빛둥둥섬, 새 이름 '세빛섬'으로 15일 개장」, 『연합뉴스』, 2014. 10.13.

이원만, 「'이타적 손흥민' 향한 무리뉴의 신뢰, 철옹성처럼 견고해졌다」, 『스포츠조선』, 2019.12.01.

웹사이트 자료

기자명, 「기사명」, 『웹사이트 이름』, 인터넷 주소, 검색연월일.

美魂男, 「언론의 속성-아젠다 세팅과 프레이밍 효과」, http://blog.daum.net/ablooddonor/37dlek 2019.12.01. 검색.

ena, 「경제학 논문에서 재현가능성」, 『YES 블로그』, http://m.blog.yes24.com/ninguem/post/8516574, 2019.11.29. 검색.

* 약식 기호

약식 기호는 앞 각주 번호에서 제시한 책에서 내용을 달리하여 다시 인용할 때 사용한다.

① Ibid.: 바로 위에서 완전하게 주로 소개한 같은 문헌을 바로 이어서 인용하면서 페이지만 달리하는 경우 'Ibid.'로 대체한다. 재인용 자료가 책일 때는 *Ibid.*로 쓰고 논문일 때는 Ibid.로 쓴다. 이것 대신에 '위의 책, 위의 논문'이라 쓰기도 한다.

② op.cit.: 바로 위에서가 아니라 그 앞의 어디에선가 일단 인용했던 문헌을 다시 인용하는 경우에 주를 완전하게 작성하지 않고, 저자명 다음에 op.cit.를 적고 해당 페이지를 적어 약식으로 작성한다. 재인용 자료가 책일 때는 *op.cit.*로 쓰고 논문일 때는 op.cit.로 쓴다. 이 'op.cit.' 대신에 '앞의 책, 앞의 논문'을 쓸 수도 있다.

1) 에리히 프롬, 『자유로부터의 도피』, 김석희 역, 휴머니스트, 2007, p.49.

2) 남현숙, 「〈무정〉의 플롯에서 우연의 기능」, 『한국문화연구』, 9호, 1986, p.267.

3) Ibid., p.260.

4) 천정환, 『근대의 글쓰기』, 푸른역사, 2003, p.25.

5) 에리히 프롬, *op. cit.*, pp.50~51.

시카고식 참고 문헌 작성법

참고 문헌은 논문이나 책의 맨 끝에 인용한 책이나 논문의 목록을 작성한 것을 말한다.

저자명, 『저서명』, 판수; 출판지명: 출판사명, 출판연도, 총쪽수.

저자명은 여러 사람이 공저했을 경우에는 책 표지에 나열되어 있는 순서대로 이름을 다 밝히되, 그 사이에 가운뎃점(•)을 찍는다. 주석란에서 세 사람 이상이 공저했을 때에 첫 번째 사람 이름만 적고 그 뒤에 '~외 몇 명'이나 'et al.=et alii' 또는 'and others'를 붙인다.

알파벳으로 된 이름일 때는 주석란과는 달리 '성, 이름'의 순서로 기록한다. 그러나 여러 사람이 공저했거나 그 뒤에 편자나 번역자가 나올 때에는 첫 번째 사람만 성과 이름의 순서로 기록하고 나머지 사람들은 주석란에서와 같이 이름과 성의 순서로 나열한다.

박영재 · 박충석 · 김용덕, 『19세기 일본의 근대화』, 서울: 서울대학교출판부, 2003, 총151쪽.

윤영실, 『육당 최남선과 식민지의 민족사상』, 서울: 아연출판부, 2018, 총623쪽.

제인 오스틴, 『오만과 편견』, 윤지관 · 전승희 번역, 서울: 민음사, 2003, 총559쪽.

Chomsky, Noam, *Cartesian Linguistics*, New York: Harper & Row,

1966.

Sartre, J. P., *Being and nothingness*, trans. by H. E. Barnes, New York: Philosophical Library, 1958.

Wellek, Rene and Austin Warren, *Theory of Literatrure*, New York: Harcourt, 1956.

저자명, 「논문명」, 『학술지명』, 권호수, 출판연도, 논문의 첫페이지-끝페이지.

이숭녕, 「조선어 이화작용에 대하여」, 『진단학보』 17, 1939, pp.1~42.

조상우, 「〈몽배금태조〉에 표현된 현실인식과 이상세계」, 『동양고전연구』 40, 동양고전학회, 2010, 130~159쪽.

Weingartner, Rudolph H. "Historical Explanation", *The Encyclopedia of Philosophy*, Vol.4, ed. by P. Edwards, New York: MacMillian Publishing Co., 1967, pp.103~112.

위에 제시된 각주의 예들을 이용하여 참고 문헌을 작성할 때 다음과 같은 순서와 규칙을 따른다.

1. ① 한국책, ② 동양책, ③ 영어책 순으로 작성한다.
2. 한국책은 저자 성의 가나다, 동양책은 저자 성의 원어 발음으로 가나다, 그리고 영어책은 저자 성의 ABC 순으로 배열한다.
3. 외국어를 한국어로 번역한 책은 한국책의 목록에 포함하고, 한글로 쓴 저자 이름의 가나다 순으로 배열한다.
4. 인용한 문헌의 수가 많을 때는 ① 책, ② 논문, ③ 신문기사, ④ 인터넷 사이트의 순으로 인용한다.

앞에 외각주 작성법에서 제시했던 자료를 참고 문헌으로 작성하면 다음과 같다.

〈참고 문헌의 예〉

* 시카고 방식으로 책, 논문 구분 없이 작성한 사례임

1. 발터 벤야민, 『아케이드 프로젝트』, 제1권, 이영아 역, 초판 2쇄; 서울: 새물결, 2013, 총500쪽.
2. 신재우, 「세빛둥둥섬, 새 이름 '세빛섬'으로 15일 개장」, 『연합뉴스』, 2014.10.13.
3. 아쿠다가와 류노스케, 『라쇼몽』, 김영식 역, 초판 6쇄; 서울: 문예출판사, 2013, 총230쪽.
4. 이혜순, 「우국한시에 나타난 국혼」, 『20세기 전반기 한국사회의 연구』, 서울: 한국문화연구원, 1999, 1~30쪽.
5. 조동일, 『한국문학통사』, 4권, 초판; 서울: 지식산업사, 1994, 총430쪽.
6. 홍욱희, 『3조원의 환경논쟁, 새만금』, 초판; 서울: 지성사, 2004, 총300쪽.
7. 허병식, 「이태준과 교양의 형성」, 『한국근대문학연구』, 제10호, 2004, 10~30쪽.
6. Borod, Joan C., *The Neuropsychology of Emotion*, NewYork: Oxford Univ. Press, 2000, p.400.
9. Lukacs, Georg, *Soul and Form*, trans. by Anna Bostock, Cambridge: MIT Press, 1971, p.150.
10. Robinson, Michael, "Broadcasting, Cultural Hegemony, and Colonial Modernity in Korea", *Colonial Modernity in Korea*, ed. by Ki-wook Shin, Cambridge, Mass.: Harvard University Press, 1999, pp.1~40.

내각주 작성법

내각주 작성법에는 크게 시카고식, MLA식, 그리고 APA식 내각주 작성법이 있다.

시카고식 내각주 방식Chicago style in-text citations

시카고식 내각주는 인용한 내용 끝에 괄호를 이용하여 저자의 이름, 출판연도, 그리고 인용한 책의 쪽수를 기입한다. 한글책인 경우는, 저자의 성과 이름을 모두 적으며, 영어책일 경우에는 성만 적는다. 다음으로 출판연도와 인용한 쪽수를 쉼표로 구분하며, 쪽수 표시인 'p.'를 적지 않는다. 즉, 시카고식으로 내각주는 (저자명 출판년도, 인용면)으로 적으면 된다.

> 소설사의 서술 방식 자체가 영문학적 틀을 모방한 것은 비단 우리나라만의 현상은 아니었다. 대부분의 비서구 국가의 문학사는 유럽에서 형성된 '단 하나의 문학 발전 모델 경로'를 상정해 왔다(Brydonm 2005, 185). 한국 문학사 서술 자체가 서구적 모델을 사용함으로써 인식적인 종속 상황에 놓이게 된 것이다. 김남천은 "구라파의 근대를 수입한 이래 학문 방법이 구라파적으로 되어 간다"고 지적하기도 했다(김남천 1995, 434). 서구에서 시작된 모더니즘 문학이 일본을 경유한 후, 식민지 조선에는 '일본식으로 변질된 모더니즘'이 받아들여졌다는 시각이 대표적이다(강인숙 2006, 38~40). 그렇지만 러시아의 '라프(RAPF)', 일본의 '나프(NAPF)'에 상응하여 식민지 조선에서 '카프(KAPF)'라는 프롤레타리아 문학단체가 결성된 것과 같은 의식적이고 명시적인 수용 과정이 모더니즘 문학에서는 나타나지 않았다.

이렇게 내각주로 인용한 내용의 출처를 밝혔을 때는 반드시 참고 문헌에서 서지 사항을 모두 적어주어야 한다.

〈시카고식 참고 문헌 작성법 내각주로 작성했을 때〉

시카고식 참고 문헌 작성법은 앞에서 설명한 것과 기본적으로 같으나, 내각주로 작성했을 때는 출판연도를 저자의 이름 뒤에 적기도 한다.

강인숙, 2006, 『일본 모더니즘 소설 연구』, 서울: 생각의나무, 총342쪽.

김남천, 1995, 「맥」, 『한국소설문학대계』 13, 서울: 동아출판사, 421~450쪽.

Brydonm, Diana, 2005, "The White Inuit Speaker: Contamination as Literary Strategy," *The Postcolonial Studies Reader*, ed. by Bill Ashcroft, 2nd Edition; NewYork: Routledge, pp.520-568.

MLA 내각주 방식 MLA in-text citations(Diana Hacker 2001, 326-327, 332, 337)

MLA은 미국 MLA Modern Language Association of America에서 정리한 문헌 정리법으로 내각주 형식을 띤다. 인용문 끝에 괄호를 이용하여 저자의 성과 인용한 책의 쪽수를 기입하며, 이때 저자명 다음에 쉼표와 쪽수 표시인 'p.'를 넣지 않는다.

직접 인용의 경우: 저자의 성으로 문장을 시작하고 직접 인용된 내용 뒤에 쪽수를 적는다. 쪽수를 적을 때는 "p."를 쓰지 않는다.

Turback claims that "regulated sport hunting has never driven any wild species into extinction" (74).

저자의 성으로 시작하지 않을 때는 인용한 내용 뒤에 저자의 성과 쪽수를 적는다. 이때 성과 쪽수 사이에 쉼표를 쓰지 않는다.

Though the number of lion attacks on humans is low, the rate of increase of attacks since the 1960s is cause for serious concern (Rychnovsky 43).

〈MLA식 참고 문헌 작성법〉

책을 참고 문헌에 작성할 때는, (1) 저자의 성, 이름, (2) *책 이름* 혹은 책 이름, (3) 출판지, 출판사, 출판연도를 적는다.

Tannen, Deborah. *The Argument Culture: Moving from Debate to Dialogue*, New York: Random, 1998.

학술지 논문을 인용할 때는 (1) 저자의 성, 이름, (2) "논문 이름", (3) *학술지 이름*, 혹은 학술지 이름 권호수, (4) 출판연도, (5) 쪽수를 적는다.

Dennis, Carl. "What Is Our Poetry to Make of Ancient Myths?" *New England Review* 18.4 (1997): 128–40.

APA 내각주 작성법 APA in-text citations(Diana Hacker 2001, 336, 370~371)

APA American Psychological Association style 방식은 MLA 방식과 같은 내각주 형식으로, 주로 이·공대, 의대에서 사용한다.

직접 인용의 경우: 문장을 시작할 때 저자의 성과 년도를 적고, 인용 내용 끝에 쪽수를 적는다.

According to Hart (1996), some primatologists "wondered if apes had learned Language, with a capital L" (p.109).

만약 저자의 이름이 나타나지 않는다면 저자의 이름, 년도, 쪽수를 인용한 내용 뒤에다가 적는다. 위의 예문의 경우에는 인용문의 끝에 (Hart, 1996, p. 109)를 기입한다.

간접 인용의 경우: 요약이나 윤문한 글을 인용할 때는 저자의 성과 출판연

도를 인용문 앞에 적거나 뒤에다 적는다.

According to Hart (1996), researchers took Terrace's conclusions seriously, and funding for language experiments soon declined.

Researchers took Terrace's conclusions seriously, and funding for language experiments soon declined (Harts, 1996).

간접 인용의 경우 쪽수는 필요 없지만, 독자들이 인용문이 실린 페이지를 쉽게 찾을 수 있도록 제시하기도 한다.

〈APA식 참고 문헌 작성법〉

APA 방식은 연구물의 출판연도를 저자명 다음에 쓰고, MLA 방식에서 사용하지 않는 쉼표를 각 요소 뒤에 반드시 넣어야 한다. 한쪽이 넘는 인용문은 MLA 방식과 달리 쪽수를 생략 없이 모두 기입하는 것을 원칙으로 한다.

Tapscott, D. (1998), *Growing up digital*, New York: McGraw-Hill.

McLoyd, V. C. (1998), Socioeconomic Disadvantage and child development, *American Psychologist*, 53, 185-204.

연습 문제

아래의 자료들을 차례대로 인용하여 논문을 작성하였다고 가정하고, 이를 바탕으로 각주와 참고 문헌을 작성하시오.

1) 클라라 마리아 바구스의 저작을 김희상이 번역하여 출판한 『영혼의 향기』 책의 49쪽을 인용하였다. 이 책은 청미출판사에서 2019년에 발행되었고, 총 344쪽이다.

2) 문학동네에서 2019년에 출간한 김영하의 『여행의 이유』에서 25쪽의 내용을 인용하였다. 총 216쪽이다.

3) 2018년 1월 26일에 최진석 서강대 교수가 쓴 「변화 그 삶의 본질」이라는 글을 http://leejun.org/bbs/board.php?bo_table=freeboard&wr_id=4432 주소에서 참고하였다.

4) 『경향신문』 2019년 12월 2일자에 실린 「서울과학고, 내년 신입생부터 의대지원만 해도 교육비 환수」라는 글을 참고하였다. 이 글의 필자는 박영채이다.

5) 클라라 마리아 바구스의 저작을 김희상이 번역하여 출판한 『영혼의 향기』 책의 50쪽에서 51쪽을 인용하였다. 이 책은 청미출판사에서 2019년에 발행되었고, 총 344쪽이다.

6) 김락희가 쓰고 윤관현이 감수한 『김락희의 인체 드로잉』의 93쪽에서 100쪽을 인용하였다. 이 책은 성안당 출판부에서 2019년에 출판되었고, 총 392쪽이다.

7) 이승은의 논문 「이보상 작 〈강감찬전〉의 서사구성 방식 연구」에서 87쪽을 인용하였다. 이 논문은 우리문학회가 2014년에 출판한 논문집 『우리문학연구』 42호에 실렸다.

8) 이승은의 논문 「이보상 작 〈강감찬전〉의 서사구성 방식 연구」의 70쪽에서 75쪽을 인용하였다. 이 논문은 우리문학회가 2014년에 출판한 논문집 『우리문학연구』 42호에 실렸다.

9) Hommi Bhabha가 저술한 책 *Location of Culture*의 120쪽을 인용하였다. 이 책은 NewYork 소재 Routledge 출판사에서 1994년 출판되었고, 총 450쪽이다.

10) 서민이 2019년 11월 12일 『경향신문』 게재한 글 「우리의 후손들은 어

떻게 사나요?」를 참고하였다.

11) Baudrillard, Jean이 쓰고 Turner, Chris가 번역한 *Why Hasn't Everything Already Disappeared?*의 120쪽을 인용하였다. 이 책은 Kolkata에 있는 Seagull Books에서 2016년에 출판되었으며, 총 500쪽이다.

12) 『방랑자들』의 저자는 '올가 토카르추크'이고, 번역자는 최성은이다. 2019년 '민음사' 출판사에서 간행하였는데 총 620쪽이다. 이 책에서 57쪽을 참고하였다.

13) 이세인의 「MMORPG의 판타지 스토리텔링 연구 – 이영도 소설 『드래곤 라자』의 게임 스토리화를 중심으로」의 56~58쪽를 인용하였다. 이 논문은 2010년 단국대학교 대학원에서 받은 석사학위 논문이다.

1. 국문 약식 부호를 사용하여 시카고 방식의 각주를 작성하시오.

2. 위의 5번과 8번을 영문 약식 부호를 사용한 시카고 방식 각주로 작성하시오.

5)

8)

3. 위의 자료로 시카고 방식의 참고 문헌을 작성하시오.

〈참고 문헌〉

강심호, 『대중적 감수성의 탄생: 도박, 백화점, 유행』, 살림, 2005.

고려대출판부 엮음, 『새로운 논문 작성법』, 고려대출판부, 2001.

권은, 『경성모더니즘』, 일지사, 2018.

논문작성법 편찬위원회, 『논문작성법』, 단국대출판부, 1987.

단국대학교 율곡도서관 홈페이지. http://libc.dankook.ac.kr

움베르토 에코, 『논문 잘 쓰는 방법』, 김운찬 옮김, 열린책들, 2003.

Hacker, Diana, *A Writer's Reference*, 4th Edition; Boston · New York: Bedford/St. Mar09tin's, 2001. http://www.bedfordstmartins.com/hacker/writersref.

제2장

자기 성찰과 자기소개서

1. '나'를 들여다보기 – 자기 성찰적 글쓰기

1) 연기할 것인가 성찰할 것인가

항암 치료도 마다하고 사력을 다해 글쓰기를 하며 생을 마무리하고 있는 팔순의 이어령 교수는 "건강해 보이십니다"라는 기자의 말에 다음과 같이 말했다. "나 같은 환자들은 하루에도 듣는 코멘트가 여러 가지야. '수척해 보여요.' '건강해지셨네.' 시시각각 변하거든. 알고 보면 가까운 사람도 사실 남에겐 관심이 없어요. 왜 머리 깎고 수염 기르면 사람들이 놀랄 것 같지? 웬걸. 몰라요. 남은 내 생각만큼 나를 생각하지 않아. 그런데도 '남이 어떻게 볼까?' 그 기준으로 자기 가치를 연기하고 사니 허망한 거지."(김지수 2019). '다른 사람이 어떻게 볼까?'라는 그 기준으로 살아가고 있는 현대인들에게 일침을 가하는 말이 아닐 수 없다.

다른 사람이 어떻게 볼까? 사실 이것 때문에 우리 대학생들은 그동안 자신의 정체성을 정립하기보다는 부모의 기준이나 타인의 기준에 따라서 살아왔다. 그리고 그 기준으로 대학에 들어와서 아직도 자신이 누구이고 무엇을 해야 하며 어떻게 살아야 하는지 제대로 성찰하지도 못한 채 학생의 역할을 연기하면서 살아왔을 수 있다.

셰익스피어의 『맥베드』에서 맥베드는 마녀들의 예언에 농락당하여 왕위를 찬탈하고 왕 놀이하는 폭군으로 전락, 결국 쫓겨나 죽어가면서 "인생이란 걸어가는 그림자에 지나지 않는다. 잠시 동안 무대 위에서 흥이 나서 덩실거리지만 얼마 안 가서 잊혀지는 처량한 배우일 뿐이다."라고 고백한다(셰익스피어 2002, 417). 권력욕에 눈이 멀어서 마녀들에게 자신의 미래를 끊임없이 확인하려 했던 어리석은 맥베드는 왕으로서의 '정체성'이 없었기 때문에 왕 역할을 연기만 하며 생을 마친 것이다.

내 존재의 가치와 정체성을 찾지 못하면 우리 모두는 맥베드와 같이 살아갈 위험한 환경 속에 놓여 있다. 다양한 마녀들이 사회 곳곳에 숨어 있는 현대의 삶 속에서 나의 정체성과 가치관을 제대로 정립하지 못하면 우리는 타인의 시선과 기준에 의지하거나 연기만 하며 살아갈 수밖에 없다.

톨스토이는 『고백록』에서 타인의 기준에 맞춰 의미 없게 살았던 청년시절을 다음과 같이 회고했다.

> 나는 어렸고 혈기가 왕성했으며, 선을 추구하고자 하는 사람이 정말 나 혼자뿐이었습니다. 내가 도덕적으로 선한 사람이 되는 것이 내 마음의 간절한 소원이라고 내 진심을 얘기할 때마다, 사람들은 나를 경멸하며 비웃었습니다. 반면에 내가 비열한 욕망들에 굴복해서 거기에 따라 행동했을 때에는, 그 즉시 사람들은 나를 칭찬하고 격려해 주었습니다. 야망, 권력욕, 탐욕, 음욕, 교만, 분노, 앙심 같은 것들이 존중과 존경을 받았습니다. 나는 그런 욕망들에 굴복해서 마치 성인처럼 행동했고, 사람들이 나를 인정해 주는 것을 느꼈습니다.
>
> 나와 함께 살고 있던 숙모는 인자한 분이었고 세상에서 둘도 없는 가장 순수한 사람이었는데도, 그녀가 내게 가장 바라는 것은 내가 결혼을 잘하는 것이라며 늘 입버릇처럼 이렇게 말했습니다. "청년에게 가장 중요한 일은 훌륭한 가문의 규수를 만나 결혼하는 것이란다." 그녀가 내게 대해 갖고 있던 또 다른 소원은 내가 부관이 되는 것이었고, 이왕

이면 황제의 부관이 되었으면 하는 것이었습니다. 하지만 그녀의 가장 큰 소원은 뭐니 뭐니 해도 내가 부호의 딸과 결혼해서 많은 하인들을 거느리며 살게 되는 것이었습니다.

나는 그 시절을 떠올리기만 하면 너무나 끔찍해서 소름이 끼치고 역겨워지며 마음이 아파오기 시작합니다. 전쟁에 나가서 사람들을 죽였고, 내 마음에 안 드는 사람들이 있으면 결투를 신청해서 그들을 죽였습니다. 노름을 해서 많은 돈을 잃었고, 농부들의 피땀을 갈취하여 살아갔으면서도 그들에게 형벌을 내렸으며, 방탕하게 살며 음행을 저질렀고, 사람들을 속였습니다. 거짓말, 강도, 온갖 음행, 술 취함, 폭력, 살인 등 내가 저지르지 않은 범죄는 없었습니다. 그런데도 사람들은 내가 한 일들을 칭찬했고, 나를 비교적 도덕적인 사람으로 여겼고 지금도 그렇게 여기고 있습니다.

나는 그런 식으로 10년 동안 살았습니다. 그 기간 동안에 나는 허영심과 이기심과 교만으로 글을 쓰기 시작했고, 내가 나의 삶 속에서 했던 짓들을 나의 글들 속에서도 똑같이 했습니다. 내가 글을 쓴 목적은 명성과 돈을 얻기 위한 것이었기 때문에, 나의 글들에서 선한 것들은 감추고 악한 것들을 드러내지 않으면 안 되었고 나는 실제로 그렇게 했습니다. 내 삶에 의미를 부여한 것은 선을 향한 추구들이었지만, 나의 글 속에는 그런 것들을 일부러 외면하거나 가벼운 조롱거리로 다루는 방식으로 은폐하는 일이 비일비재했습니다. 나의 시도는 성공했고 사람들로부터 박수갈채를 받았습니다.

내가 스물여섯 살 때 전쟁이 끝났고, 나는 다시 상트페테르부르크로 돌아와서 작가들과 어울렸습니다. 그들은 나를 작가로 대우해 주고 호의적으로 대해 주었습니다. 나는 내 자신을 되돌아보면서 내 자신을 정립할 시간을 갖기도 전에, 내가 어울리게 된 한 무리의 작가들의 인생관을 받아들였고, 그들의 인생관은 선을 추구하고자 했던 나의 이전의 모든 노력을 다 말살시켜 버렸으며, 내가 방탕하게 살아가는 것을 정당화할 수 있는 이론을 제공해 주었습니다.

– 톨스토이, 『고백록』, 박문재 옮김, 현대지성, 2018, 13~15쪽.

Leo Tolstoy, 1828~1910

톨스토이는 청년시절을 허비했던 이유가 자신의 신념을 버리고 타인의 기준을 따랐던 데에서 비롯된 것이라고 말한다. 소설 『부활』에서도 톨스토이는 네흘류도프에 대하여 "그가 자신을 믿지 않고 남을 신뢰하게 된 것은 자기를 믿고 삶을 개척해 나간다는 것이 너무나 어렵기 때문이었다"(톨스토이 2015, 341)라고 설명한다. 그렇다. 삶을 개척해 나간다는 것은 어려운 일이다. 하지만 그것은 의미 있는 일임에는 틀림없다.

사실 자신의 신념을 세우고 자신의 삶을 개척하기 위해서는 무엇보다도 자기 성찰이 필요하다. 자기 성찰은 '나'를 제대로 들여다보는 것에서 출발한다. 나 자신의 내면을 살펴보고, 과거를 성찰하면서 오늘의 '나'의 가치관을 만들어가야 한다. 그리고 이를 바탕으로 미래에 어떻게 살아가야 할지 설계할 필요가 있다. 하지만 '나'라는 존재는 '너'라는 타자와의 관계, '우리'라는 공동체와의 관계를 떠나서는 제대로 설 수가 없다. 따라서 타자와 세상으로 시야를 확대할 때 올바른 자기 성찰이 이루어질 수 있다.

이제 갓 입학한 새내기 대학생들에게 묻는다. 자기 가치를 연기만 할 것인가? 아니면 성찰할 것인가?

2) 정체성 확립이 왜 필요한가

나를 들여다보지 않고 오늘을 보내고 미래를 맞는다면 청년기는 위험한 시기가 될 수가 있다. 대학 1학년 학생들을 대상으로 하는 글쓰기 수업에서 학생들에게 청춘의 시기를 개념화하거나 정의내려 보라고 하면, 학생들은 다음과 같이 말하기도 한다. "청춘은 미지수이다. 그 이유는 청춘이라는 시간에서 일어날 수 있는 일들은 많고 무슨 일이 일어날지 아무도 모르기 때문이다. 청춘이란 어렵고 고난의 연속이기 때문이다." "청춘은 흔들리는 꽃이다. 겉

보기엔 아름답지만 완벽하지 않아서 바람이나 물에 흔들리고 여리기 때문이다." "청춘은 포기하는 과정이다. 어릴 때는 몰랐던 것을 알게 되고 나의 한계를 알게 된다. 그런 과정에서 현실과 타협하게 되고 포기하는 것이 생기기 때문이다."라고 말한다. 이처럼 일부 학생들은 청춘의 시기를 희망적이기보다는 두려운 시선으로 보고 있다.

에릭슨Erikson은 청년기를 '정체성 대 정체성 위기Identity vs. Identity Crisis'라고 규정한다. 청년들이 아동기와 성인기 사이에서 어떤 통일성을 만들어내지 못하는 한계 상황에서 정체성의 위기를 경험한다고 말한다(Erikson 1963, 272~273).

청년기는 아동기에서 성인기로 넘어가는 전환기로, 부모에게 전적으로 의존했던 아동이 독립된 성인으로 성장하기 위해 준비하는 시기라고 보는 견해가 일반적이다. 신체적으로는 성인이지만, 정신적으로는 아직까지 부모에게 의존하고 있고 경제적으로도 독립하지 못하고 있기 때문이다. 특히 지식정보사회를 살아가는 대학생들은 성인으로 완전히 자립하기까지 긴 준비 기간이 필요해서 우리 사회에서 청년기는 더욱 길어질 수밖에 없다. 따라서 청년기를 어떻게 보내느냐의 문제는 앞으로의 인생을 준비한다는 의미에서 매우 중요하다.

사실 청년기는 정체성의 혼미를 겪고 있는 위기의 시기이지만 사고력도 왕성하게 발달하는 시기여서 자아 형성이 무엇보다도 중요하다. 청년기에는 아동기 때와는 다른 여러 사회적인 압력과 자신의 미래 및 진로를 선택해야 하는 문제에 직면하게 된다. 따라서 청년은 이 단계에서 어떻게 문제를 인식하고 해결해 갈 것인지 결정해야 하기 때문에, 자기 존재에 대한 탐색이 필요하다. 에릭슨은 이 시기에 가장 중요한 과제가 바로 자아 정체성의 확립이라고 주장한다. 즉 나는 누구이고 이 사회와 세상 속에서 나는 어떻게 살아가야 할 것인가 등에 대하여 자신의 정체성을 찾고 삶의 의미와 방향을 정해야 한다는 것이다.

특히 대학생들은 자신의 정체성을 형성해 가는 과정에 놓여 있기 때문에 자신의 정체성 상태에 대한 점검이 우선적으로 필요하다. 따라서 마샤Marcia가

설명하고 있는 자아 정체성 상태 패러다임을 통해 자기 자신을 살펴보도록 하자.

마샤는 에릭슨의 정체성 구조를 위기crisis와 헌신commitment의 두 차원으로 정의 내리고 조합하여 네 개의 정체성 상태를 만들었다. 즉 대안적 탐색에서 위기를 경험했는가의 여부와 정체성을 추구하기 위해 헌신했는가의 여부에 따라서 혼미diffusion, 유실foreclosure, 유예moratorium, 성취achievement로 분류했다. 우선 정체성 혼미는 자기 의지의 방향성이 결여되어 있고, 직업이나 이념 및 가치관 등에 관하여 전혀 관심도 없는 상태를 말한다. 둘째로 정체성 유실은 자기 탐색을 하지 않고 부모나 타인의 가치와 기준을 그대로 받아들이는 경우를 의미한다. 셋째로 정체성 유예는 위기 경험은 없지만 직업적 · 이념적 문제로 고민은 하고 있다. 하지만 뚜렷한 정체성이 없어서 그것을 성취하려고 확실하게 헌신하지는 못한 상태이다. 넷째로 정체성 성취 상태는 자기 탐색을 위한 위기와 헌신을 모두 경험한 경우로 타인의 견해를 고려하면서 스스로의 생각으로 의사결정을 할 수 있는 상태이다. 따라서 주변 환경에 동요되지 않고 스스로 선택한 목표를 위해 노력한다(Bilsker & Marcia 1991, 75-84).

마샤의 자아 정체성 상태 패러다임을 이용한 실험 결과에 따르면, 성취 단계에 있는 청년들이 삶에 대해 자신감을 가지고 미래를 충실하게 준비해 갈 수 있다고 한다.

그렇다면 지금 여러분은 어느 상태에 있는가? 이제 자기 탐색의 시간으로 들어가서 글쓰기를 통해 자기의 정체성을 올바로 확립해 보도록 하자.

3) 자기 정체성 기술하기 - 나는 누구인가

스탕달은 자기를 기술하는 글쓰기를 '내가 어떠한 사람이며 어떠한 사람이었는가'를 알고자 하는 행위라고 말한다(Didier 1983, 26). 자기를 기술하는 글쓰기는 과거의 나와 대화하고 현재의 나와 소통하는 행위로, 나라는 존재와 나의 가치를 다시 한 번 확인하는 활동이기 때문이다. 따라서 '정체성 대 정체성 위기'를 겪고 있는 청년기의 대학생들에게 '내가 누구인지' 기술하는 자기 성찰적인 글쓰기는 의미가 매우 크다. 그동안 입시 위주 교육으로 인하여 자기 정체성에 관해 생각할 여유도 없이 대학을 향해서 맹목적으로 달려왔던 대학생들은 정체성 유실과 유예 수준에 놓여있는 경우가 대부분일 수밖에 없다. 따라서 글쓰기로 파편화되고 헝클어져 있던 기억의 조각들을 끌어내서 나의 과거를 성찰해 보고, 망각했던 자아를 발견하여 현재의 자아를 새롭게 인식하는 시간을 가져야 한다.

다음의 예문은 자신의 정체성에 관하여 서술한 글의 일부분이다. 우선 글 A의 필자는 머릿속에 헝클어져 있던 자신의 정체성을 대표적인 키워드로 정리해 나가면서 자신이 누구인지 서술해 나간다. 그에 비해 글 B의 필자는 한국 사회에서 철학자로 살아가면서 경험한 '갈등'과 '고민'을 그대로 드러내면서 철학자로서의 정체성을 확립하고자 한다.

(A)

내 정체가 뭔가 하는 생각을 지금까지 전혀 안 해본 것은 아니지만, 머리 속의 생각이란 글로 정리되기 전엔 대체로 헝클어져 있고, 그래서 이내 바스라져 버리거나 날아가버리기 십상이다. 내 정체성 자체가 워낙 모순되어서 거기에 대한 내 생각이 헝클어져 있는지도 모른다. 아무튼 이 글을 쓰는 과정은 내가 내 정체를 성글게나마 (다시) 움켜쥐는 과정이 될 것이다. …(중략)…

전라도

내 정체성의 가장 밑자리에는 내가 전라도 사람이라는 의식이 자리잡고 있을 것이다. 있을 것이다? 있다! 전라도 사람으로서의 내 정체성은 나로 하여금 자주 스스로를 사회적 문화적 소수파를 나 자신에게 투사하게 만든다. 그리고 그런 사회적 문화적 소수파를 나 자신에게 투입하게 만든다. 그런 투사와 투입의 순환을 거쳐, 나는 항상적 소수파가 된다. …(중략)… 전라도 사람으로서의 내 정체성은 다소 관념적인 것이다. 나는 판소리 가락이 귀에 설고, 전라도 사투리가 귀에 거슬린다. 전주나 광주에 가보아도 내가 이방인 같다. …(중략)…

한국인

나도 놀라워서 긴가민가하고 있는데, 한국인으로서의 내 정체성은 전라도 사람으로서의 정체성보다 덜 원초적인 게 아닌가 싶다. 한국이 OECD에 가입한 뒤의 한국인이라면 더 그렇다. 그렇다는 것은 국가로서의 한국이 지방으로서의 전라도보다는 더 윤기가 있다는 뜻인지도 모른다. 한국은, 전라도보다는, 소수파적 성격을 덜 지니고 있다고 내가 판단했다는 뜻이다. …(중략)… 그러나 나와 한국적인 것 사이의 정서적 끈이 끊어지는 일은 결코 없을 것이다. 그것은 내가 자유롭게 구사할 수 있는 유일한 자연 언어가 한국어이기 때문이다. 나는 한국이라는 국가에는 짐짓 무심한 체할 수 있지만, 한국어에는 무심한 체할 수 없다. 그러니까 한국인으로서의 내 정체성에 견주면, 한국어 사용자로서의 내 정체성은 밀도가 대단히 높다.

…(중략)…

모랄리스트

내 글쓰기는 결국 모랄리스트의 글쓰기로 귀결될 것 같다. 도덕 군자의 글쓰기라는 말이 아니라, 16세기 이후 프랑스적 맥락에서의 모랄리스트적 글쓰기 말이다. 내 글쓰기가 모랄리스트의 글쓰기로 귀결될 것 같다고 말하면서 내가 젠체하는 것은 아니다. 사실은 오히려 그 반대다. 모랄리스트는 내적으로는 보편적 인간성의 탐구와 연결돼 있지만, 외적으로는 예술적 학문적 무능력과 연결돼 있다. 프랑스의 위대한 모랄리스트들 가운데는 예술가로서나 학자로서는 변변치 않았던 사람들이 많다. …(중략)… 나는 그런 의미에서 내 글쓰기가 결국 모랄리스트의 글쓰기로 귀결될 것 같다고 말한 것이다. 자기들 글이 제일인 줄 알았을 그들 모랄리스트들에게는 좀 미안한 말이지만.

– 고종석, 「정체 자백」, 『문예중앙』, 2001, 381~388쪽 발췌.

(B)

나를 '철학자'로 부를 것인지 '철학도'로 부를 것인지조차 막연하기만 하다. 성숙한 삶의 지혜와 진리를 보여주는 것이 '철학자'라면 나는 철학자가 아니다. 그 성숙한 삶의 진리와 지혜가 어떤 의미를 지니고 있는지 하나하나 비판적으로 검토하고 있는 '철학도'에 불과할 것이다. …(중략)… 아, 이곳에서 철학하는 나는 누구인가? 우리의 전통 속에서 질식할 것 같은 권태를 느끼지만, 그렇다고 초창기 지식인들이 보여주었던 서구에 대한 꿈같은 동경도 없는 나는 무엇을 어떻게 해야 한단 말인가? 우리의 일상적 사유 속에서 뿌리내려야 하지만, 이미 승패가 뻔한 일상적 사유의 가벼움 속에서 어떻게 철학적 무거움을 유지할 수 있는가? 다른 분야에서 도움을 받고 또 도움을 주어야 하지만, 저 완강한 성채의 고립으로부터 어떻게 벗어나야 한단 말인가? 적어도 이 세 가지 문제가 해결되지 않는 한, 이 땅에서 철학하는 나는 정체성을 상실한 뿌리 없는 존재에 지나지 않는다. 그러나 정체성 자체가 이미 주어진 어떤 것이 아니라, 반성적으로 만들어 나가야 하는 것이라면, 내 정체성은 이 과제들에 대한 치열한 추구 속에서 그 모습을 힘들게 드러내야 하리라.

– 김영건, 「이 땅에서 철학하는 자, 그는 누구인가」, 『문예중앙』, 2001, 392~396쪽.

특히 글 B의 글쓴이가 마지막에 쓴 문장인 "정체성 자체가 이미 주어진 어떤 것이 아니라, 반성적으로 만들어 나가야 하는 것이라면, 내 정체성은 이 과제들에 대한 치열한 추구 속에서 그 모습을 힘들게 드러내야 하리라"는 우리 대학생들에게 중요한 의미를 시사한다. 정체성이란 규정되거나 고정된 것이 아니라 구현해 나가고 만들어 갈 수 있다는 사실이다. 그렇기 때문에 이제 우리는 더 치열하게 성찰해 볼 수 있는 당위성을 갖게 된다.

연습 문제 1

1) 자신을 대표할 수 있는 '키워드'를 활용하여 '나'를 기술해 보자.

2) 현재 내가 어떤 문제로 갈등하고 고민하는지 글을 써 보자. 그리고 미래의 나에게 이 문제가 어떠한 영향을 미칠지 글쓰기로 생각해 보자.

3) 마샤Marcia의 자아정체성 상태 패러다임에서 나는 현재 어떤 단계에 있는지 살펴보자. 그리고 왜 이 상태에 있는지 나의 상태에 관한 글을 써 보고 성취 단계로 어떻게 나아가야 할지 글 속에 담아 보자.

4) 과거의 '나'와 오늘의 '나'는 같은가

현재의 '나'는 과거의 '나'와 동일한 인물이다. 하지만 현재의 '나'는 과거의 '나'와 다르기도 하다. 현재의 나는 과거의 나와 연장선상에서 이해할 수 있는 존재이면서도, 환경과 가치관에 영향을 받으면서 변화된 인물이다.

톨스토이는 "인간은 흐르는 강물과 같다"라고 말한다(톨스토이 2015, 341). 강은 어느 지점은 좁고 물살이 빠른 반면 넓고 물살이 느린 곳도 있으며, 여기서는 맑기도 저기서는 탁하기도 하고, 차기도 따뜻하기도 하다. 따라서 인간도 이렇게 변화할 수 있는 존재이기 때문에 인간을 단정적으로 볼 수가 없다는 것이다.

그런 의미에서 정체성도 견고하고 불변하는 닫힌 개념이 아니라 시간과 경험에 따라 정정해 가면서 변하는 열린 개념이라고 보아야 한다. 리쾨르Paul Ricoeur는 시간성을 포괄하는 균열적이고 안정되지 않은 정체성을 주장하는데, 그가 분류하는 '자체성'과 '자기성'은 나를 탐색하는 데에 이론적인 이해를 제공해 준다.

리쾨르는 자체성을 '변하지 않는 존재로서의 자기'로, 자기성을 '약속을 지키는 존재로서의 자기'로 지칭한다(리쾨르 2006, 13). 즉 자체성은 불변의 성향을 의미하며 시간 속에서 영속하는 고유한 본연의 성격을 의미한다. 하지만 자기성은 상호교섭 속에서 변화하였거나 변화하는 '자기'를 뜻한다. 어떠한 경험으로 인하여 자신이 변화되었거나 변화하고 있고, 신념과도 같이 어떤 계기로 지켜나가고자 약속하게 되어 앞으로 자신에게 고유하게 존재하게 되는 것들을 말한다.

예를 들어서 내성적이고 소극적인 성격을 지닌 한 학생이 있다고 하자. 그 학생은 단짝 친구의 권유로 학교의 연극 동아리에 가입하게 되고 활발한 친구들과 어울리게 된다. 그리고 스텝으로 공연에도 참여하다가 우연히 대타로 희극 배우로까지 무대에 서게 된다. 남 앞에 서는 것을 극도로 싫어했지만 공연 연습을 하면서 끊임없이 '잘할 수 있다'고 스스로에게 다짐하고 최선을 다한 결과 공연을 성공적으로 마치게 된다. 관객들의 환호와 박수를 받으면서 학생은 자신감을 얻게 되고 그 후에 다양한 공연 무대에 서면서 일상에서도 자기표현을 잘하는 적극적인 학생으로 변하게 된다. 이때 내성적이고 소극적이었던 본래 성격이 '자체성'이라고 한다면, 적극적이며 외향적으로 변화한 성격이 '자기성'인 것이다. 그 외에도 자기성은 타인과의 교섭을 통해 '나는 무엇이 되어야 하는가'라는 질문에 지속적으로 스스로 대답하는 과정의 의미를 담고 있다. 리쾨르에 따르면 이러한 자체성과 자기성은 서로 대립되는 개념이 아니라 변증법적으로 통합되어야 하는 것이라고 한다.

따라서 우리는 변화할 수 있는 존재라는 사실을 인식하고 지난 과거의 '나'를 성찰하여 오늘의 성장하는 '나'를 만들어 가도록 우리 자신을 성찰해야 할 것이다.

연습 문제 2

1) 내 인생에서 터닝 포인트가 된 사건들은 무엇인가? 그 사건 3개를 들어 보자.

2) 과거의 시기를 각각 대표할 수 있는 키워드(사람, 물건, 공간 등)는 무엇인가? 왜 그 것인지 이유를 써 보자.

시기	키워드	이유 설명
유아기		
초등학교 시절		
중학교 시절		
고등학교 시절		

3) 인생 사건(연습 문제1)과 키워드(연습 문제2)가 현재의 나에게 어떠한 영향(사고방식, 장점, 단점, 버릇, 꿈 등)을 미쳤는가?

4) 리쾨르의 '자체성'과 '자기성' 개념에 따라서 나의 '자체성'과 '자기성'을 써 보자.

5) 과거의 나에게 편지를 써 보자. 과거의 언제 어느 시간에 있는 '나'이며, 어느 장소에 있는 나인가? 어떤 상황 속에 '나'가 놓여있는가? 과거 속에 있는 '나'와 대화하면서 나에게 편지를 써 보자.

6) 다음은 학생의 글로, 어린 시절에 경험했던 첫사랑의 아픔으로 가벼운 연애만 해 왔던 한 청년이 과거와 일상의 굴레에서 벗어나 사랑이라는 소중한 감정을 다시 찾고 싶다고 고백하는 내용이다. 나에게도 이러한 경험이나 '생각'의 성장이 있었는가? 그러한 성장 이야기를 글로 써 보자.

해바라기도 가끔은 목이 아프죠

나는 사색을 많이 한다. 홀로 한 자취만 4년째, 가끔 공부도 안 되고 친구도 만나기 싫을 때면 항상 나는 사색을 한다. 이렇게 홀로 의자에 걸터 앉아 하는 많은 생각 중에 가장 빈번한 사색의 주제는 아마도 사랑일 것이다.

인간은 태어나서 한 번쯤의 사랑을 하고 그 사랑 중 첫사랑은 누구에게나 특별하고 소중하며 대개는 잊을 수 없는 아픔 또는 설렘일 것이다. 내게 첫사랑은 '눈물'이다. 그저 울었던 기억밖에 나지 않는다. 16살의 어린 나이에 한 소녀와 뜨거운 사랑을 하였고 서로가 하기 싫은 이별을 해야만 했던 가슴 시린 이야기는 내 마음속 한 켠을 차지하고 있는 비망록 속 첫 장의 이야기이다. 그 후 나는 사랑을 해 본 적이 없는 것 같다. 몇몇의 또래 여자아이들과 연애는 해봤지만 사랑은 없었다. 그 친구들에게는 미안한 일이지만 첫사랑과의 이별 후 하였던 연애는 단지 외로움을 치료해 줄 연고 또는 진통제 정도에 불가했던 것 같다. 하지만 요즘따라 문득 사랑이 그리워진다. 핸드폰 속 작은 스크린을 보며 이유 없이 하얀 치아를 드러내며 웃는 친구를 볼 때나 식탁에 얼굴을 맞대고 밥숟가락 위에 핑크빛 반찬을 얹어 먹여 주는 연인들을 볼 때면 이 감정은 맥주병 뚜껑을 따고 난 후 주체할 수 없이 흘러내리는 거품처럼 넘쳐흐른다.

하루는 과 행사 후 뒤풀이를 하러 학교 근처 술집으로 선배와 함께 발을 옮기고 있었다. 그 선배는 얼마 전 헤어진 여자친구와 다시 만나게 되었고 화해의 기념으로 가평으로 여행을 갔다 왔다며 나에게 여행을 가서 보낸 소소한 이야기를 해 주었다. 하지만 나는 그 이야기는 뒷전으로 내려놓고 선배에게 여자 친구를 사랑하시냐고 물어보았다. 선배는 약간 당혹스러운 듯이 사랑한다고 대답을 하였고 나는 이런 질문을 던졌다. "선배님! 남녀가 서로 사랑을 하는데 어떻게 헤어질 수가 있을까요?" 나는 정말 궁금했다. 서로가 사랑을 하는데 이별은 왜 하는 것일까? 하지만 어떤 누구도 내게 속시원한 답을 내 준 사람은 없었다. 서로가 원하지 않았던 이별을 반 강제로 해야만 했던 나에게는 특히 이 단어는 알 수 없는 미지의 단어이다. 과연 내게도 다시 사랑이 찾아올까?

혹자는 25살 대학교 4학년 학생이 취업 준비는 안 하고 사랑 타령을 하고 있다며 핀잔을 줄 수 있다. 하지만 난 내 미래 계획 없이 사랑만 구걸하는 바보는 아니다. 되고 싶은 꿈이 있고 그 준비는 잘 해 왔으며 앞으로도 잘 해 갈 것이다. 다만 이것을 위해 대학 4년 동안 인간에게 가장 소중한 사랑이란 감정을 그 뒤로 밀어 두었던 것은 아닐까 하는 회의를 느끼고 있을 뿐이다. 어린 시절 경험했던 가슴 아픈 첫사랑과 바쁜 학교생활 그리고 미래에 대한 고민과 준비로 인하여 놓쳐 버리고실패해 버렸던 나의 사랑을 되찾고 싶다. 언제나 태양만 바라보는 해바라기도 가끔은 목이 아플 때가 있다. 그리고 언제 뜰지 모르는 사랑만 기다리는 애[illegible]바라기도 가끔은 목이 아플 때가 있다. 사랑하고 싶다. 내가 지금 가장 하고 싶은 것은 사랑이고 가장 되고 싶은 것은 사랑하는 사람이다.

– 학생의 글

5) 오늘의 나 – 가치관과 신념 세우기

왜 '나'를 성찰하는가? 그것은 제대로 살기 위해서이다. 타인의 기준에 따라서 연기하는 삶이 아니라 개척하는 삶을 살기 위해서이다. 그러기 위해서는 무엇보다도 나의 가치관과 신념을 바로 세워야 한다.

다음의 예문은 '나를 있게 한 격언'으로 성찰적인 글쓰기를 한 학생의 글이다. 이 글에서 학생은 힘들 때마다 중학교 은사님이 주신 명언을 계속해서 마음에 되새기며 공부했던 경험을 다음과 같이 서술하고 있다.

'No pain, No gain'은 평소에도 자주 듣던 말이다. 유사한 말로는 최선을 다한 뒤 하늘의 뜻을 기다리자진인사대천명盡人事待天命라는 말도 있다. 이 말들은 내가 주의 깊게 보는 어구들이다. 사람들 대부분이 아는 유명한 말이라서 모토로 삼지만 나는 실제로 겪어보고 느껴봤기에 이 말의 가치를 더욱 인정하게 되었다. 그래서 노력해서 안 되는 일은 없다고 생각하기 때문에 나는 항상 노력하는 사람이 되고 싶다.

하지만 처음에는 그냥 읽고 지나치는 하나의 어구였을 뿐이었다. 이 말을 처음 들었을 때가 중학교 때였다. 이 말은 선생님께서 학생들에게 교훈을 주기 위해 하신 말씀 중의 하나였다. 그때에는 이 말을 믿지 않았고 그냥 흘려 읽었다. 사실 그 당시에는 별로 다가오지 않았다. 왜냐하면 주변 친구들 중에서는 노력하지 않아도 잘되는 친구들도 많았기 때문이었다.

그러다 이 말의 가치를 믿게 된 것은 고등학교 1학년 때로 학교 성적이 많이 오른 것이 계기가 되었다. 매일매일 시험 기간에 자습실에서 점심을 먹고 나서 밤늦게까지 공부를 했다. 매일 내가 이루고 싶은 목표를 생각하면서 노력했다. 그리고 시험을 봤을 때 점수가 많이 상승하고 등수가 상승한 것을 보고 정말 피가 되고 살이 되는 명언들이라는 것을 뼛속 깊이 느꼈다. 그 후 고3이 되고 나서도 나에게 교훈을 주고 많은 도움을 준 것이 이 명언이었다. 고3 때 바쁘고 정신없고 기대고 쉴 곳이 없을 때 이 말이 나를 위로해 주고 나에게 1년을 버티게 해준 힘이 되었다. 예를 들어서 6월 모의고사 끝나고 기분이 안 좋고 성적이 잘 안 나왔을 때에 수능시험도 다가오고 심적으로 너무 힘들 때에 이 말을 되새기면서 마음을 다잡고 공부를 했었다.

이 말의 가치를 다시 한번 깨달았을 때는 정시모집을 시작하고 지원한 후에 합격자 발표를 기다리면서이다. 항상 최선을 다해서 시험 보고 공부했기 때문에 노력은 배신하지 않는다는 말을 되새기며 결과를 기다렸다. 하지만 최초 합격이 되지 않았다. 추가 합격을 기다리며, 설날에 친척들이 물어보면 어떻게 대답해야 할지, 다 떨어졌을 때는 어떡할지 고민이 많았다. 그러다 설 연휴 시작하기 바로 전날에 1차 추가 합격에 붙게 되었고 나중에 2월에 나군으로 지원했던 대학교도 다 붙어서 이 말을 더 신뢰하게 되었다.

길 가는 어느 누구라도 붙잡고 물으면 'No pain, No gain'이라는 말의 뜻을 다 알고 있을 것이다. 그리고 경험이 많을수록 이 말의 의미를 더 잘 이해하고 있을 것이다. 이런 깊은 의미를 이해한 사람들은 항상 노력하고 후회 없는 결과를 이룰 수 있다. 그래서 나 또한 어떤 것을 하든지 간에 최선을 다해서 하려고 노력한다. 그리고 그 노력에 대한 결과에 대하여 후회하지 않도록 할 것이다. 이러한 태도는 앞으로 큰 장점이 되어줄 것이다. 이 명언을 통해 주어진 일을 책임감 있게 할 수 있게 되었고 나중에 사회에 나가서도 인정받기 위해 노력하고 나 자신을 위해 노력하는 사람이 될 것이다. – 학생의 글

은사님이 교훈으로 주신 'No pain, No gain'이라는 명언을 되새기면서 학생은 학창시절에 학업의 무게를 이겨낼 수가 있었고, 결국에는 노력하는 과정의 소중함까지 인식하게 되었다고 한다. 또한 최선을 다해야 한다는 신념을 가지게 됨으로써 앞으로 사회에 나가서도 주어진 일을 끝까지 책임질 수 있는 자신감도 얻게 되었다는 것이다. 따라서 학생이 명언을 실천하여 자신과의 약속을 지키려는 존재로 성장하고 있다는 사실에서 볼 때 신념을 바로 세우는 것은 긍정적인 자아 형성에 도움이 된다는 것을 알 수가 있다.

하지만 스스로 세운 신념일지라도 다시 재정립해야 할 상황이 간혹 생길 수도 있다. 다음의 예문은 학생의 글로, 일상에서 경험한 문제를 통하여 기존에 가지고 있었던 신념의 한계를 인식하게 된 학생이 자신의 신념을 새롭게 재정립하는 과정을 설명한 글이다.

나는 의심할 여지가 없을 정도로 서비스직이나 영업직에 어울리는 사람이다. 낙천적인 성격으로 사람들을 만나 소통하는 것을 좋아하기

때문이다. 백화점 판매직 아르바이트부터 은행 인턴까지 다양한 경험을 통해 고객 서비스에 대한 확고한 신념을 나는 지니고 있었다. 바로 '고객 지향'의 마인드이다. 서비스직 직원들은 고객이 원하는 니즈를 충족시키기 위해, 어떠한 상황에서도 최대의 노력으로 최상의 서비스를 제공해야 한다는 믿음이 있었다. 하지만 최근 들어 이러한 나의 신념을 성찰하게 해 준 몇 가지 사건이 있었다.

먼저 얼마 전 큰 이슈가 되었던 대한항공 기내 난동 사건이다. 만취 승객에 대한 직원들의 미숙한 대응으로 주변 승객들이 피해를 보았고, 현장에 있던 외국인이 제보하여 국제적 망신이 된 사건이다. 승무원을 발로 차고 침을 뱉는 등의 비인격적인 행동에도 직원들은 적절히 제압하지 못했다. 고객의 편의만 생각하다 보니, 오히려 이러한 비상 상황을 강력하게 규제하는 것에 익숙하지 않은 것이 문제였다. 힘이 약한 여성 승무원들이 특히 그랬다.

또 하나는 며칠 전, 친구들과 술집에서 술을 먹을 때의 일이다. 술에 취한 중년의 남성이 주인아주머니에게 괜스레 다가가 자꾸만 눈살이 찌푸려지는 행동을 했다. 아주머니가 싫어하는 내색을 보이자 그 남성은 고래고래 소리를 지르기 시작했다. 어찌해야 할 줄 모르고 당황하던 아주머니를 보았다. 나와 친구들도 겁이 나 선불리 나서지 못하고 있을 때, 다행히 지켜보던 남자 손님들이 그 취객을 타일러 밖으로 내보냈다.

이러한 크고 작은 사건들을 계기로, 내가 서비스직에서 근무할 때 돌발 상황에 대처했던 경험을 되짚어 보게 되었다. 나 또한 대한항공 승무원과 다름없는 미흡한 대응을 해 왔다. 백화점 근무 첫날, 매니저님은 최대한 고객이 요구하는 대로 맞춰 주라고 하셨다. 고객들과 괜한 시비가 붙지 않기 위해서라 하셨다. 그래서 원래 규정상으로는 금지된 것들을 요구해도 융통성 있게 해드렸고, 그것이 당연한 것으로 생각하고 있었다. 예를 들어 상품권을 60퍼센트 미만 구매 시에도 받아주는 것, 한 개에 스탬프가 하나인 쿠폰을 좀 더 찍어주는 것, 만원 이상 구매 시 드리는 사은품을 달라고 조르는 분들께도 그저 웃으며 모두 해드렸다. 비록 고객들이 내게 요구했던 것은 소소한 것이었지만, 더 무리한 요구를 해왔다면 어떻게 해드렸을지 걱정이 된다.

통영에는 일명 '쌍욕 라떼'로 유명한 '울라봉'이라는 카페가 있다. 손님 개개인에게 맞춰 시원한 욕을 쓴 커피를 주는데, 내게는 이보다 더 인상 깊었던 것이 있다. 바로 카페의 규정이다. 카페의 창문에는 커다랗게 '심한 애정행각 금지', '대기시간이 길어 불만인 분들은 받지 않는다.' 등의 규칙이 적혀 있었다. 이와 함께 '이 가게는 내 가게니까, 내가 정한 규칙을 따라 달라'는 글도 적혀 있었다. 고객들에게 당당히 권고하는 직원의 태도가 멋있었다.

나뿐만 아니라 서비스직에 종사한 경험이 있는 사람들은 고객 앞에서 한없이 작아지는 자신의 모습을 자주 볼 수 있을 것이다. 당연히 좋은 고객 서비스는 '고객 지향'의 마인드가 필요하다. 하지만 이것은 고객이 왕이 되어 직원들을 마음대로 부릴 수 있다는 개념이 아니다. 내게도 거부할 수 있는 권한이 있음을 알아야 한다. 고객의 무리한 요구나 불만이 있을 때, 무조건 불편사항을 해결해 주기보다 해결 방법을 고객에게 제시하고 타협하면 더 원만하게 해결될 것이다. 또한 기내 난동사건 같은 상황을 대비하여 적절한 고객 서비스 교육이 필요하다. 이에 앞서 회사는 돌발 상황에 대한 적절한 매뉴얼을 배부하고, 직원들은 이를 숙지해서 최대한 규정에 따르도록 노력해야 할 것이다. – 학생의 글

이 글의 글쓴이가 자신의 신념을 재정립할 수 있었던 것은 자신을 둘러싼 세상에 대한 관찰과 경험으로 인해서이다. '고객 지향'이라는 고객 서비스에 대해 확고한 신념을 가졌던 글쓴이는 뉴스로 접한 대한항공 기내 난동 사건과 술집 손님의 행패 및 백화점 고객의 무리한 요구 등을 경험하면서 자신의 신념을 다시 고민하게 된다. 그러다 통영의 한 카페에서 실천하는 당당한 영업 철학을 보고 고객과 직원을 모두 고려한 적극적인 문제 해결 방법의 모색

이라는 새로운 신념을 세우게 된다. 즉 세상에 대한 관찰과 경험을 통해서 글쓴이는 세상 속에서 살아가야 하는 자신의 위치와 역할을 인식하여 문제 상황에서 현명하게 대처할 수 있는 신념을 재정립한 것이다.

가치관 혼란의 시대를 살아가는 우리 대학생들은 앞으로 이러한 다양한 문제 상황에 직면하게 될 것이다. 따라서 무엇보다도 바른 가치관과 신념을 '제대로' 정립하지 않으면 세상과 타인의 기준만을 향해 쫓아가느라 허덕일 수밖에 없다는 사실을 명심하자.

연습 문제 3

1) 나만의 신념은 무엇인가? 나는 어떤 가치관과 신념을 가지고 있는가? 과거에 가졌던 신념이나 가치관이 현재도 동일한가? 아니면 변화가 있었는가? '나의 신념'이나 '나의 가치관'이 드러날 수 있는 글을 써 보자.

2) 내가 좌우명으로 삼고 있는 명언이나 오늘 나를 있게 한 격언은 무엇인가? '나를 있게 한 격언(또는 명언)'으로 글을 써 보자.

3) 오늘의 사회나 나를 둘러싸고 있는 '세상'을 관찰해 보자. 내가 이 사회에서 살아가기 위해서 어떠한 신념과 가치관을 가져야 할까? 내가 붙들어야 할 신념이나 가치관이 있다면 그것은 무엇인가? 그 문제에 대해서 글을 써 보자.

6) 미래의 나 – 어떻게 살아갈 것인가

오늘의 '나'는 과거의 내가 만들어 왔다. 따라서 오늘의 '나'에게서도 내일의 '나'가 보일 수 있다. 즉 오늘 내가 무슨 일을 하고 무슨 생각을 하느냐에 따라서 내일의 나가 그려진다. 따라서 오늘 내가 무슨 생각을 하고 미래를 어떻게 준비하는지는 매우 중요하다.

톨스토이는 『고백록』에서 "내가 오늘 하고 있는 일이나 내일 하게 될 일의 결국은 무엇인가? 내 인생 전체의 결국은 무엇인가?"라고 질문하면서 치열하게 자신의 삶을 성찰하고자 했다(톨스토이 2015, 38~39). 그리고 이러한 질문을 바탕으로 일생동안 자기 완성을 갈망했고 글쓰기로 그의 생각을 담아냈다. 그는 문학가로서 사상가로서 전 세계인들에게 강한 영향을 끼쳤으며, 로망 롤랑과 간디 등과 같은 위대한 인물들을 탄생시키는 데에 지대한 역할을 했다. '연기 메소드'를 만든 연출가 스타니슬랍스키는 러시아의 대문호들이 인생에서 초목표Super-objective*를 설정하여 간절하게 갈망했기 때문에 의미 있는 삶을 살 수 있었다고 다음과 같이 말한다. "도스토예프스키는 일생 동안 인간 안에서 신과 악마를 탐구했습니다. 이것이 그로 하여금 『카라마조프가의 형제들』을 쓰게 했지요. 바로 이 작품의 초목표가 신에 대한 탐구인 이유입니다. 톨스토이는 일생 동안 자기 완성을 갈망했고, 그래서 그의 많은 작품이 바로 이 씨앗으로부터 자라났는데, 이것이 그 작품들의 초목표입니다. 체호프는 비속성, 소시민 근성과 싸웠고 더 나은 삶을 꿈꿨습니다. 이를 위한 이런 투쟁과 갈망이 그의 많은 작품들의 초목표입니다"(스타니슬랍스키 2010, 127~128).

* 초목표Super-objective는 연출가 스타니슬랍스키가 배우의 창조적인 역할 행동을 설명하기 위해 주창한 용어로 삶의 다양한 작은 목표들이 지향하는 가장 중요한 목표를 의미한다. 공연과 관련해서는 각각의 장면이 지향하는 작은 목표들의 목표로, 작품 전체 장면이 지향하는 목표를 의미한다.

그런 점에서 이러한 초목표, 즉 내 인생의 다양한 작은 목표들이 지향해 나가야 할 가장 거대한 목표를 청년기에 설정하는 것은 매우 중요하다. 우리 대학생들은 앞으로 우리 가정과 사회와 더 나아가서 전 세계의 인류를 위해서 의미 있는 역할을 할 인물들이다. 따라서 나의 미래를 이끌어 나갈 큰 목표와 비전을 세울 필요가 있다.

우리는 누구나 행복을 꿈꾼다. 하지만 큰 목표를 가진 사람이라면 '나' 자신뿐만이 아니라 '너'도 행복해 지기를 원하고, 이 세상 '우리' 모두가 행복해 지기를 바란다. 진리와 봉사를 교시로 삼는 단국대학교 학생들이라면 그러한 꿈을 꿔야 한다.

그 거대한 목표를 향해, 이제 세상에 '나'를 드러내 보자.

연습 문제 4

1) 나의 초목표(Super objective)는 무엇인가? 즉 내 인생의 작은 다양한 목표들이 지향해 가야 할 가장 거대한 목표는 무엇인가? 또는 나의 '비전'은 무엇인가?

2) 내가 닮고 싶은 인물을 찾아보자. 그는 누구이며, 어떠한 삶을 살아왔는가? 나는 그의 어떤 점을 닮고 싶은가? 이 질문들에 대해 답을 해 보자.

3) 2050년 5월 둘째 주 수요일의 '나의 하루'를 써 보자. 아침부터 잠자리에 들기까지의 나의 하루를 인간극장 다큐멘터리처럼 써 보자.

4) 2050년 5월 둘째 주 금요일에 나는 어디에서 무엇을 하고 있는가? 오늘의 내가 기자가 되어 미래의 '나'와 의미 있는 인터뷰를 해 보자.

2. '나'를 드러내기 – 취업 목적의 자기소개서

1) 자기소개서의 개념

취업을 위한 자기소개서도 '자기 성찰'의 과정을 기반으로 해야 한다. 자기 성찰이 결여된 취업 목적의 자기소개서는 타인의 기준에만 맞춰서 자기의 존재를 서술하는 글쓰기가 될 가능성이 있기 때문이다. 그럼에도 불구하고 취업 목적의 자기소개서는 자기 성찰적 글쓰기와는 전혀 다르다. 자신의 삶을 되돌아보고 자신의 정체성을 찾아가면서 글을 쓴다는 점에서 자기 표현적인 성격을 담고는 있지만, 취업 목적의 자기소개서는 글쓴이가 취업이라는 의도를 가지고 객관적인 시각으로 자신을 탐색한 후에 표현해야 하기 때문에 공적인 성격이 더 강한 글이라고 할 수 있다.

자기소개서는 취업이라는 특별한 목적을 가지고 타인에게 자신을 소개하는 글로, 서류 전형 때 이력서와 졸업 · 성적증명서 등과 함께 구비해야 할 기본 서류이다. 특히 자기소개서는 과거와 달리 형식적인 구비 문서가 아니라 취업의 합격 당락을 결정할 정도로 영향력이 크다. 이는 자기소개서가 지원자의 다각적인 면모를 미리 파악하고 평가할 수 있는 자료로 활용되기 때문이다. 즉 이력서는 학력과 경력 사항 · 자격증 등 지원자의 외적 배경을 알 수 있는 자료이지만, 자기소개서는 성장 과정과 성격 · 대인 관계 · 조직력 · 직업관 · 인생관 등 지원자의 내적 성향과 잠재 능력도 파악할 수 있는 글이다. 자기소개서는 지원자가 어떻게 살았고, 얼마나 성실하게 능력을 키워 왔는지 그 과정을 평가할 수 있는 기초 자료이기 때문에, 인사 담당자에게 특별한 관심의 대상이다. 특히 지원 동기와 향후 계획 등이 기술되어 있어서, 면접 전에 인사 담당자가 지원자의 발전 가능성까지 미리 짐작해 볼 수 있다.

취업 목적의 자기소개서는 지원자가 '기업이 원하는 인재'라는 사실을 스스로 광고하는 글이다. 따라서 경쟁자인 타인과 구별되도록 '나'만의 강점이 분명하게 드러나도록 써야 하며, 인사 담당자에게 자신이 가장 필요한 사람이라는 사실을 객관적으로 증명해야 한다. 특히 인사담당자가 이 지원자를 꼭 한번 만나보고 싶고, 함께 일하면 좋을 것이라는 확신이 들도록 지원자는 아주 특별한 전략을 가지고 자기소개서를 작성해야 한다. 즉 수많은 지원자 중에서 나를 가장 매력적으로 돋보이게 하는 방법과 고도의 전략이 필요한 것이 바로 이 시대의 자기소개서이다. 이 점을 확실하게 인식하고 출발해 보자.

2) 자기소개서의 내용

자기소개서는 기본적으로 '성장배경 · 학창시절 · 성격의 장단점 · 지원동기 · 앞으로의 포부' 등이 내용에 기술된다.

우선 성장 배경은 현재의 나를 만든 기본 뿌리이기 때문에 솔직하게 기술하면서 자신의 이미지를 전달한다. 인간은 환경의 영향을 받는 존재로, 성장 환경은 성격 형성과 밀접하게 관련을 맺을 수밖에 없다. 따라서 유년기에 가졌던 호기심이나 특별한 경험이 현재의 나 자신 및 지금의 관심분야와 연결될 수 있도록 글을 쓴다. 학창 시절은 대체로 최종학교에 초점을 맞춰서, 대학 생활과 전공 공부, 관련 활동 등을 기술하지만, 이 역시도 모든 활동이 지원 회사의 업무와 연관되도록 해야 한다. 성격에 대해서는 솔직하게 써야 하지만, 자신의 장점을 최대로 부각할 수 있도록 지혜롭게 표현해야 한다. 특히 성격을 기술할 때, '나는 적극적이다', '나는 외향적이다', '긍정적이다', '쾌활하다' 등의 표현은 막연하고 상투적이기 때문에 본인의 성격을 보여줄 수 있는 에피소드를 통해 자연스럽게 성격을 말하는 것이 바람직하다. 또한 단점은 자칫 부정적인 이미지를 전달할 수 있어서 단점을 개선하려는 의지와 노력이 보이도록 써야 한다. 특히 단점이 업무에 영향을 미치는 정도가 돼서는 곤란하며 업무적인 면에서 오히려 장점도 될 수 있는, 그런 양면성이 있는 단점을 서술하도록 한다. 인사 담당자가 성격의 장단점을 통해서 알고 싶은 것은 지원자가 업무에 적합한 성격인가 아닌가이다.

다음으로 지원 동기 역시 기업이 관심 있게 살펴보는 부분이다. 인사 담당자들은 지원자가 다른 곳이 아닌 왜 자신의 회사에 지원했는지, 어떤 비전을 가지고 지원했는지 알고 싶어 한다. 하지만 흥미로운 점은 과거에는 지원 동기와 함께 입사 후 포부가 관심거리였던 것에 비해 최근에는 과거 행적을 통해서 지원자의 역량을 파악하고자 하기 때문에 입사 후 계획보다는 지원동기와 관련된 경험과 경력에 더 관심을 두는 측면이 있다. 특히 최근에는 직무경험 서술이 무엇보다도 중요해졌다는 사실을 인식해야 한다. 구인구직 매칭플랫폼 사람인의 2019년 설문조사 결과를 보면, 자기소개서 검토 시 가장 중요한 평가 요소로 '직무관련 경험'이 51%로 1위를 차지했고, 다음으로 '회사 인재상과의 적합성'19.8%, '지원동기'8.7%, '아르바이트 등 사회 경험'4.9%, '입사 후 포부'4.6%, '성격의 장단점'3.4% 등이 그 뒤를 이었다(장진숙 2019). 따라서 기업들은 지원자들의 직무 수행 능력을 살펴보기 위하여 "희망하는 직무를 수행함에 있어서 요구되는 역량이 무엇이라 생각하며, 이 역량을 갖추기 위한 노력 또는 특별한 경험을 기술하시오"포스코 "희망 직무를 수행하기 위해 준비한 것과 직무와 관련된 본인 역량이 무엇인지 서술하시오셀트리온" 등과 같은 항목을 자기소개서에 넣고 있다(리크루트 2019).

입사 후 계획은 인사 담당자가 지원자의 발전 가능성과 장래성, 잠재 능력을 파악할 수 있도록, 자신의 포부와 비전을 보여 줘야 한다. 자기가 맡은 분야에 성취감과 자신감이 드러날 수 있도록 회사의 향후 목표와 비전을 자신의 직업관과 엮어 기술해야 한다. 현재 기업들은 신입사원들의 높은 이직률 때문에 어려움을 겪고 있기 때문에 명확한 소신과 비전을 구체적으로 밝히면 설득력을 높일 수 있다. 특히 지원자가 업무 목표와 자기 계발을 위한 실천 계획 등을 구체적으로 설명하면, 큰 성과를 낼 수 있는 인재라는 이미지를 인사 담당자에게 심어줄 수 있다.

최근에는 텍스트형 자기소개서뿐만 아니라 동영상과 같은 비텍스트형 자기소개서를 요구하는 경우도 있다. 한화생명은 2019년 하반기 일반직 신입사원을 채용할 때 서류심사를 면제하는 '한화생명 63초 자기소개 동영상 특별전형'을 진행하였는데, 지원동기, 직무 관련 역량, 입사 후 포부 등을 63초 분량의 동영상으로 담아내는 방식으로 자기소개서를 대체하기도 하였다. 따라서 다양하게 등장하는 창의적인 비텍스트형 자기소개에 관해서도 관심을 가져야 한다.

3) 자기소개서의 스토리텔링 비결

자기소개서는 '취업'이라는 목적을 전제로 쓰기 때문에 고도의 전략이 필요하다. 자기소개서만으로 인사 담당자가 지원자를 만나 보고 싶어하도록 자신의 매력을 발산해야 한다. 즉 궁금증을 유발시킬 수 있도록 자신의 정보를 스토리텔링하여 인사 담당자의 마음을 사로잡아야 한다.

자기소개서 스토리텔링 TIP

TIP 1. 지원 기관에서 요구하는 인재상과 능력을 기반으로, 맞춤식 글쓰기를 하라.
TIP 2. 차별적인 이미지를 만들라.
TIP 3. 지원 기관 및 분야와 연결 고리를 만들라.
TIP 4. 경험을 스토리텔링하여 감동을 주라.
TIP 5. 개성적인 스타일로 글쓰기를 하자.
TIP 6. 첫 문장에서 시선을 사로잡아라.
TIP 7. 활동 내용을 수치와 디테일로 전달하라.

첫째, 지원자는 무엇보다도 자신이 지원하는 기관의 인재상과 지원 분야에서 요구하는 수행 능력을 미리 파악하여 맞춤식 글쓰기를 해야 한다. 지원하는 기관 및 분야에 내가 적임자임을 보여줄 수 있도록, 지원하는 조직의 인재상을 기반으로 자신의 능력을 부각시키는 글쓰기를 해야 한다.

둘째, 차별적인 이미지로 뚜렷하게 부각시켜야 한다. 인사담당자가 주목할 수 있도록 효과적으로 홍보 전략을 펴기 위해서는 우선 나 자신에게 어떤 경쟁력이 있는지 살펴봐야 한다. 나 자신을 스스로 냉정하게 평가해 본 다음에 다른 사람들과 구별될 수 있는 장점과 능력을 찾아야 한다. 즉 자신을 가장 잘 나타낼 수 있는 주제를 골라서 차별적인 이미지를 만들 필요가 있다. 본인만의 독특한 경험과 능력이 강렬한 인상을 만들어 내기 때문에, 이런 특성을 차별적인 이미지로 부각하여 경쟁력을 보여야 한다. 이때 차별화될 수 있는 능력을 갖추기 위해 자신이 얼마나 열정적으로 노력했는지 그 경험을 기술할 필요도 있다.

셋째, 지원 기관 및 분야와 연결고리를 만들어야 한다. 지원한 기관 및 분야를 목표로 지원자가 오랫동안 연구하고, 준비해 왔다고 한다면 인사 담당자의 입장에서는 당연히 반가운 일이다. 수많은 기업이나 기관 중에서 왜 이 회사인가? 그리고 왜 이 분야를 좋아하고, 연구해 왔는가? 왜 이 직무가 중요하다고 생각하는가? 이런 질문에 대한 답을 자기소개서에서 발견할 수 있을 때 우선적으로 신뢰가 가기 때문이다.

넷째, 경험을 스토리텔링하여 감동을 주도록 한다. 인사 담당자의 마음을 얻기 위해서는 지원자의 경험과 생각을 솔직하게 표현해야 한다. 가능하면 평범한 내용보다는 지원자가 살아오면서 겪었던 어려움과 실패를 극복한 사례를 서술하면 읽는 이의 마음을 움직일 수 있다. 스토리 속 영웅이 시련을 이기고 성장할 때 감동을 주듯이 지원자도 자신의 아픈 경험과 극복 사례를 통해서 인사 담당자에게 강한 인상을 남길 수 있다. 특히 실패를 극복한 과정을 서술할 때 지원자는 자신의 장점이 자연스럽게 드러날 수 있도록 글을 쓸 필요가 있다. 또한 이런 경험이 지원하는 분야와 연결 고리가 있다면 더욱 좋다.

다섯째, 개성적인 스타일로 글쓰기를 한다. 수많은 응시자 중에서 자신이 쓴 자기소개서가 주목을 받아야 하기 때문에 무엇보다도 개성적이고 세련된 글쓰기와 편집이 바람직하다. 그러기 위해서는 지원자 스스로 창의적인 개성을 발휘해야 한다.

회사 양식에 맞춰 잘 정리된 형태의 자기소개서가 가장 일반적이지만, 자유 형식의 자기소개서의 경우에는 '소제목을 활용'한 자기소개서가 인사 담당자의 시선을 끌기에 효과적이다. 이는 광고의 카피나 포털 사이트의 기사 제목처럼 전달하고자 하는 핵심 내용을 키워드로 살려 관심을 유도하는 방식이다. 이때 두괄식 형태로 글을 쓰면 전달력이 좋아진다. 즉 인사 담당자에게 뚜렷이 각인시킬 수 있도록 결론을 미리 서술하고 부연 설명하면 전달하고자 하는 핵심이 명확해지기 때문이다.

다음은 학생의 글로, 소제목을 활용한 자기소개서의 예이다.

"특별하게, 제대로 살기"

'특별함'은 제 인생을 관통하는 키워드입니다. 남들과 달라도 된다는 생각은 저를 자유롭게 만들어줍니다. 그리고 제가 중요한 가치에 따라 살 수 있게 만들어줍니다. 저는 그 안에서 언제나 순간순간을 거저

흘려보내지 않고 제대로 느끼며 살 수 있게 노력합니다. 고등학교 시절의 저는 허구한 날 시청에서 빌린 방송용 카메라를 메고 등교했습니다. 열여덟 살의 저는 촬영장을 전전하며 일상을 영상으로 담고 싶어 하는 학생이었습니다. 친구들을 주인공으로 재미있는 UCC를 만들었고, 방송부도 아닌 개인인 저에게 학교는 돈을 지불하며 학교 행사 촬영과 편집을 부탁하기도 했습니다.

…(중략)…

스물 한 살에는 어려서부터 동경하던 문화공간 〈테이크아웃드로잉〉의 구성원으로 들어갔습니다. 그 안에서 저는 다르게 생각하는 법을 배웠습니다. 카페 안에 전시 공방이 통째로 들어오거나 꽃집, 책방이 들어오는 일상적이지 않은 일을 어떻게 대중에게 납득시키는지, 일반적이지 않은 방법으로 하는 마케팅이 어떤 반응으로 돌아오는지 등을 가까이서 보고 배웠습니다. 그리고 그 공간에서 배운 것들과, 만난 사람들은 지금까지도 저에게 다양한 방법으로 도움을 주곤 합니다.

"오래된 동네의 어린 상인으로"

스물 두 살이 시작하던 해에 저는 제 이름으로 된 빵집을 운영하게 되었습니다. 버려진 공간을 재탄생시키는 프로젝트를 하던 친오빠를 통해 1967년에 세워진 병원의 주차장 공간을 알게 되었고 그 자리를 직접 개조해 빵집을 연 것입니다. 이곳에서도 저는 일률적이지 않은 특별한 빵집을 만들기 위해 고민했습니다. 단순히 빵을 판매하는 것이 아니라 공간에 대한 스토리를 만들었고 그 스토리가 또 다른 메뉴를 만들어 냈습니다. 〈베이커리 백반〉이라는 메뉴를 만들어 상표 특허를 내고 맥주는 〈낮술〉이라는 이름으로 바꾸어 판매했습니다. 이 두 개의 메뉴에도 마찬가지로 스토리를 붙였습니다. 백반에는 *'당신이 오롯이 먹을 수 있는 빵 백반'*, *'메뉴 고민 없이 먹는 뉴욕식 빵 백반'* 등의 문구를, 낮술에는 *'이상하지 뉴욕 베이커리에만 다녀오면 네가 예뻐보*

여', '빵과 우주를 들이킵시다', '건강한 신체에 빵과 술이 깃든다' 등의 문구를 붙여 마케팅을 한 것입니다. 이 공간에서 음식을 먹는 경험 자체를 특별한 것으로 만들 수 있다면 사람들은 이곳에서 단순히 빵을 사거나 식사를 해결하는 것에서 나아가 이곳에 오는 것만으로도 좋은 기분을 느낄 수 있을 것이라고 생각했습니다.

…(중략)…

이러한 특별한 시도는 잡지 〈여성동아〉와 〈한국경제 잡앤조이〉에도 소개되었습니다. 단순히 메뉴를 대하는 방법을 바꾸고 스토리를 부여하는 시도가 이러한 큰 결과를 가지고 온 것입니다. – 학생의 글

하지만 지원자들 대부분이 소제목을 활용하는 스타일을 많이 활용하고 있어서, 이 방법이 자칫 식상하게 느껴질 수도 있다. 따라서 가능하면 글쓰기에 개성을 부여하되 그것이 진부하게 인식되지 않도록 고민하면서 작성해야 한다. 특히 소제목을 잘못 달면 글의 수준을 저하시키는 단점이 있어서 뛰어난 글 솜씨가 아니면 전통적인 서술 방법이 더 바람직할 수도 있다.

여섯째, 첫 문장에서 시선을 사로잡아야 한다. 첫 문장은 지원자의 첫인상을 만드는 데 매우 중요한 역할을 한다. 첫 단락에서 흥미를 유발시키지 못하면, 지루하고 평범한 이미지로 낙인찍힐 수 있다. "안녕하십니까? 저는 이번에 ~ 지원하게 된 OOO입니다." "저는 엄하신 아버지와 다정다감하신 어머니 사이에서 1남 1녀 중 장남으로 태어났습니다." 등으로 시작하면, 글을 계속해서 읽고 싶다는 마음이 사라져 버린다.

그러기 위해서는 첫 문장을 쓸 때 세심하게 공을 들여야 한다. 첫 어휘와 첫 문장에서 시선을 사로잡겠다는 생각으로, 수정을 거듭해서 어휘와 문장을 세련되게 다듬을 필요가 있다. 예를 들어 명언을 인용한 어구로 시작하거나, 적절한 한자성어와 격언 또는 시 한 구절을 활용하거나, 일상에서 일어난 일을 예화로 삼아서 첫 문장을 시작해도 좋다.

일곱째, 활동 내용을 수치와 디테일로 전달하도록 한다. 과거의 경험과 활

동 등을 기술할 때에는 구체적인 활동 내용에 수치를 제시하면 훨씬 전달력이 강화된다. 단순히 추상적인 표현으로만 서술하면 막연한 인상을 주기 때문에 뚜렷한 이미지를 만들기 위해서는 가시적인 수치를 내세워야 한다. 즉 수치를 활용하면 실제적이고 명확한 이미지로 효과를 낼 수 있다. '열심히 노력해서 좋은 성과를 얻었습니다' 보다는 구체적으로 '매출 3,000만원을 올렸습니다'라고 수치를 말하는 것이 명확한 이미지 구축에 실제적인 효과를 준다(최진석 2010).

수치로 전달하면 설득력을 높일 수 있듯이, 전달하고자 하는 정보를 디테일하게 설명하면 다양한 이미지도 보여줄 수 있다. 설득은 단순히 추상적인 말로 표현해서는 얻을 수 없다. 디테일을 살려서 설명하면, 그냥 한두 마디로 나열하는 것보다 훨씬 설득력이 있어서 상대의 마음을 움직일 수 있게 된다.

지금까지 자기소개서에서 기본적으로 지켜야 할 스토리텔링 비결을 설명했다. 하지만 급변하는 기업의 환경과 요구에 따라서 그때그때 유행하는 서술 기법의 트렌드에도 관심을 가질 필요가 있다. 대웅제약은 2018년 자기소개서 항목에 "지원 직무와 지원 동기를 적되, 키워드를 활용하여 논리적 S.T.A.R기법으로 서술하시오.[1,000자 이내]"라고 요구하였다. STAR 기법은 Situation[상황] · Tast[직무, 과제] · Action[행동] · Result[결과]의 약자로 경험을 중심으로 한 성과 중심으로 서술할 때 사용할 수 있는 기법이다. 어떠한 일[업무]을 하게 된 계기, 배경 및 상황[S]을 설명한 다음에 그 일을 하면서 내가 맡은 과제[T]를 제시하고 그 과제를 해결하기 위해 어떻게 노력하고 행동[A]했는지 서술한다. 그리고 이런 과정에서 어떤 결과[R]와 효과를 성공적으로 얻었는지 밝힌다.

또한 각 기업마다 자기소개서에 직무역량을 살펴볼 수 있는 다양한 문항들을 제시하고 있기 때문에, 그에 맞는 서술 기법에도 관심을 가질 필요가 있다. 예를 들어서 문제해결 중심의 문항에는 SCAT 기법을 활용하여 글쓰기를 할 수 있다. SCAT는 Situation[상황] · Crisis[위기] · Action[행동] · Result[결과]의 약자로 일[과제]을 맡게 된 구체적인 내용이나 상황[S]을 설녕한 후에 이 업무의 문제점이나 문제가 어떻게 발생[C]되었는지 서술하고, 이 문제를 어떻게 극복했는지

[A] 밝힌다. 그리고 그러한 성과를 최종적으로 서술하면서 얻은 교훈이나 효과[R]를 서술하며 마무리한다. 그 외에도 과정 중심의 4MAT 기법[WHY · WHAT · HOW · IF], 프라이탁의 플롯 구조인 5막 구성에서 가지고 온 발단 · 전개 · 위기 · 절정 · 결말의 서술 방식도 자기소개서에 활용될 수가 있다. 이렇듯 최근에는 다양한 서술 방식으로 자기소개서를 돋보이도록 하는 경향이 있기 때문에, 지원자는 최근의 서술 트렌드에도 관심을 가지고 준비해야 한다.

자기소개서는 졸업 후 반드시 통과해야 할 취업과 관련된 글이다. 따라서 맞춤법과 띄어쓰기 등이 올바르지 않으면 지원자에 대한 신뢰도가 떨어질 수밖에 없다. 지원자의 성실성과 주의력은 이런 작은 부분에서도 드러나기 때문에, 제출 전에 점검을 거치는 과정이 반드시 필요하다.

연습 문제 5

1) 다음은 롯데호텔의 2019년 상반기 채용에서 요구하는 자기소개서의 항목이다. 이러한 항목에 맞춰 글을 쓰거나 또는 내가 원하는 회사의 자기소개서 항목이나 질문을 직접 찾아보고, 그에 해당하는 글을 작성해 보자.

1. 지원 동기 : 지원 동기를 구체적으로 기술해 주세요. (500자)
2. 성장 과정 : 성장 과정을 구체적으로 기술해 주세요. (800자)
3. 사회 활동 : 학업 이외에 관심과 열정을 가지고 했던 다양한 경험 중 가장 기억에 남는 것을 구체적으로 기술해 주세요. (800자)
4. 직무 경험 : 희망 직무 준비 과정과 희망 직무에 대한 본인의 강점과 약점을 기술해 주세요. (실패 또는 성공 사례 중심으로 기술해 주세요) (800자)
5. 입사 후 포부 : 입사 후 10년 동안의 회사 생활 시나리오와 그것을 추구하는 이유를 기술해 주세요. (500자)

2) 졸업을 앞둔 대학 4학년생이라고 가정하고, 지원하고자 하는 기업이나 기관을 설정한 후에, 그곳에 제출하는 '자유로운' 형식의 자기소개서를 쓰시오.(단, 다음의 사항을 포함하여 A4 용지 2쪽 이내의 분량으로 작성하시오 : 성장 배경 · 학교생활 · 성격의 장 · 단점 · 지원 동기 · 향후 포부 등)

3) '한화생명 63초 자기소개 동영상 특별전형'과 관련된 '한화생명 채용꿀팁(https://www.youtube.com/watch?v=k6hnMWkbT90)을 시청한 후에 유튜브에 올라온 지원자들의 동영상을 분석해 보자. 그리고 지원하고자 하는 회사에 제출할 자기소개 동영상의 스토리보드를 만들어 보자.

〈참고문헌〉

고종석, 「정체 자백」, 『문예중앙』, 2001.

김영건, 「이 땅에서 철학하는 자, 그는 누구인가」, 『문예중앙』, 2001.

김지수, 「이어령 마지막 인터뷰 "죽음을 기다리며 나는 탄생의 신비를 배웠네"」, 『조선일보』, 2019.10.19.

레프 톨스토이, 『부활』, 박형규 옮김, 민음사, 2015.

셰익스피어, 『맥베드』, 신정옥 옮김, 전예원, 2002.

장진숙, 「인사담당자, 이력서 · 자기소개서 검토 시간 평균 13분」, 『데이터솜』, 2019.08.26.

최진석, 「성공 취업을 위한 자기소개서 및 면접 7계명」, 『한국경제』, 2010.05.26.

콘스탄틴 스타니슬랍스키, 『체험의 창조적 과정에서 자신에 대한 배우의 작업』, 이진아 옮김, 지식을만드는지식, 2010.

톨스토이, 『고백록』, 박문재 옮김, 현대지성, 2018.

폴 리쾨르, 「타자로서 자기 자신」, 김웅권 역, 동문선, 2006.

한경리크루트, 「주요기업 자기소개서 문항 보기」, 『Recruit』, 2019.09.30.

Bilsker, D., & Marcia, J.E., Adaptive Regression and Ego Identity, *Journal of Adolescence*, 14(1), 1991.

Erikson, E.H., *Childhood and Society*, N.Y: W.W. Norton & Co., 1963.

Béatrice Didier, *Stendhal autobiographe*, P.U.F., 1983.